Fischer TaschenBibliothek

Das klassische Katzenbuch

Herausgegeben von
Christiane Freudenstein

FISCHER TaschenBibliothek

MIX
Papier aus verantwortungsvollen Quellen
FSC® C083411
FSC
www.fsc.org

Erschienen bei FISCHER Taschenbuch
Frankfurt am Main, Mai 2015

Umschlaggestaltung: bilekjaeger, stuttgart
Umschlagabbildung: William Henry Hamilton Trood, ›Cats‹/
John Davies Fine Paintings/Bridgeman Art Library
Satz: Druckerei C.H.Beck, Nördlingen
Druck und Bindung: CPI – Clausen & Bosse, Leck
Printed in Germany
ISBN 978-3-596-52065-7

Inhalt

Wer noch niemals eine Katze war

Begünstigte Tiere

Siehst Du, so geht's in der Welt

Schöne Fraun mit schönen Katzen

Erinnerung

Die Katze läßt das Mausen nicht

Klickeradoms! – von Medici!

»Die Katze hängt an Nichts und ist elastisch«, sagte er; »der Dichter, der Künstler ist wie die Katze, er hängt an Nichts und ist elastisch. Drei Genie's, der Dichter, die Katze, das Weib! Der Dichter wird müde, hängt sich an Etwas. Das Weib wird müde, hängt sich an Etwas. Die Katze bleibt elastisch. Zum Schluss ein Passus aus ›Brehm‹ über die Katze. So arbeite ich. Basta.«

Peter Altenberg: Unsere jungen Leute

Wer noch niemals eine Katze war

Die Katzen

Unter den Krallentieren nehmen die Katzen beinahe dieselbe Stellung ein, welche dem Menschen unter den Handtieren zukommt. Sie sind nicht bloß die vollendetsten Raubtiergestalten, sondern, mit alleiniger Ausnahme des Menschen, die vollendetsten Tiere überhaupt. Ein gleiches Ebenmaß zwischen Gliedern und Leib, gleiche Regelmäßigkeit und Einhelligkeit des Baues wie bei ihnen finden wir in der ersten Klasse nicht wieder. Bei ihnen ist jeder einzelne Leibesteil anmutig und zierlich, und eben deshalb befriedigt das ganze Tier unser Schönheitsgefühl in so hohem Grade. Wir dürfen, ohne fehlzugreifen, unsere Hauskatze als Bild der gesamten Gesellschaft betrachten; denn in keiner zweiten Familie ist die Grundform bei allen Mitgliedern so streng wiederholt, in keiner anderen Tiergruppe unterscheiden sich die einzelnen Sippen und Arten so wenig voneinander wie bei den Katzen. Alle Sippenkennzeichen erscheinen hier als nebensächliche äußerliche Merkmale im Vergleiche zu den Unterschieden, welche die verschiedenen Gruppen und Arten anderer Familien aufweisen: der Löwe mit seiner Mähne oder der Luchs mit seinen Ohrpinseln und dem Stumpfschwanze bleiben ebensogut Katzen, wie der Hinz oder der Leopard. Selbst dem Jagdpanther oder Gepard, welcher das allgemeine Gepräge am wenigsten zeigt, muß man scharf auf die Finger sehen, bevor man ihn ganz kennenlernt: als halbe Katze nur, als Zwitter gleichsam von Katze und Hund. Eine so vollkommene Übereinstimmung wird bloß bei Tieren gefunden, welche eine hohe Stellung einnehmen.

Der Bau des Katzenleibes darf als bekannt vorausgesetzt werden; denn der kräftige und doch zierliche Leib, der kugelige Kopf auf dem starken Halse, die mäßig hohen Beine mit den dicken Pranken, der lange Schwanz und das weiche Fell mit seiner immer angenehmen, der Umgebung innig sich anschmiegenden Färbung sind Kennzeichen, welche jedermann sich eingeprägt haben dürfte. Vollendet am Katzenleibe müssen die Waffen erscheinen. Das Gebiß ist furchtbar. Die Eck- oder Reißzähne bilden große, starke, kaum gekrümmte Kegel, welche alle übrigen Zähne weit überwiegen und eine wahrhaft vernichtende Wirkung äußern können. Ihnen gegenüber verschwinden die auffallend kleinen Schneidezähne, erscheinen selbst die starken, durch scharfe, gegenseitig ineinandereingreifende Zacken und Spitzen ausgezeichneten Kauzähne, welche aufgehört haben, Mahlzähne zu sein, schwach und unbedeutend. Mit diesem Gebiß steht die dicke und fleischige, wegen ihrer feinen, hornigen, auf krausen Warzen sitzenden und nach hinten gerichteten Stacheln besonders merkwürdige Zunge im vollsten Einklange. Sie bewaffnet gleichsam noch einmal das Maul, ebenso wie bei manchen Schlangen und den raubgierigsten Fischen außer den Kinnladen der Gaumen mit Zähnen gespickt ist. Wenn nun auch die Stacheln der Katzenzunge von jenen Gaumenzähnen genügend sich unterscheiden, haben sie doch immer noch Schärfe genug, um bei fortgesetztem Lecken eine zarte Haut blutig zu ritzen, und übrigens dienen sie wirklich beim Fressen zur Unterstützung der Zähne, welche wegen ihrer Schärfe und Zackung nur einen einseitigen Gebrauch zulassen, zum Zermalmen der Speise aber als unbrauchbar sich erweisen. Die Zähne sind jedoch nicht die eigentlichen Angriffswaffen der Katzen: in ihren Klauen besitzen sie noch furchtbarere Werkzeuge zum sicheren Ergreifen und tödlichen Verwunden ihrer Beute oder zur Abwehr im Kampfe. Ihre breiten und abgerundeten Füße zeichnen besonders durch die verhältnismäßige Kürze sich aus, und diese hat ihren Grund darin, daß das letzte Zehenglied aufwärtsgebogen ist. So kann es beim Gange den Boden gar nicht berühren und ermöglicht dadurch Schonung der auf ihm sitzenden sehr starken und äußerst spitzigen Sichelkrallen. In der Ruhe und bei gewöhnlichem Gange erhalten zwei dehnbare Bänder, von denen das eine oben und das andere seitlich befestigt ist, das Glied in seiner aufrechten Stellung; bei Zorn und im Augenblick der Benutzung zieht es der starke, tiefe Beugemuskel, dessen Sehne sich unten ansetzt, gewaltsam hernieder, streckt dadurch den Fuß und verwandelt ihn in die fürchterlichste Tatze, welche es überhaupt geben kann. Dieser Fußbau ist die Ursache, daß die gehenden Katzen niemals eine Fährte hinterlassen, in welcher Abdrücke der Krallen bemerklich sind; das Leisetreten dagegen hat seinen Grund in den weichen, oft dicht behaarten Ballen an den Sohlen.

Um womöglich allen Lesern gerecht zu werden, will ich noch folgende Kennzeichen der Katzen angeben. Die Wirbelsäule zählt 20 Brust- und Lendenwirbel, 2 bis 3 Kreuzbein- und 15 bis 20 Schwanzwirbel. Das Gebiß besteht aus 30 Zähnen, und zwar sechs Vorderzähnen und einem Reißzahn sowie je zwei Lückzähnen oben und unten, endlich zwei Backenzähnen im Oberkiefer und einem im Unterkiefer. Die Knochen der Gliedmaßen sind durchgehends sehr kräftig, die Schulterbeine aber verkümmert. Die Vorderfüße haben fünf, die hinteren vier Zehen. Der Darm erreicht die drei- bis fünffache Leibeslänge. Beim Weibchen stehen vier Zitzen am Bauche oder noch vier an der Brust.

Die Katzen sind starke und äußerst gewandte Tiere. Jede ihrer Bewegungen zeugt von ebensoviel Kraft wie anmutiger Behendigkeit. Fast alle Arten der Familie ähneln sich in ihren leiblichen wie in ihren geistigen Eigenschaften, wenn auch diese oder jene Art etwas vor der andern vorauszuhaben oder hinter ihr im Nachteil zu stehen scheint. Alle Katzen gehen gut, aber langsam, vorsichtig und geräuschlos, laufen schnell und sind fähig, waagrechte Sprünge zu machen, welche die Länge ihres Leibes verhältnismäßig um zehn- bis fünfzehnmal übertreffen. Nur höchst wenige der größeren Arten sind nicht imstande zu klettern, während diese Kunst von der Mehrzahl mit vielem Geschick betrieben wird. Obgleich von Hause aus große Feinde des Wassers, schwimmen sie doch recht gut, wenn es sein muß; wenigstens kommt keine einzige Art leicht im Wasser um. Zudem verstehen sie ihren schmucken Leib zusammenzudrücken oder zusammenzurollen, gebrauchen ihre Tatzen mit großer Fertigkeit und wissen mit unfehlbarer Sicherheit vermittels derselben ein Tier selbst in seinem Laufe oder Fluge zu erfassen. Hierzu kommt noch die verhältnismäßige Stärke ihrer Glieder und ihre Ausdauer. Die größten Arten strecken mit einem einzigen Schlage ihrer furchtbaren Pranken ein Tier zu Boden, welches größer ist als sie selbst, und schleppen ohne Mühe unglaubliche Lasten fort.

Unter den Sinnen stehen wohl Gehör und Gesicht obenan. Ersteres ist unzweifelhaft das Werkzeug, welches sie bei ihren Raub- und Streifzügen leitet. Sie vermögen Geräusche auf große Entfernungen hin wahrzunehmen und richtig zu beurteilen, vernehmen den leisesten Fußtritt, das schwächste Rascheln im Sande und finden durch ihr Gehör selbst nicht gesehene Beute auf. Diese Sinnesschärfe scheint schon äußerlich angedeutet zu sein; denn obschon die Ohrmuscheln fast nirgends besonders groß zu sein pflegen, zeigen sie doch hier und da besondere Verzierungen oder Anhängsel durch steife Haare usw., welche zwar weniger zur Auffangung des Schalles dienen, aber doch den hervorragendsten Sinn kennzeichnen dürften. Das Gesicht ist weniger begünstigt, obwohl keineswegs schwach zu nennen. Ihr Auge reicht wahrscheinlich nicht in große Fernen, ist aber für die Nähe vortrefflich. Der Stern, welcher bei den größeren Arten rund ist und im Zorn sich kreisförmig erweitert, nimmt bei den kleineren Arten die Gestalt einer Ellipse an und zeigt sich dann einer großen Ausdehnung fähig. Bei Tage zieht er sich unter Einwirkung des zu grellen Lichtes bis auf einen feinen Spalt zusammen, in der Aufregung oder in der Dunkelheit rundet er sich fast bis zu einem vollen Kreise aus. Auf das Gesicht dürfen wir wohl das Gefühl folgen lassen, welches ebensowohl als ausgebildete Tastfähigkeit wie als Empfindungsvermögen sich kundgibt. Zu Tastwerkzeugen dienen hauptsächlich die Bartschnurren zu beiden Seiten des Maules und über den Augen, vielleicht auch die Pinsel am Ohr der Luchse. Schneidet man einer Katze ihre Bartschnurren weg, so versetzt man sie in eine höchst ungemütliche Lage; sie wird förmlich rat- und tatlos oder zeigt zum mindesten eine merkliche Unruhe und Ungewißheit, welche später, jedoch bloß nach dem Wiederwachsen jener Borsten, sich verliert. Aber auch die Pfoten erscheinen zum Tasten ganz geeignet. Die Empfindlichkeit ist über den ganzen Körper verbreitet. Alle Katzen sind höchst empfänglich für Einflüsse von außen und zeigen eine unverkennbare Mißstimmung bei unangenehmen oder große Behaglichkeit bei angenehmen Reizen. Wenn man ihr seidenweiches Haar streichelt, wird man sie stets in eine fast freudige Aufregung versetzen, während sie, wenn dieses Haar befeuchtet wird oder sie sonstigen widerwärtigen Einflüssen ausgesetzt sind, großen Mißmut an den Tag legen. Geruch und Geschmack dürften so ziemlich auf gleicher Stufe stehen; vielleicht ist der Geschmack noch besser als der Geruch. Die meisten Katzen sind trotz ihrer rauhen Zunge für Gaumenkitzel sehr empfänglich und erfreuen sich besonders an schwach gesalzenen und süßlichen Speisen, vor allem an tierischen Flüssigkeiten, wie an Blut und an Milch, während dem Geruchswerkzeug schon sehr stark riechende Dinge geboten werden müssen, wenn es sich befriedigt zeigen soll. Die merkwürdige Vorliebe gewisser Katzen für stark duftende Pflanzen, wie für Baldrian und Katzengamander, läßt jedenfalls die Schlußfolgerung zu, daß ihr Geruch nur ein sehr untergeordneter sein kann; denn alle feinriechenden

Tiere würden sich mit Abscheu von derartigen Gegenständen abwenden: die Katzen aber wälzen sich wie sinnlos, gleichsam im höchsten Rausche, auf jenen Pflanzen herum.

Hinsichtlich ihrer geistigen Fähigkeiten stehen die Katzen hinter den Hunden zurück, jedoch nicht so weit, wie man gewöhnlich anzunehmen pflegt. Vergessen darf man nicht, daß wir bei Abwägung der Geisteskräfte beider Familien beständig an zwei kaum maßgebende Vorbilder denken: an den seit Jahrtausenden von uns erzogenen, geschulten, gebildeten, vermenschlichten Haushund und an die vernachlässigte, vorurteilsvoll betrachtete und gewöhnlich mißhandelte Hauskatze. Vergleichen wir wildlebende Arten beider Familien, beispielsweise Fuchs und Luchs, so stellt sich das Ergebnis schon ganz anders, und zwar entschieden günstiger für die Katzen. Diese als geistig tief stehende Tiere zu betrachten, wie ausgesprochen oder nicht ausgesprochen noch häufig geschieht, ist ein großer Fehler. Die Hauskatze gibt uns oft genug Beispiele von treuer Anhänglicheit an den Menschen und von hohem Verstande. Der Charakter der meisten Arten ist allerdings ein Gemisch von ruhiger Besonnenheit, ausdauernder List, Blutgier und Tollkühnheit; doch gibt es auch sehr edelstolze, mutige Katzen wie den Lösen, oder sanfte wie den Jagdleoparden. In Gesellschaft des Menschen zeigen sie sich bald durchaus anders als in der Freiheit; sie erkennen die menschliche Herrschaft an, fühlen Dankbarkeit für ihren Herrn, wollen, daß er ihnen schmeichle, sie liebkose, kurz, werden oft rückhaltlos zahm, wenn auch zuweilen ihre tief eingewurzelten natürlichen Begabungen plötzlich wieder durchbrechen. Hierin beruht hauptsächlich der Grund, daß man die Katzen falsch und tückisch nennt; denn nicht einmal derjenige Mensch, welcher Tiere zu quälen oder zu mißhandeln pflegt, will ihnen das Recht zugestehen, einmal auf Augenblicke das ihnen auferlegte Joch der Sklaverei abzuschütteln.

[…]

In der Art und Weise ihres Angriffes ähneln sich alle Arten mehr oder weniger. Leisen, unhörbaren Schrittes schleichen sie äußerst aufmerksam durch ihr Jagdgebiet und äugen und lauschen scharf nach allen Richtungen hin. Das geringste Geräusch erregt ihre Aufmerksamkeit und bewegt sie, der Ursache desselben nachzugehen. Dabei gleiten sie in geduckter Stellung vorsichtig auf dem Boden hin, regelmäßig unter dem Winde, und fallen, wenn sie sich nahe genug glauben, plötzlich mit einem oder mehreren Sätzen über ihr Schlachtopfer her, schlagen ihm die furchtbaren Tatzen in das Genick oder in die Seiten, reißen es zu Boden, erfassen es mit dem Maul und beißen einige Male schnell nacheinander heftig zu. Hierauf öffnen sie das Gebiß ein wenig, ohne jedoch das erfaßte Tier fahren zu lassen, beobachten es vielmehr scharf und beißen von neuem, sowie sich noch ein Fünkchen Leben in ihm regt. Viele stoßen währenddem ein Brüllen oder Knurren aus, welches ebensogut Behaglichkeit als Gier oder Zorn ausdrückt, und bewegen nebenbei die Spitze ihres Schwanzes. Die meisten haben die abscheuliche Gewohnheit, ihre Schlachtopfer noch lange zu quälen, indem sie ihnen scheinbar etwas Freiheit gewähren und sie oft auch wirklich ein Stückchen laufen lassen, jederzeit aber im rechten Augenblick wieder erfassen, von neuem niederdrücken, nochmals laufen lassen usw., bis die Gepeinigten endlich ihren Wunden erliegen. Auch die größten Arten scheuen Tiere, von denen sie bedeutenden Widerstand erwarten. Selbst Löwe, Tiger und Jaguar fürchten anfangs den Menschen und gehen ihm fast feig aus dem Wege; nachdem sie aber gelernt haben, welch schwaches, wehrloses Geschöpf er ist, werden sie seine furchtbarsten Feinde, und es scheint fast, als ob sie dann das Menschenfleisch dem aller übrigen Säugetiere entschieden vorziehen. Obgleich beinahe alle Katzen gute Läufer sind, stehen sie doch von weiterer Verfolgung eines Schlachtopfers ab, wenn ihnen der Angriffssprung mißlang. Nur an sehr geschützten Orten verzehren sie eine gemachte Beute gleich an Ort und Stelle; gewöhnlich schleppen sie das erfaßte Tier, nachdem sie es getötet oder wenigstens widerstandslos gemacht haben, an einen stillen, versteckten Ort und verzehren es hier in aller Ruhe und Behaglichkeit.

In der Regel werfen die weiblichen Katzen mehrere, ausnahmsweise nur ein einziges Junges. Man kann sagen, daß die Anzahl der letzteren zwischen eins und sechs schwankt; einige Arten sollen noch mehr zur Welt bringen. Die Pflegerin der Jungen ist die Mutter; der Vater bekümmert sich bloß gelegentlich um sie. Eine Katzenmutter mit ihren Jungen gewährt ein höchst anziehendes Bild. Man sieht die mütterliche Zärtlichkeit und Liebe in jeder Bewegung der Alten ausgedrückt hört sie in jedem Tone, welchen man vernimmt. Es liegt eine Zartheit und Weiche in der Stimme, welche man gar nicht vermutet hätte. Dabei beobachtet die Alte ihre Kleinen mit so viel Sorgfalt und Aufmerksamkeit, daß man gar nicht zweifeln kann, wie sehr ihr die Kinderschar ans Herz gewachsen ist. Besonders wohltuend ist bei einem solchen Katzengehecke die Reinlichkeitsliebe, zu welcher die Mutter ihre Jungen schon in der frühesten Jugend anhält. Sie hat ohne Unterlaß zu putzen, zu lecken, zu glätten, zu ordnen und duldet nicht den geringsten Schmutz in der Nähe des Lagers. Gegen feindliche Besuche verteidigt sie ihre Sprößlinge mit Hintansetzung des eigenen Lebens, und alle größeren Arten der Familie werden, wenn sie Junge haben, im höchsten Grade furchtbar. Bei vielen Katzen muß die

Mutter ihre Brut unter Umständen auch gegen den Vater schützen, weil dieser die Jungen, solange sie noch blind sind, ohne weiteres auffrißt, wenn er in das unbewachte Lager kommt. Daher rührt wohl auch hauptsächlich die große Sorgfalt aller Katzen, ihr Geheck möglichst zu verbergen. Nachdem die Jungen etwas mehr herangewachsen sind und sich schon als echte Katzen zeigen, ändert sich die Sache; dann tut auch der Kater oder das Katzenmännchen überhaupt ihnen nichts mehr zuleide. Und nun beginnt ein gar lustiges Kindheitsleben der kleinen, zu Spiel und Scherz jeder Art immer geneigten Tiere. Die natürliche Begabung zeigt sich schon bei den ersten Bewegungen und Regungen, deren die Kätzchen fähig sind. Ihre Kinderspiele sind bereits nichts anderes als Vorübungen zu der ernsten Jagd, welche die Erwachsenen betreiben. Alles, was sich bewegt, zieht ihre Aufmerksamkeit auf sich. Kein Geräusch entgeht ihnen: die kleinen Lauscher spitzen sich bei dem leisesten Rascheln in der Nähe. Anfangs ist der Schwanz der Alten die größte Kinderfreude der Jungen. Jede seiner Bewegungen wird beobachtet, und bald macht sich die übermütige Gesellschaft daran, diese Bewegungen durch ihre Fangversuche zu hemmen und zu hindern. Doch die Alte läßt sich durch solche Neckereien nicht im geringsten stören und fährt fort, ihrer ineren Seelenstimmung durch die Schwanzbewegungen Ausdruck zu geben, ja sie bietet ihren Kleinen förmlich dieses Glied zu beliebigem Gebrauch dar. Wenige Wochen später sieht man die ganze Familie bereits mit den lebhaftesten Spielen beschäftigt, und nun wird die Alte geradezu kindisch, die Löwenmutter ebensogut wie die Erzeugerin unserer Hauskatzen. Oft ist die ganze Gesellschaft zu einem scheinbaren Knäuel geballt, und eins fängt und hakelt nach dem Schwanze des andern. Mit dem zunehmenden Alter werden die Spiele immer ernstlicher. Die Kleinen lernen erkennen, daß der Schwanz doch nur ein Stück ihres eigenen Selbst ist, wollen aber ihre Kraft bald an etwas anderem versuchen. Jetzt schleppt ihnen die Alte kleine, oft noch halb, oft ganz lebendige Tiere zu. Diese werden freigelassen, und es übt sich die junge Brut mit Eifer und Ausdauer in dem räuberischen Gewerbe, welches sie später betreiben wird. Schließlich nimmt die Alte sie mit auf die Jagd hinaus; da lernen sie nun vollends alle Listen und Schleichwege, die ruhige Beherrschung ihrer selbst, die plötzlichen Angriffe, kurz, die ganze Kunst des Raubes. Erst wenn sie ganz selbständig geworden sind, trennen sie sich von der Mutter oder den Eltern und führen nun längere Zeit ein einsames, umherschweifendes Leben.

Die Katzen stehen der ganzen übrigen Tierwelt als Feinde gegenüber; deshalb ist der Schaden, welchen sie anrichten, außerordentlich bedeutend. Freilich muß man bedenken, daß die großen Arten der Familie fast sämtlich in Ländern leben, welche unglaublich reich an Beute sind; ja man kann sogar behaupten, daß einige geradezu einer schädlichen Vermehrung mancher Wiederkäuer und Nager hindernd in den Weg treten und somit mittelbar auch uns nützlich werden. Bei den kleineren Arten überwiegt der Nutzen, welchen sie leisten, den von ihnen angerichteten Schaden bei weitem. Ihre Jagd beschränkt sich auf kleinere Säugetiere und Vögel, und namentlich die dem menschlichen Haushalt so überaus lästigen und schädlichen kleinen Nager finden in ihnen das wirksamste Gegengewicht und die gefährlichsten Feinde. Unser Hinz ist uns geradezu unentbehrlich geworden; aber auch die wildlebenden kleineren Katzenarten bringen viel mehr Nutzen als Schaden. Außerdem verwertet der Mensch das Fell und hier und da selbst das Fleisch unserer Tiere. In China dient das Katzenfell als Standeszeichen; die übrigen Völker schätzen es mehr seiner Farbenschönheit als seiner wirklichen Güte wegen; denn diese ist nicht eben hoch anzuschlagen.

Wer noch niemals eine Katze war

Wer noch niemals in seinem Leben eine Katze war und sich von einem Tag auf den anderen in die Stadt Rom versetzt sieht, muß sich durchfragen. Schön ist das lange Land Italien mit seinen zahlreichen Kirchen und Palästen, gewaltig das jahrtausendalte Rom auf seinen sieben ungleichmäßigen Hügeln, aber ein hungriger Kater geht zunächst einmal aufs Futter, und das wächst einem nicht wie Gras in den Mund. Als McDamn erwacht war – uijäh! – und sich wie jeden Morgen zunächst einmal das Bärtchen glattstreichen wollte, fiel ihm auf, daß irgendwas mit ihm nicht in der alten Ordnung war. Statt des vertrauten Borstenpolsters, das er mittels Daumen und Zeigefinger in die rechte Form zu drücken pflegte, gewahrte er lange, nach den Seiten abgespreizte Fühler, Stacheln beinahe oder auch Antennen, die bei der geringsten Berührung einen unbekannten Nerv in seinem Kopf zusammenzucken ließen. Als es auch bei dem zweiten und dritten Versuch bei der wunderlichen Erscheinung blieb und er meinte, daß er sich nun den restlichen Schlaf aus den Augen wischen müsse, glitt – hast du nicht gesehen? doch, er hatte es gesehen! – etwas wie eine krallenbewehrte Quaste an seinem Gesicht vorbei, und als er dann, dem grauen Grusel ein schnelles Ende zu machen, vom Lager aufsprang und in seine Pantoffeln schlüpfen wollte, da fand er keine Pantoffeln mehr und nicht einmal die richtigen Füße dazu, da sah er sich auf einmal vierbeinig im hohen gelben Grase stehen, und statt von oben an sich herunter blickte er seitlich an einer walzenförmigen Gestalt entlang, die scheinbar kein Ende nehmen wollte und die hinten irgendwo in ein schwarzgrau-schiefergrau gestromtes Schiffstau auslief. Es war dies der Moment, daß er auf einen fürchterlichen Schlag erkannte, daß er nicht vom Traum zum Leben, sondern vom Leben zum Traum erwacht war, und ehe er es sich versah, machte das Ding, das er war, einen erschreckten Satz zur Seite, duckte etwas in ihm sich ins Gras, hinter die Disteln, ins Gesträuch, und wo er eben noch so arglos gelegen hatte, zerplatzte eine riesenhafte dunkelgrüne Flasche an einem mannslangen Ziegelstein. Oh schauriges, oh meuchelmörderisches Dasein, dachte etwas in seinem erschrockenen Herzen, oh du unbegreifliche Welt, in der kein Mensch mehr seiner alten Natur noch sicher war; aber während er gerade noch einmal mit seinen beiden ausgestreckten Händen nach der fremd gewordenen Erde fassen wollte, bemerkte er zugleich, daß etwas Inneres sich rätselvoll nach außen krallte, und ein ihm unbekannter Schauder durchlief den Leib der Länge nach im Bogen hoch, wie ein unsägliches, den ganzen Wirbelstrang in Anspruch nehmendes Fragezeichen.

E. T. A. Hoffmann

Die Lebensansichten des Katers Murr
Gefühle des Daseins, die Monate der Jugend

Es ist doch etwas schönes, herrliches, erhabenes um das Leben! – »O du süße Gewohnheit des Daseins!« ruft jener niederländische Held in der Tragödie aus. So auch ich, aber nicht wie der Held in dem schmerzlichen Augenblick, als er sich davon trennen soll – nein! – in dem Moment, da mich eben die volle Lust des Gedankens durchdringt, daß ich in jene süße Gewohnheit nun ganz und gar hineingekommen und durchaus nicht Willens bin, jemals wieder hinauszukommen. – Ich meine nehmlich, die geistige Kraft, die unbekannte Macht, oder wie man sonst das über uns waltende Prinzip nennen mag, welches mir besagte Gewohnheit ohne meine Zustimmung gewissermaßen aufgedrungen hat, kann unmöglich schlechtere Gesinnungen haben, als der freundliche Mann bei dem ich in Kondition gegangen und der mir das Gericht Fische, das er mir vorgesetzt, niemals vor der Nase wegzieht, wenn es mir eben recht wohlschmeckt.

O Natur, heilige hehre Natur! wie durchströmt all' deine Wonne, all' dein Entzücken, meine bewegte Brust, wie umweht mich dein geheimnisvoll säuselnder Atem! – Die Nacht ist etwas frisch und ich wollte – doch jeder der dies lieset oder nicht lieset, begreift nicht meine hohe Begeisterung, denn er kennt nicht den hohen Standpunkt, zu dem ich mich hinaufgeschwungen! – Hinaufgeklettert wäre richtiger, aber kein Dichter spricht von seinen Füßen, hätte er auch deren viere so wie ich, sondern nur von seinen Schwingen, sind sie ihm auch nicht angewachsen, sondern nur Vorrichtung eines geschickten Mechanikers. Über mir wölbt sich der weite Sternenhimmel, der Vollmond wirft seine funkelnden Strahlen herab und in feurigem Silberglanz stehen Dächer und Türme um mich her! Mehr und mehr verbraust das lärmende Gewühl unter mir in den Straßen, stiller und stiller wird die Nacht – die Wolken ziehen – eine einsame Taube flattert in bangen Liebesklagen girrend um den Kirchturm! – Wie! – wenn die liebe Kleine sich mir nähern wollte? – Ich fühle wunderbar es sich in mir regen, ein gewisser schwärmerischer Appetit reißt mich hin mit unwiderstehlicher Gewalt! – O käme sie die süße Huldin, an mein liebekrankes Herz wollt ich sie drücken, sie nimmer von mir lassen – ha dort flattert sie hinein in den Taubenschlag, die Falsche und läßt mich hoffnungslos sitzen auf dem Dache! – Wie selten ist doch in dieser dürftigen, verstockten, liebeleeren Zeit wahre Sympathie der Seelen. –

Ist denn das auf zwei Füßen aufrecht einhergehen

etwas so großes, daß das Geschlecht, welches sich Mensch nennt, sich die Herrschaft über uns alle, die wir mit sichererem Gleichgewicht auf Vieren daherwandeln, anmaßen darf? Aber ich weiß es, sie bilden sich was Großes ein auf Etwas, was in ihrem Kopfe sitzen soll und das sie die Vernunft nennen. Ich weiß mir keine rechte Vorstellung zu machen, was sie darunter verstehen, aber so viel ist gewiß, daß wenn, wie ich es aus gewissen Reden meines Herrn und Gönners schließen darf, Vernunft nichts anders heißt, als die Fähigkeit mit Bewußtsein zu handeln und keine dumme Streiche zu machen, ich mit keinem Menschen tausche. – Ich glaube überhaupt, daß man sich das Bewußtsein nur angewöhnt; durch das Leben und zum Leben kommt man doch, man weiß selbst nicht wie. Wenigstens ist es mir so gegangen und wie ich vernehme, weiß auch kein einziger Mensch auf Erden das Wie und Wo seiner Geburt aus eigner Erfahrung, sondern nur durch Tradition, die noch dazu öfters sehr unsicher ist. Städte streiten sich um die Geburt eines berühmten Mannes und so wird es, da ich selbst nichts Entscheidendes darüber weiß, immerdar ungewiß bleiben, ob ich in dem Keller, auf dem Boden, oder in dem Holzstall, das Licht der Welt erblickte, oder vielmehr nicht erblickte, sondern nur in der Welt erblickt wurde von der teuren Mama. Denn wie es unserm Geschlecht eigen, waren meine Augen verschleiert. Ganz dunkel erinnere ich mich gewisser knurrender prustender Töne die um mich her erklangen und die ich beinahe wider meinen Willen hervorbringe, wenn mich der Zorn überwältigt. Deutlicher und beinahe mit vollem Bewußtsein finde ich mich in einem sehr engen Behältnis mit weichen Wänden eingeschlossen, kaum fähig Atem zu schöpfen und in Not und Angst ein klägliches Jammergeschrei erhebend. Ich fühle, daß etwas in das Behältnis hinabgriff und mich sehr unsanft beim Leibe packte und dies gab mir Gelegenheit, die erste wunderbare Kraft, womit mich die Natur begabt, zu fühlen und zu üben. Aus meinen weichen überpelzten Vorderpfoten schnellte ich spitze gelenkige Krallen hervor und grub sie ein in das Ding das mich gepackt und das, wie ich später gelernt, nichts anders sein konnte, als eine menschliche Hand. Diese Hand zog mich aber heraus aus dem Behältnis, und warf mich hin und gleich darauf fühlte ich zwei heftige Schläge auf den beiden Seiten des Gesichts über die jetzt ein, wie ich wohl sagen mag, stattlicher Bart herüberragt. Die Hand teilte mir, wie ich jetzt beurteilen kann, von jenem Muskelspiel der Pfoten verletzt, ein paar Ohrfeigen zu, ich machte die erste Erfahrung von moralischer Ursache und Wirkung und eben ein moralischer Instinkt trieb mich an, die Krallen eben so schnell wieder einzuziehen, als ich sie hervorgeschleudert. Später hat man dieses Einziehen der Krallen mit Recht als einen Akt der höchsten Bonhommie und Liebenswürdigkeit anerkannt und mit dem Namen »Samtpfötchen«, bezeichnet.

Wie gesagt, die Hand warf mich wieder zur Erde. Bald darauf erfaßte sie mich aber aufs neue beim Kopf und drückte ihn nieder, so daß ich mit dem Mäulchen in eine Flüssigkeit geriet, die ich, selbst weiß ich nicht, wie ich darauf verfiel, es mußte daher physischer Instinkt sein, aufzulecken begann, welches mir eine seltsame innere Behaglichkeit erregte. Es war wie ich jetzt weiß, süße Milch die ich genoß, mich hatte gehungert und ich wurde satt indem ich trank. So trat nachdem die moralische begonnen, die physische Ausbildung ein.

Aufs neue, aber sanfter als vorher, faßten mich zwei Hände und legten mich auf ein warmes weiches Lager. Immer besser und besser wurde mir zu Mute und ich begann mein inneres Wohlbehagen zu äußern, indem ich jene seltsame, meinem Geschlecht allein eigene, Töne von mir gab, die die Menschen durch den nicht unebenen Ausdruck, spinnen, bezeichnen. So ging ich mit Riesenschritten vorwärts in der Bildung für die Welt. Welch ein Vorzug, welch ein köstliches Geschenk des Himmels, inneres physisches Wohlbehagen ausdrücken zu können durch Ton und Gebehrde! – Erst knurrte ich, dann kam mir jenes unnachahmliche Talent den Schweif in den zierlichsten Kreisen zu schlängeln dann die wunderbare Gabe durch das einzige Wörtlein »Miau«, Freude, Schmerz, Wonne und Entzücken, Angst und Verzweiflung, kurz alle Empfindungen und Leidenschaften, in ihren mannigfaltigsten Abstufungen auszudrücken. Was ist die Sprache der Menschen gegen dieses einfachste aller einfachen Mittel sich verständlich zu machen! – Doch weiter in der denkwürdigen, lehrreichen Geschichte meiner ereignisreichen Jugend! –

Ich erwachte aus tiefem Schlaf, ein blendender Glanz umfloß mich, vor dem ich erschrak, fort waren die Schleier von meinen Augen, ich sah! –

Ehe ich mich an das Licht, vorzüglich aber an das buntschäckige Allerlei das sich meinen Augen darbot, gewöhnen konnte, mußte ich mehrmals hintereinander entsetzlich niesen, bald ging es indessen mit dem Sehen ganz vortrefflich, als habe ich es schon mehrere Zeit hintereinander getrieben.

O das Sehen! es ist eine wunderbare herrliche Gewohnheit, eine Gewohnheit, ohne die es sehr schwer werden würde, überhaupt in der Welt zu bestehen! – Glücklich diejenigen Hochbegabten, denen es so leicht wird als mir, sich das Sehen anzueignen.

Leugnen kann ich nicht, daß ich doch in einige Angst geriet und dasselbe Jammergeschrei erhob, wie damals in dem engen Behältnis. Sogleich erschien ein kleiner hagerer alter Mann, der mir unvergesslich bleiben wird, da ich meiner ausgebreiteten Bekanntschaft unerachtet keine Gestalt, die ihm gleich oder auch nur ähnlich zu nennen, jemals wieder erblickt habe. Es trifft sich häufig bei meinem Geschlecht, daß dieser, jener Mann einen weiß und schwarz gefleckten Pelz trägt, selten findet man aber wohl einen Menschen der schneeweißes Haupthaar haben sollte und dazu Rabenschwarze Augenbraunen, dies war aber der Fall bei meinem Erzieher. Der Mann trug im Hause einen kurzen hochgelben Schlafrock, vor dem ich mich entsetzte und daher, so gut es bei meiner damaligen Unbehülflichkeit gehen wollte, von dem weichen Kissen herab, zur Seite kroch. Der Mann bückte sich herab zu mir mit einer Gebehrde, die mir freundlich schien und mir Zutrauen einflößte. Er faßte mich, ich hütete mich wohl vor dem Muskelspiel der Krallen, die Ideen kratzen und Schläge verbanden sich von selbst und in der Tat, der Mann meinte es gut mit mir, denn er setzte mich nieder vor einer Schüssel süßer Milch, die ich begierig auflutschte, worüber er sich nicht wenig zu freuen schien. Er sprach vieles mit mir, welches ich aber nicht verstand, da mir damals als einem jungen unerfahrnen Kiek in die Welt von Käterchen das Verstehen der menschlichen Sprache noch nicht eigen. Überhaupt weiß ich von meinem Gönner nur wenig zu sagen. So viel ist aber gewiß, daß er in vielen Dingen geschickt – in Wissenschaften und Künsten hocherfahren sein mußte, denn alle die zu ihm kamen (ich bemerkte Leute darunter, die gerade da, wo mir die Natur einen gelblichen Fleck im Pelze beschert hat, d. h. auf der Brust, einen Stern oder ein Kreuz trugen) behandelten ihn ausnehmend artig, ja zuweilen mit einer gewissen scheuen Ehrfurcht, wie ich späterhin den Pudel Skaramuz, und nannten ihn nicht anders, als mein hochverehrtester, mein teurer, mein geschätztester Meister Abraham! – Nur zwei Personen nannten ihn schlechtweg »Mein Lieber!« Ein großer dürrer Mann in Papageigrünen Hosen und weißseidenen Strümpfen und eine kleine sehr dicke Frau mit schwarzem Haar und einer Menge Ringe an allen Fingern Jener Herr soll aber ein Fürst, die Frau hingegen eine jüdische Dame gewesen sein.

Dieser vornehmen Besucher unerachtet wohnte Meister Abraham doch in einem kleinen hochgelegenen Stübchen, so daß ich meine ersten Promenaden sehr bequem durchs Fenster aufs Dach und auf den Hausboden machen konnte. –

Ja! es ist nicht anders, auf einen Boden muß ich geboren sein! – Was Keller, was Holzstall – ich entscheide mich für den Boden! – Klima, Vaterland, Sitten, Gebräuche, wie unauslöschlich ist ihr Eindruck, ja wie sind sie es nur, die des Weltbürgers äußere und innere Gestaltung bewirken! – Woher kommt in mein Inneres dieser Höhesinn, dieser unwiderstehliche Trieb zum Erhabenen? Woher diese wunderbar seltene Fertigkeit im Klettern, diese beneidenswerte Kunst der gewagtesten genialsten Sprünge? – Ha! es erfüllt eine süße Wehmut meine Brust! – Die Sehnsucht nach dem heimatlichen Boden regt sich mächtig! – Dir weihe ich diese Zähren o! schönes Vaterland, dir dies wehmütig jauchzende Miau! – Dich ehren diese Sprünge, diese Sätze, es ist Tugend darin und patriotischer Mut! – Du, o! Boden, spendest mir in freigebiger Fülle manch Mäuslein und nebenher kann man manche Wurst, manche Speckseite, aus dem Schornstein erwischen, ja wohl manchen Sperling haschen, und sogar hin und wieder ein Täublein erlauren. »Gewaltig ist die Liebe zu dir o Vaterland!« –

Doch ich muß Rücksichts meiner –

Schwarze Katze

Ein Gespenst ist noch wie eine Stelle,
dran dein Blick mit einem Klange stößt;
aber da, an diesem schwarzen Felle
wird dein stärkstes Schauen aufgelöst:

wie ein Tobender, wenn er in vollster
Raserei ins Schwarze stampft,
jählings am benehmenden Gepolster
einer Zelle aufhört und verdampft.

Alle Blicke, die sie jemals trafen,
scheint sie also an sich zu verhehlen,
um darüber drohend und verdrossen
zuzuschauern und damit zu schlafen.
Doch auf einmal kehrt sie, wie geweckt,
ihr Gesicht und mitten in das deine:
und da triffst du deinen Blick im geelen
Amber ihrer runden Augensteine
unerwartet wieder: eingeschlossen
wie ein ausgestorbenes Insekt.

JOACHIM RINGELNATZ

Katze vor Anker

Schlafen die Bewohner
Von dem Gaffelschoner
Im Kajüt am Heck? –

Weil das Boot vor Anker liegt,
Hockt die Katze mißvergnügt
Oben auf dem Deck.

Sieht sie Mäuse, Ratten? –
Doch der Wind hat sich gelegt.
Was sich einzig noch bewegt,
Ist ihr eigner Schatten.

Vor ihr liegt ein dickes Tau,
Rund geschlängelt, wie ein Kranz,
Viel viel länger als ihr Schwanz.
Ach, miau – miau.

Keine Ratte, keine Maus,
Keine Gasse und kein Haus,
Nichts, was mitmiaute.

Und die arme Katerbraut
Äußert ihren Kummer laut
Dort im Strom bei Flaute.

Spiritus familiaris

Eine schwarze Katze kauert vor meiner Tür,
Eine kleine, schwarze, kurzgeschorene Katze;
Ich komme nach Hause, und mit einem Satze,
Wie ich aufschließe, springt sie herein zu mir.

Was will die kleine, schwarze Katze bei mir?
Wär es ein Hündchen, ich wüßte es zu verstehen;
Ein Frauenhündchen, ich weiß damit umzugehen.
Die Katze ist mir ein völlig fremdes Tier

Sie ist die Seele von meinem *Spiritus*
Familiaris. Er hat sich umgebrungen.
Die schwarze Katze kommt zu mir
hereingesprungen,
Weil sie doch irgendwo übernachten muß.

Die Katz

Neulich saß ich vor dem kleinen Theaterchen Ambassadeurs in den Champs Elysées, unter grünen Bäumen. Um meine Bank strich mehrere Male eine große, gut genährte Katze, grau mit schwarzen Flecken. Wir kamen so ins Gespräch – sie fragte mich, wieviel Uhr es sei –, und da stellte sich heraus, daß sie aus Insterburg stammte. Nun kenne ich Insterburg sehr genau – ich habe da seinerzeit gedient –, und wir waren gleich im richtigen Fahrwasser. Sie kannte erstaunlich viele Leute, und wir hatten auch gemeinsame Bekannte: eine Verwandte von ihr war bei meinem Feldwebel Lemke Katze gewesen, sie wußte gut Bescheid. Meine Stammkneipe kannte sie und das Theater und die Kaserne und alle möglichen Orte. Ja, es ist sogar möglich, daß wir uns einmal gesehen hatten, im Schützenhaus zu Palmnicken, aber da hatte ich natürlich nicht so darauf geachtet. Wie es ihr denn so in Paris gefiele, fragte ich sie.

»Näi, hier jefällts mir nich!« sagte sie. »Ich wäiß nich, die Leite sinn ja soweit janz natt – aber, wissen Se, mit die Verfläijung, das is doch nichts. Ja. 's jibbt ja Fläisch un so – aber Fischkeppe – wissen Se – son richtichen Kopp von nem Zanderchen oder Hachtchen – das hätt ich doch jar zu jern mal jajassen. Aber: Pustekuchen!« Das fand ich auch sehr bedauerlich.

»Gott, man erlebt ja allerhand hiä«, sagte die Katze. »Da haben se mich näilich einem alten Madamche ins Bett jestochen, wissen Se, die konnt keine Katzen läiden. Erbarmung! hat se jebrillt. Ei, seht doch! seht doch! hat se immer jerufen – das heißt, ich denk mä das so – denn sie hat ja franzeesch jebrillt. Dabei hab ich se nuscht jetan! Und se hat all immer jemacht: ›Pusch! Pusch! Willste da raus!‹ – Aber ich bin ruhig liegen jeblieben, wissen Se – und da hat se mit all ihre Koddern aufn Pianino jeschlafen – ja. Und am friehen Morjen hat se mer denn ein Tellerche Schmant hinjehalten, das hab ich auch jenomm, und denn bin ich los. Es war ne janz nette Frau soweit. Se war all janz bedammelt von den Unjlik.« Aha. Und diese große Schramme da über dem Auge? was wäre denn dies?

»I«, sagte die Katze, »da hat mir neulich son Kater anjesprochen – aber ich wollt nich – wissen Se, ich wer mer doch mit die franzeeschen Kater nich abjehm! De Frau in Insterburch hat auch immer jesacht, mehr als dräimal im Jahr soll ne ordentliche Katz nich – na, und meine Portion war all voll. Ja – ich wollt eben nich. Da hat mir doch das Biest anjesprungen! Was sagen Se –! Ich hab ’n aber ordentlich äine jelangt – sobald jeht der an käine ostpräische Katz mer ran, der Lorbas!«

»Kinder haben Sie also auch?« fragte ich. »Ja«, sagte

sie. »Es sinn alles orntliche Katzen jeworn – bis auf äine. Die streicht da aufn Monmartä rum bei die Franzosen –, und wenn mal 'n Tanzvergniejen is, denn macht se sich an die Fremden ran. Näilich dacht ich: I, dacht ich, wirst mal hinjehn, sehn, was se da macht. Wissen Se – ich hab mir rein die Augen ausn Kopp jeschämt – lauter halbnackte Marjellen – und meine Tochter immer dabäi. Sone Krät –! Ich sach: ›Was machst du denn hier?‹ sach ich. Se sagt: ›Ah – Mama!‹ und denn redt se doch franzeesch mit mir! mit die äijene Mutter –! Ich sach: ›Schabber nich so dammlich!‹ sach ich und jeb ihr eins mit de Pfot. Da haben se uns rausjeschmissen ausm Lokal, alle bäide – und draußen auf de Straß wollt ich mer nich mit se hinstellen. Und – rietz! war se denn auch jläich wech. Ach, wissen Se, heutzutach, mit die Kindä …!« ja, da konnte ich nur zustimmen. Na – und sonst? Paris und so?

»Manchmal«, sagte die Katz, »krie ich doch mächtig Heimweh. Kenn Se Keenichsbarch? Das is ne Stadt – wissen Se – da kann Paris jahnich mit! Da war ich mal auf Besuch – man is ja in de Welt rumjekomm, Gott sei Dank – und da war ich bei de Frau Schulz. Kenn Se die? Die Mutter von Lottchen Schulz, die immer so brillt? De Tochter hat jetzt jehäirat.« Halt! Lottchen Schulz kannte ich. Diese etwas bejahrte, schielende und hinkende Dame hatte geheiratet? Ich äußerte Bedenken. »Och«, sagte die Katze, »sehn Se mal: Nu hat se doch das lahme Bein, und ordentlich gucken kann se auch nicht mehr – was soll Se –!« Dagegen war nichts einzuwenden – Heirat schien in solchem Fall das beste. »Ja, da war ich auf Besuch«, fuhr die Katze fort, »ach, wenn ich daran noch denk! Inne Ofeneck saßen die bäiden Jungens Schulz und schlabberten ein Tulpchen Biä nachn andern, de Frau trank Kaffee, und ich kriecht ab un zu 'n Stickche Spack – aber, wissen Se, son richtchen, ostpräißschen Kernspack – nich wie hier! Ja. Nur äin Malhör is mich in Keenichsbarch passiert: ich bin da in den Hiehnerstall jejangen und hab da jefriehstickt, und nachher hab ich es all jemerkt: alle die kläinen Kaichel, die hatten dem Pips! Dräi Tach war mir janz iebel!«

Eine feine Dame ging vorüber und sagte zu ihrer Begleiterin: »Vous savez, il n'y à que des étrangers à Paris!« Die Katze sagte:

»Wissen Se, hier mit die Katzen, da versteh ich mir janich! Se sind auch so janz anders als bäi uns – manche sind direkt kindisch – wissen Se ...! Na, denn wer ich man bißchen jehn, auf Mäise ...!«

Und lief seitwärts, in die Büsche. Ich wollte noch etwas sagen, sie nach ihrer Adresse fragen –, aber sie war schon weg. Und ich stand noch lange vor dem Busch und, ohne daran zu denken, daß es ja eine Katze war, rief ich: »Landsmann! Landsmann!« – Aber es antwortete keiner. Wir haben uns nicht mehr wiedergesehen.

Von Katzen

Vergangnen Maitag brachte meine Katze
Zur Welt sechs allerliebste kleine Kätzchen,
Maikätzchen, alle weiß mit schwarzen Schwänzchen.
Fürwahr, es war ein zierlich Wochenbettchen!
Die Köchin aber – Köchinnen sind grausam,
Und Menschlichkeit wächst nicht in einer Küche –
Die wollte von den Sechsen fünf ertränken,
Fünf weiße, schwarzgeschwänzte Maienkätzchen
Ermorden wollte dies verruchte Weib.
Ich half ihr heim! – der Himmel segne
Mir meine Menschlichkeit! Die lieben Kätzchen,
Sie wuchsen auf und schritten binnen Kurzem
Erhobnen Schwanzes über Hof und Herd;
Ja, wie die Köchin auch ingrimmig drein sah,
Sie wuchsen auf, und Nachts vor ihrem Fenster
Probierten sie die allerliebsten Stimmchen.
Ich aber, wie ich sie so wachsen sahe,
Ich pries mich selbst und meine Menschlichkeit. –
Ein Jahr ist um, und Katzen sind die Kätzchen,
Und Maitag ist's! – Wie soll ich es beschreiben,
Das Schauspiel, das sich jetzt vor mir entfaltet!
Mein ganzes Haus, vom Keller bis zum Giebel,
Ein jeder Winkel ist ein Wochenbettchen!

Hier liegt das eine, dort das andre Kätzchen,
In Schränken, Körben, unter Tisch und Treppen,
Die Alte gar – nein, es ist unaussprechlich,
Liegt in der Köchin jungfräulichem Bette!
Und jede, jede von den sieben Katzen
Hat sieben, denkt euch! sieben junge Kätzchen,
Maikätzchen, alle weiß mit schwarzen Schwänzchen!
Die Köchin rast, ich kann der blinden Wut
Nicht Schranken setzen dieses Frauenzimmers;
Ersäufen will sie alle neun und vierzig!
Mir selber, ach mir läuft der Kopf davon –
O Menschlichkeit, wie soll ich dich bewahren!
Was fang' ich an mit sechs und funfzig Katzen! –

Die schöne Katze und der treffliche Nero

Seitwärts vom Rhein, in einem reizenden Tale, liegt das Jagdschloß des Baron d'Eyncourt. Ein altes, wunderliches Gebäude mit kleinen Fenstern und ungeheuerm Giebel, halb bedeckt von Efeu und Weinranken, die bis oben aufs Dach gewachsen sind, von wo sie in dichten, buschigen Matten wieder nach den Seiten zu hinunterhängen. Uralte Walnußbäume bilden mit ihren riesigen Ästen und den großen tiefgrünen Blättern den Hintergrund des Gebäudes. Nach vorn dehnt sich bis zu dem schmalen Wege, der nach dem nächsten Dorfe führt, ein weiter, geräumiger Garten, dessen ganze Einrichtung auf den ersten Blick verrät, daß man wenig Sorgfalt mehr auf die Erhaltung früher Anlagen verwendet und Unkraut und Stauden durcheinanderwachsen läßt, wie es ihnen gefällt. Nur unmittelbar unter den Fenstern des Schlosses scheint noch eine ordnende Hand der lustig sprossenden Rosen und Nelken zu warten; von vier oder fünf Wasserbecken, die durch den Garten verteilt sind, sprudelt auch hier noch ein kristallener Strahl aus dem Marmorbehälter und wirft seine zitternden Perlen rechts und links auf die Kelche der Blumen.

Sorglos, als wüßten sie, daß niemand ihren Gesang unterbrechen würde, durchjubeln die Spatzen diese reizende Wildnis und ziehen sich nur ärgerlich in das Gezweig der Holunderbüsche zurück, wenn oft vom nahen Walde herüber die Amseln kommen oder andere schönere Vögel, welche sich den Garten des Schlosses als allgemeines Rendezvous erwählt zu haben scheinen und dann ihre melodische Unterredung beginnen, mit soviel Takt, in so hübschen Kadenzen, daß jedem ehrlichen Manne das Herz im Leibe lacht, daß aber jeder ehrliche Spatz vor Neid und Ärger vergehen möchte.

Das einzige, was die heiteren Meetings der gefiederten Gesellen bisweilen unterbricht und den ganzen Konvent im Nu auseinanderjagt, ist die große rotbraune Angorakatze, die langjährige Bewohnerin des Schlosses, die alle Ecken und Winkel des Gebäudes und des Gartens kennt und sich gewissermaßen als Statthalterin der Besitzung betrachtet, wenn die Herrschaft verreist, in der Stadt weilt. Schlummernd kauert sie auf der Schwelle der Gartentür, in Traum und Gedanken versunken. Alles ist still. – Da beginnt das Vogelkonzert: die Amsel ruft, es zwitschert der Stieglitz, der Buchfinke schreit, und es lärmen die Spatzen. Sie erwacht; – sie rümpft die Nase, die langen Spürhaare bewegen sich dreimal und viermal, ein unbehagliches Knurren und Murren dringt durch die halbgeöffnete zierliche Schnauze, und unheimlich blinzeln die grünen Augen durch die schützenden Wimpern. Es ist hart, so im besten Träumen gestört zu werden – in Träumen, wer weiß wovon – in Träumen, wer weiß worüber, wo man sich vielleicht für eine .–. Prinzessin hielt, für eine reiche Äbtissin, für eine himmlische Unschuld – und ach! und wo man dann doch zuletzt nur eine alte Katze ist. Aber wer weiß, wovon die Katzen träumen? Genug, unsre Angorakatze erwacht. Sacht und behutsam gleiten die zwei schneeweißen, reinlichen Vorderpfoten aus dem warmen Pelze, erst kaum bemerkbar, allmählich deutlicher, schimmernd in ihrer ganzen krallengeschmückten Schönheit, und stemmen sich endlich fest und sicher auf den Boden. Die Hinterpfoten, weniger glänzend und mehr braungestreift und gesprenkelt, folgen sofort dem Beispiel der beiden vordern, schieben die blanken Tatzen vorsichtig unter die Rundung des glatten Leibes, jetzt das Holz der Schwelle kräftiger packend und den ganzen Körper emporhebend, mit dem buckligen Rückgrat, mit dem wedelnden Schweif und dem drohenden Haupte, das sich stolz in den Nacken wirft, die Augen wild funkeln läßt und noch einmal weit aufgähnend seine rosenrote Höhle zeigt und die Reihen blitzender, scharfgeschliffener Zähne.

Ein Satz, und sie verschwindet im Gebüsch. Lebhaft unterhalten sich indes in den Zweigen eines großen Oleanders die Vögel von ihren wichtigsten

Angelegenheiten. Ein Zeisig schreit, als wäre er außer sich; – wahrscheinlich jammert er über ein Mitglied seiner Familie, das sich aus Versehen in den Schlingen fing, die eigentlich für viel bessere, größe[re] Vögel gelegt waren, für Amseln und Tauben etwa. Eine sonst sehr sanfte Lachtaube kichert daher laut auf und freut sich nicht wenig, daß sie durch die Intervention des Zeisigs gerettet worden ist. Über diese Schadenfreude erzürnen sich aber die andern, so daß bald vor allem Klagen, Lachen und Schelten niemand den andern mehr verstehen kann und ein alter Spatz, halb vor Wut erstickt, den heiligen Schwur tut, nimmer in so unmoralischer Gesellschaft die Rednerbühne wieder zu besteigen. –

Da hat sich die Katze bis an den Fuß des Baumes geschlichen. Zum Sprunge sich rüstend, setzt sie sich auf die Hinterbeine, peitscht mit [dem] Schwanz den Boden, und, den Blick nur nach oben gerichtet, zerstört sie, die Fürchterliche, in einem Nu die künstlichen Bauten eines redlichen, arbeitsamen Ameisenvolks, indem sie die eben noch so glücklichen Bürger rechts und links aus den Wohnungen geißelt. Da ist sie fertig. Zischend und sprudelnd fliegt sie am Stamm des Baumes hinan und – husch! verschwinden die Vögel.

Alles wieder still.

So geht es im Garten her. Hat die Katze ihren Streifzug beendet, da kehrt sie ruhig zurück in den

Hof des Schlosses, innerlich lachend über die dummen Vögel, welche sich noch immer vor ihr fürchten, sie, die so leicht sind und so lustig beschwingt, daß sie sicher die Lüfte durchjubeln können, wenn eine arme Katze an den lieben, trocknen Boden gefesselt ist mit den lieben vier zierlichen Beinen.

Die Katze muß wirklich jedesmal lachen und schleicht dann zu dem kleinen, grünbemalten Hause am Fuße eines Walnußbaums, wo sie einen alten Freund wohnen hat, – einen alten Praktikus, mit dem sie schon lange in stillem, zärtlichem Einverständnis steht, nach treuer Übereinkunft, geschlossen vor Jahren und selten verletzt. Die Angorakatze besucht nämlich Nero, den alten Hofhund.

Früher haßten sie einander schrecklich – als das Blut noch ungestüm in den Adern floß und manche Fehde entbrannte, die nur der Stiefelknecht des Kutschers oder die Feuerzange der Köchin zu schlichten vermochte. – Als aber die Zeit und die Erfahrung den Mut in der Brust gedämpft hatten, als sie beide einsahen, daß alles eitel ist auf dieser Welt, da schlossen sie Frieden und versprachen lieber, einander beizustehen mit Rat und Tat in den Bedrängnissen eines schlimmen Jahrhunderts. Und also groß ist ihre Freundschaft geworden, daß die Katze, wenn sie den guten Nero im Schlafe findet, nicht das geringste Geräusch macht, um ihn zu erwecken, sondern sich zu ihm setzt, ihm die Fliegen fortscheucht und die Narben ihm leckt, die entsetzlichen Narben verschollener Schlachten.

Erwacht dann Nero, so schauen sie sich diplomatisch innig an und gedenken der Tage der Jugend. Die schöne Katze, der treffliche Nero! Friedlich verbringen sie ihre Tage. Sie ruhen auf ihren Lorbeern; und wie [die] Katze mehr zum Spaß als zum Ernst oft nach Amseln schnappt und pfiffigen Spatzen, so fühlt Nero sich auch nur im Traum oft noch auf der Jagd und fährt dann empor mit der alten Wildheit, das Stroh seines Lagers durchwühlend, heulend und hinaufstierend in die düstern Wipfel des Walnußbaumes.

Die Stunde, zu der wir die halbverwilderte Besitzung des Baron d'Eyncourt betreten, ist die siebente des Abends; die Sonne neigt sich den Bergen zu – noch eine kleine Weile, da wird jenseits der Rhein in ihren letzten Strahlen zu leuchten beginnen – schon färben die Wipfel der Bäume sich purpurrot, golden wogen die Felder, und stiller und feierlicher wird es rings um das alte, efeubehangene Schloß.

Wir lauschen noch, ob denn niemand sich regt, nicht ein einziger menschlicher Bewohner des finstern Gebäudes, da öffnet sich eine kleine Seitentür und, das Haupt mit schneeweißem Haare, tief gebückt, wandelt ein sehr bejahrter Mann langsam die moosige Steintreppe hinab in den schon halb düsteren Hofraum. Es ist der alte Bediente des Barons, Jean

Baptiste, [als] Geselle grau und weiß geworden im Dienste seines Herrn, des einzigen Herrn, den er jemals hatte. Er legt die Hände auf den Rücken und spaziert auf und ab unter den riesigen Bäumen, jedesmal einen Augenblick innehaltend, wenn er an die Ecken des Hauses kommt, um über den Garten hinweg das Tal hinunterzuschauen, als ob er jemand erwarte, der dem Schlosse zueilen werde.

Niemand könnte besser zu der ganzen Umgebung passen als der alte Jean Baptiste – er ist auch so ein zahmer, treuer Hofhund, gerade wie der Nero, und beide lieben sich auch, als wenn sie wüßten, daß sie Ähnlichkeit miteinander hätten.

Sinnend bleibt der alte Diener vor dem kleinen Hause des Hundes stehn, der auch bald seinen Freund bemerkt und herausschaut, als wollte er sagen: »Jean Baptiste, guten Abend, Jean Baptiste«, und: »Guten Abend, Nero«, murmelt unwillkürlich der alte Diener, und wie Mann und Hund sich freundlich begrüßen, sieh, da kommt von der andern Seite auch schon die große Angorakatze schnurrend und spinnend und reibt den Kopf an den ledernen Gamaschen des Hausfreunds, so daß Jean Baptiste sich bald hierhin, bald dorthin wenden muß, um die Karessen seiner beiden Bekannten in gehöriger Weise zu erwidern.

»Ihr guten Tiere, ihr lieben Tiere!« begann der Alte. »Und du, schöne Prinzessin!« Und da hob er die Katze zu sich auf den Arm – »jawohl, schöne Prinzessin, alte Prinzessin« – denn so nannte der Diener die gewaltige Katze – »die besten Tage deines Lebens hast auch du gesehen – jawohl! Und die kehren niemals wieder – nicht wahr? Wenn dich die selige Baronin auf den seidenen Schoß nahm, abends am hellen Kamin, und dir ins Ohr flüsterte, als wollte sie dir Geschichten erzählen – nicht wahr, das waren noch herrliche Zeiten? – Aber die gnädige Frau ist ja längst tot, und das junge Fräulein – ja, das junge Fräulein mag gar keine Katzen leiden und hat dich verstoßen – armes Tier – vom seidnen Schoß und vom Teppich – herab in den Hof zu unserm treuen Nero. Na, du kannst dich doch noch so sehr nicht beklagen – Nero ist ja dein Freund – der gute Nero –« und da setzte Jean Baptiste seine Prinzessin zur Erde und drückte zur Abwechslung den Kopf und die Vorderpfoten des Hundes an seine Brust, indem er mit der einen Hand sanft über Neros Rücken strich. –

»Alter, treuer Kerl –« fuhr er fort, »du liegst auch jetzt den ganzen Tag in deiner Hütte und bekommst wenig mehr von der Welt zu sehen. Das war früher ein anderes Leben! Als es noch auf die Jagd ging mit Klang und Gesang, morgens in aller Frühe durch das tauige Gras, hinter den Böcken her, daß es eine Lust war und die Waldung von deinem Jubel widertönte. Doch ach, im Walde jagen jetzt andere Leute als der Herr Baron – der enge Stall ist jetzt deine ganze Welt – nur das Haus und der Hof und der Garten ist noch unser« – eine Träne drang hier durch die Wimpern des alten Dieners. Er ließ die Pfoten des Hundes zur Erde gleiten, seufzte tief auf – »und wer weiß, ob sie uns nicht auch bald noch von hier vertreiben.« –

Hugo Ball

Die Katze

Als meine Katze, die mir schwesterlich gesinnt,
Jählings aus ihrem indischen Traum erwachte,
Da sah sie sich so wirr unfaßbar um,
Daß ich ihr derb ins furchige Antlitz lachte.

Sie kam von einer haßerfüllten Jagd.
Ihr stand das Maul noch breit von fetten
Lüsternheiten.
Es troff noch ganz von Schilf und Dschungelduft
ihr Fell.
Schweif und Gebiß aus höllischen Gebreiten.

Nun saß sie aufrecht da mit einem Rucke
Kraft ihrer eingestemmten erzgeschärften Klauen
Wie ein gefoppter Nachtmahr der auf Tücke sinnt,
In böser Rachlust funkelnd anzuschauen.

Als jedoch plötzlich sich in mystischem Entschlusse
Das Ofenrohr zum Raupenbuckel spannte
Und auf dem Teppich blau und gelber Blitze Zucken
Ein Feuerspiel im Ornament abbrannte,

Als auch der Perpendikel aus dem Eingeweid
der Uhr
Heraushing blutig wüst, ein ärztlich Instrument aus
Messingblechen
Und sich die Bilder an der Wand verschoben
Wie großer Geisterhände sacht vorhandene Flächen,

Da schwang der grünen Bestie maßlose Erregung
Sich pfeifend auf des Spiegelschrankes Bogen,
Den Rücken hochgekrümmt wie Augenbrauen,
Die sich japanische Prinzessen vormals zogen.

Begünstigte Tiere

Begünstigte Tiere

Vier Tieren auch verheißen war
In's Paradies zu kommen,
Dort leben sie das ew'ge Jahr
Mit Heiligen und Frommen.

Den Vortritt hier ein Esel hat,
Er kommt mit muntern Schritten:
Denn Jesus zur Propheten-Stadt
Auf ihm ist eingeritten.

Halb schüchtern kommt ein Wolf sodann,
Dem Mahomet befohlen:
Laß dieses Schaf dem armen Mann,
Dem Reichen magst du's holen.

Nun immer wedelnd, munter, brav,
Mit seinem Herrn, dem braven,
Das Hündlein das den Siebenschlaf
So treulich mitgeschlafen.

Abuherrira's Katze hier
Knurrt um den Herrn und schmeichelt:
Denn immer ist's ein heilig Thier
Das der Prophet gestreichelt.

Weihnacht

Ich bin der Tischler Josef,
Meine Frau, die heißet Marie.
Wir finden kein' Arbeit und Herberg'
Im kalten Winter allhie.

Habens der Herr Wirt vom goldnen Stern
Nicht ein Unterkunft für mein Weib?
Einen halbeten Kreuzer zahlert ich gern,
Zu betten den schwangren Leib. –

Ich hab kein Bett für Bettelleut;
Doch scherts euch nur in den Stall.
Gevatter Ochs und Base Kuh
Werden empfangen euch wohl. –

Wir danken dem Herrn Wirt für seine Gnad
Und für die warme Stub.
Der Himmel lohns euch und unser Kind,
Seis Madel oder Bub.

Marie, Marie, was schreist du so sehr? –
Ach Josef, es sein die Wehn.
Bald wirst du den elfenbeinernen Turm,
Das süßeste Wunder sehn. –

Der Josef Hebamme und Bader war
Und hob den lieben Sohn
Aus seiner Mutter dunklem Reich
Auf seinen strohernen Thron.

Da lag er im Stroh. Die Mutter so froh
Sagt Vater Unserm den Dank.
Und Ochs und Esel und Pferd und Hund
Standen fromm dabei.

Aber die Katze sprang auf die Streu
Und wärmte zur Nacht das Kind. –
Davon die Katzen noch heutigen Tags
Maria die liebsten Tiere sind.

Vom Fressen

Katzenmann und Katzenfrau
gehen auf die Mäuseschau:
Hasel-, Feld- und Weiße Maus
nimmt man gerne mit nach Haus,
murkst sie ab und frißt sie auf:
das ist Mäuselebenslauf.
Darin sind wir Menschen gleich
allen aus dem Katzenreich.
Tiere fressen tun wir auch,
schieben sie in unsern Bauch,
aber reden hinterher,
daß die Katz ein Raubtier wär! –
Fräße Amsel, Fink und Star,
als wär'n wir ganz wunderbar
nur von Luft und Duft ernährt:
so ist unser Hirn verkehrt,
daß wir selber von uns glauben,
eigentlich wären wir wie Tauben –
bis die Erde völlig leer
von dem großen Tieresheer!

Viel zu spät wird dann erst klar,
wer der schlimmste Fresser war,
und ein jeder merkt es dann:
nicht Katzenfrau, nicht Katzenmann!

Katzen

Es silbern Mondflocken durchs Fenster nieder.
Auf bleichem Teppich spielen weiße Katzen,
Mit silberblauen Augen, Seidentatzen.
Beinah gebrechlich sind die feinen Glieder.

Ich klatsche, lache, schließe meine Lider.
Doch bleibt das nahe Katzenhaschen, Kratzen.
Auf einmal raschelt es in den Matratzen,
Und blasse Kleider gibt der Spiegel wieder.

Ich wußte wohl, sie würden lautlos spielen.
Wie sind die Katzen und die Kinder zierlich.
Sie balgen sich auf den beglänzten Dielen.

Das große Kind ist nackt und doch manierlich,
Die Kleinen tragen blaue Mondlichthemden.
Wie mich die Augen und ihr Schmuck befremden.

Die drei Glückskinder

Ein Vater ließ einmal seine drei Söhne vor sich kommen und schenkte dem ersten einen Hahn, dem zweiten eine Sense, dem dritten eine Katze. »Ich bin schon alt,« sagte er, »und mein Tod ist nah, da wollte ich euch vor meinem Ende noch versorgen.

Geld hab ich nicht, und was ich euch jetzt gebe, scheint wenig wert, es kommt aber bloß darauf an, daß ihr es verständig anwendet: sucht euch nur ein Land, wo dergleichen Dinge noch unbekannt sind, so ist euer Glück gemacht.« Nach dem Tode des Vaters ging der älteste mit seinem Hahn aus, wo er aber hinkam, war der Hahn schon bekannt: in den Städten sah er ihn schon von weitem auf den Türmen sitzen und sich mit dem Wind umdrehen, in den Dörfern hörte er mehr als einen krähen, und niemand wollte sich über das Tier wundern, so daß es nicht das Ansehen hatte, als würde er sein Glück damit machen. Endlich aber geriets ihm doch, daß er auf eine Insel kam, wo die Leute nichts von einem Hahn wußten, sogar ihre Zeit nicht einzuteilen verstanden. Sie wußten wohl, wenns Morgen oder Abend war, aber nachts, wenn sies nicht verschliefen, wußte sich keiner aus der Zeit herauszufinden. »Seht,« sprach er,

»was für ein stolzes Tier, es hat eine rubinrote Krone auf dem Kopf, und trägt Sporn wie ein Ritter: es ruft euch des Nachts dreimal zu bestimmter Zeit an, und wenns das letztemal ruft, so geht die Sonne bald auf. Wenns aber bei hellem Tag ruft, so richtet euch darauf ein, dann gibts gewiß anderes Wetter.« Den Leuten gefiel das wohl, sie schliefen eine ganze Nacht nicht und hörten mit großer Freude, wie der Hahn um zwei, vier und sechs Uhr laut und vernehmlich die Zeit abrief. Sie fragten ihn, ob das Tier nicht feil wäre, und wieviel er dafür verlangte. »Etwa so viel, als ein Esel Gold trägt,« antwortete er. »Ein Spottgeld für ein so kostbares Tier,« riefen sie insgesamt und gaben ihm gerne, was er gefordert hatte.

Als er mit dem Reichtum heim kam, verwunderten sich seine Brüder, und der zweite sprach »so will ich mich doch aufmachen und sehen, ob ich meine Sense auch so gut losschlagen kann.« Es hatte aber nicht das Ansehen danach, denn überall begegneten ihm Bauern und hatten so gut eine Sense auf der Schulter als er. Doch zuletzt glückte es ihm auch auf einer Insel, wo die Leute nichts von einer Sense wußten. Wenn dort das Korn reif war, so fuhren sie Kanonen vor den Feldern auf, und schossens herunter. Das war nun ein ungewisses Ding, mancher schoß darüber hinaus, ein anderer traf statt des Halms die Ähren und schoß sie fort, dabei ging viel zugrund, und obendrein gabs einen lästerlichen Lärm. Da stellte sich der Mann hin und mähte es so still und so geschwind nieder, daß die Leute Maul und Nase vor Verwunderung aufsperrten. Sie waren willig, ihm dafür zu geben, was er verlangte, und er bekam ein Pferd, dem war Gold aufgeladen, soviel es tragen konnte.

Nun wollte der dritte Bruder seine Katze auch an den rechten Mann bringen. Es ging ihm wie den andern, solange er auf dem festen Lande blieb, war nichts auszurichten, es gab allerorten Katzen, und waren ihrer so viel, daß die neugebornen Jungen meist im Wasser ersäuft wurden. Endlich ließ er sich auf eine Insel überschiffen, und es traf sich glücklicherweise, daß dort noch niemals eine gesehen war und doch die Mäuse so überhand genommen hatten, daß sie auf den Tischen und Bänken tanzten, der Hausherr mochte daheim sein oder nicht. Die Leute jammerten gewaltig über die Plage, der König selbst wußte sich in seinem Schlosse nicht dagegen zu retten: in allen Ecken pfiffen Mäuse und zernagten, was sie mit ihren Zähnen nur packen konnten. Da fing nun die Katze ihre Jagd an und hatte bald ein paar Säle gereinigt, und die Leute baten den König, das Wundertier für sein Reich zu kaufen. Der König gab gerne, was gefordert wurde, das war ein mit Gold beladener Maulesel, und der dritte Bruder kam mit den allergrößten Schätzen heim.

Die Katze machte sich in dem königlichen Schlosse mit den Mäusen eine rechte Lust und biß so viele tot, daß sie nicht mehr zu zählen waren. Endlich ward ihr von der Arbeit heiß und sie bekam Durst: da blieb sie stehen, drehte den Kopf in die Höhe und schrie »miau, miau.« Der König samt allen seinen Leuten, als sie das seltsame Geschrei vernahmen, erschraken und liefen in ihrer Angst sämtlich zum Schloß hinaus. Unten hielt der König Rat, was zu tun das beste wäre; zuletzt ward beschlossen, einen Herold an die Katze abzuschicken und sie aufzufordern, das Schloß zu verlassen, oder zu gewärtigen, daß Gewalt gegen sie gebraucht würde. Die Räte sagten »lieber wollen wir uns von den Mäusen plagen lassen, an das Übel sind wir gewöhnt, als unser Leben einem solchen Untier preisgeben.« Ein Edelknabe mußte hinaufgehen und die Katze fragen, ob sie das Schloß gutwillig räumen wollte. Die Katze aber, deren Durst nur noch größer geworden war, antwortete bloß »miau, miau.« Der Edelknabe verstand »durchaus, durchaus nicht,« und überbrachte dem König die Antwort. »Nun,« sprachen die Räte, »soll sie der Gewalt weichen.« Es wurden Kanonen aufgeführt und das Haus in Brand geschossen. Als das Feuer in den Saal kam, wo die Katze saß, sprang sie glücklich zum Fenster hinaus; die Belagerer hörten aber nicht eher auf, als bis das ganze Schloß in Grund und Boden geschossen war.

Das Kätzchen und die Stricknadeln

Es war einmal eine arme Frau, die in den Wald ging, um Holz zu lesen. Als sie mit ihrer Bürde auf dem Rückwege war, sah sie ein krankes Kätzchen hinter einem Zaun liegen, das kläglich schrie. Die arme Frau nahm es mitleidig in ihre Schürze und trug es nach Hause zu. Auf dem Wege kamen ihre beiden Kinder ihr entgegen und wie sie sahen, daß die Mutter etwas trug, fragten sie: »Mutter, was trägst du?« und wollten gleich das Kätzchen haben; aber die mitleidige Frau gab den Kindern das Kätzchen nicht, aus Sorge, sie möchten es quälen, sondern sie legte es zu Hause auf alte weiche Kleider und gab ihm Milch zu trinken. Als das Kätzchen sich gelabt hatte und wieder gesund war, war es mit einem Male fort und verschwunden. Nach einiger Zeit ging die arme Frau wieder in den Wald, und als sie mit ihrer Bürde Holz auf dem Rückwege wieder an die Stelle kam, wo das kranke Kätzchen gelegen hatte, da stand eine ganz vornehme Dame dort, winkte die arme Frau zu sich und warf ihr fünf Stricknadeln in die Schürze. Die Frau wußte nicht recht, was sie denken sollte, und dünkte diese absonderliche Gabe ihr gar zu gering; doch nahm sie die fünf Stricknadeln des Abends auf den Tisch. Aber als die Frau des andern Morgens ihr Lager verließ, da lag ein Paar neue fertig gestrickte Strümpfe auf dem Tisch. Das wunderte die arme Frau über alle Maßen und am nächsten Abend legte sie die Nadeln wieder auf den Tisch, und am Morgen darauf lagen neue Strümpfe da. Jetzt merkte sie, daß zum Lohn ihres Mitleids mit dem kranken Kätzchen ihr diese fleißigen Nadeln beschert waren, und ließ dieselben nun jede Nacht stricken, bis sie und die Kinder genug hatten. Dann verkaufte sie auch Strümpfe und hatte genug, bis an ihr seliges Ende.

Seltsame Katzenandacht

Unserer alten Wirtin schleicht gewöhnlich, wenn sie das Bett zu machen hereinkommt, ihre vertraute Katze nach. Ich saß im großen Saale und hörte die Frau drinne ihr Geschäft treiben. Auf einmal, sehr eilig und heftig gegen ihre Gewohnheit, öffnet sie die Türe und ruft mich, eilig zu kommen und ein Wunder zu sehen. Auf meine Frage, was es sei, erwiderte sie, die Katze bete Gott-Vater an. Sie habe diesem Tiere wohl längst angemerkt, daß es Verstand habe wie ein Christ, dieses aber sei doch ein großes Wunder. Ich eilte, mit eigenen Augen zu sehen, und es war wirklich wunderbar genug. Die Büste steht auf einem hohen Fuße, und der Körper ist weit unter der Brust abgeschnitten, so daß also der Kopf in die Höhe ragt. Nun war die Katze auf den Tisch gesprungen, hatte ihre Pfoten dem Gott auf die Brust gelegt, und reichte mit ihrer Schnauze, indem sie die Glieder möglichst ausdehnte, gerade bis an den heiligen Bart, den sie mit der größten Zierlichkeit beleckte und sich weder durch die Interjektion der Wirtin noch durch meine Dazwischenkunft im mindesten stören ließ. Der guten Frau ließ ich ihre Verwundrung, erklärte mir aber diese seltsame Katzenandacht dadurch, daß dieses scharf riechende Tier wohl das Fett möchte gespürt haben, das sich aus der Form in die Vertiefungen des Bartes gesenkt und dort verhalten hatte.

Der arme Müllerbursch und das Kätzchen

In einer Mühle lebte ein alter Müller, der hatte weder Frau noch Kinder, und drei Müllerburschen dienten bei ihm. Wie sie nun etliche Jahre bei ihm gewesen waren, sagte er eines Tags zu ihnen: »ich bin alt und will mich hinter den Ofen setzen: zieht aus, und wer mir das beste Pferd nach Haus bringt, dem will ich die Mühle geben, und er soll mich dafür bis an meinen Tod verpflegen.« Der dritte von den Burschen war aber der Kleinknecht, der ward von den andern für albern gehalten, dem gönnten sie die Mühle nicht; und er wollte sie hernach nicht einmal. Da zogen sie alle drei miteinander aus, und wie sie vor das Dorf kamen, sagten die zwei zu dem albernen Hans: »du kannst nur hier bleiben, du kriegst den Lebtag keinen Gaul.« Hans aber ging doch mit, und als es Nacht war, kamen sie an eine Höhle, da hinein legten sie sich schlafen. Die zwei Klugen warteten, bis Hans eingeschlafen war, dann stiegen sie auf, machten sich fort und ließen Hänschen liegen und meinten's recht fein gemacht zu haben; ja, es wird euch doch nicht gut gehen! Wie nun die Sonne kam, und Hans aufwachte, lag er in einer tiefen Höhle: er guckte sich überall um und rief: »ach Gott, wo bin ich!« Da erhob er sich und krabbelte die Höhle hinauf, ging in den Wald und dachte: »ich bin hier ganz allein und verlassen, wie soll ich nun zu einem Pferd kommen!« Indem er so in Gedanken dahin ging, begegnete ihm ein kleines buntes Kätzchen, das sprach ganz freundlich: »Hans, wo willst du hin?« »Ach, du kannst mir doch nicht helfen.« »Was dein Begehren ist, weiß ich wohl«, sprach das Kätzchen, »du willst einen hübschen Gaul haben. Komm mit mir und sei sieben Jahre lang mein treuer Knecht, so will ich dir einen geben, schöner als du dein Lebtag einen gesehen hast.« »Nun, das ist eine wunderliche Katze«, dachte Hans, »aber sehen will ich doch, ob das wahr ist, was sie sagt.« Da nahm sie ihn mit in ihr verwünschtes Schlößchen und hatte da lauter Kätzchen, die ihr dienten: die sprangen flink die Treppe auf und ab, waren lustig und guter Dinge. Abends, als sie sich zu Tisch setzten, mußten drei Musik machen: eins strich den Baß, das andere die Geige, das dritte setzte die Trompete an und blies die Backen auf, sosehr es nur konnte. Als sie gegessen hatten, wurde der Tisch weggetragen, und die Katze sagte: »nun komm, Hans, und tanze mit mir.« »Nein«, antwortete er, »mit einer Miezekatze tanze ich nicht, das habe ich noch niemals getan.« »So bringt ihn ins Bett«, sagte sie zu den Kätzchen. Da leuchtete ihm eins in seine Schlafkammer, eins zog ihm die Schuhe aus, eins die Strümpfe, und zuletzt blies eins das Licht aus. Am andern Morgen kamen sie wieder und halfen ihm aus dem Bett: eins zog ihm die Strümpfe an, eines band ihm die Strumpfbänder, eins holte die Schuhe, eins wusch ihn, und eins trocknete ihm mit dem Schwanz das Gesicht ab. »Das tut recht sanft«, sagte Hans. Er mußte aber auch der Katze dienen und alle Tage Holz klein machen; dazu kriegte er eine Axt von Silber und die Keile und Säge von Silber, und der Schläger war von Kupfer. Nun, da machte er's klein, blieb da im Haus, hatte sein gutes Essen und Trinken, sah aber niemand als die bunte Katze und ihr Gesinde. Einmal sagte sie zu ihm: »geh hin und mähe meine Wiese und mache das Gras trocken«, und gab ihm von Silber eine Sense und von Gold einen Wetzstein, hieß ihn aber auch alles wieder richtig abliefern. Da ging Hans hin und tat, was ihm geheißen war; nach vollbrachter Arbeit trug er Sense, Wetzstein und Heu nach Haus und fragte, ob sie ihm noch nicht seinen Lohn geben wollte. »Nein«, sagte die Katze, »du sollst mir erst noch einerlei tun, da ist Bauholz von Silber, Zimmeraxt, Winkeleisen, und was nötig ist, alles von Silber, daraus baue mir erst ein kleines Häuschen.« Da baute Hans das Häuschen fertig und sagte, er hätte nun alles getan und hätte noch kein Pferd. Doch waren ihm die sieben Jahre herumgegangen wie ein halbes. Fragte die Katze, ob er ihre Pferde sehen wollte. »Ja«, sagte Hans. Da machte sie ihm das Häuschen auf, und wie sie die Türe so aufmacht, da stehen zwölf Pferde, ach, die waren gewesen ganz stolz, die hatten geblänkt und gespiegelt, daß sich sein Herz im Leibe darüber freute. Nun gab sie ihm zu essen und zu trinken und sprach »geh heim, dein Pferd geb' ich dir nicht mit: in drei Tagen aber komm' ich und bringe dir's nach.« Also machte Hans sich auf, und sie zeigte ihm den Weg zur Mühle. Sie hatte ihm aber nicht einmal ein neues Kleid gegeben, sondern er mußte sein altes, lumpiges Kittelchen behalten, das er mitgebracht hatte, und das ihm in den sieben Jahren überall zu kurz geworden war. Wie er nun heimkam, so waren die beiden andern Müllerburschen auch wieder da: jeder hatte zwar sein Pferd mitgebracht, aber des einen seins war blind, des andern seins lahm. Sie fragten: »Hans, wo hast du dein Pferd?« »In drei Tagen wird's nachkommen.« Da lachten sie und sagten: »ja, du Hans, wo willst du ein Pferd herkriegen, das wird was Rechtes sein!« Hans ging in die Stube, der Müller sagte aber er sollte nicht an den Tisch kommen, er wäre so zerrissen und zerlumpt, man müßte sich schämen, wenn jemand hereinkäme. Da gaben sie ihm ein bißchen Essen hinaus, und wie sie abends schlafen gingen, wollten ihm die zwei andern kein Bett geben, und er mußte endlich ins Gänseställchen kriechen und sich auf ein wenig hartes Stroh legen. Am Morgen, wie er aufwacht, sind schon die drei Tage herum, und es kommt eine Kutsche mit sechs Pferden, ei, die glänzten, daß es schön war, und ein Bedienter, der brachte noch ein siebentes, das war für den armen Müllerbursch. Aus der Kutsche aber stieg eine prächtige Königstochter und ging in die Mühle hinein, und die Königstochter war das kleine bunte Kätzchen, dem der arme Hans sieben Jahr gedient hatte. Sie fragte den Müller, wo der Mahlbursch, der Kleinknecht wäre. Da sagte der Müller: »den können wir nicht in die Mühle nehmen, der ist so verrissen und liegt im Gänsestall.« Da sagte die Königstochter, sie sollten ihn gleich holen. Also holten sie ihn heraus, und er mußte sein Kittelchen zusammenpacken, um sich zu bedecken. Da schnallte der Bediente prächtige Kleider aus und mußte ihn waschen und anziehen, und wie er fertig war, konnte kein König schöner aussehen. Danach verlangte die Jungfrau, die Pferde zu sehen, welche die andern Mahlburschen mitgebracht hatten, eins war blind, das andere lahm. Da ließ sie den Bedienten das siebente Pferd bringen: wie der Müller das sah, sprach er, so eins wär' ihm noch nicht auf den Hof gekommen; »und das ist für den dritten Mahlbursch«, sagte sie. »Da muß er die Mühle haben«, sagte der Müller, die Königstochter aber sprach, da wäre das Pferd, er sollte seine Mühle auch behalten: und nimmt ihren treuen Hans und setzt ihn in die Kutsche und fährt mit ihm fort. Sie fahren zuerst nach dem kleinen Häuschen, das er mit dem silbernen Werkzeug gebaut hat, da ist es ein großes Schloß, und ist alles darin von Silber und Gold; und da hat sie ihn geheiratet, und war er reich, so reich, daß er für sein Lebtag genug hatte. Darum soll keiner sagen, daß, wer albern ist, deshalb nichts Rechtes werden könne.

Die gar traurige Geschichte mit dem Feuerzeug

Paulinchen war allein zu Haus,
die Eltern waren beide aus.
Als sie nun durch das Zimmer sprang
mit leichtem Mut und Sing und Sang,
da sah sie plötzlich vor sich stehn
ein Feuerzeug, nett anzusehn.
»Ei,« sprach sie, »ei, wie schön und fein!
Das muß ein trefflich Spielzeug sein.
Ich zünde mir ein Hölzchen an,
wie's oft die Mutter hat getan.«

Und Minz und Maunz, die Katzen,
erheben ihre Tatzen.
Sie drohen mit den Pfoten:
»Der Vater hat's verboten!
Miau! Mio! Miau! Mio!
laß stehn! sonst brennst du lichterloh!«

Paulinchen hört die Katzen nicht!
Das Hölzchen brennt gar hell und licht,
das flackert lustig, knistert laut
grad wie ihr's auf dem Bilde schaut.

Paulinchen aber freut sich sehr
und sprang im Zimmer hin und her.

Doch Minz und Maunz, die Katzen,
erheben ihre Tatzen.
Sie drohen mit den Pfoten:
»Die Mutter hat's verboten!
Miau! Mio! Miau! Mio!
wirf's weg! sonst brennst du lichterloh!«

Doch weh! die Flamme faßt das Kleid,
die Schürze brennt, es leuchtet weit.
Es brennt die Hand, es brennt das Haar,
es brennt das ganze Kind sogar.

Und Minz und Maunz, die schreien
gar jämmerlich zu zweien:
»Herbei! Herbei! Wer hilft geschwind?
In Feuer steht das ganze Kind!
Miau! Mio! Miau! Mio!
zu Hilf! das Kind brennt lichterloh!«

Verbrannt ist alles ganz und gar,
das arme Kind mit Haut und Haar;
ein Häuflein Asche bleibt allein
und beide Schuh, so hübsch und fein.

Und Minz und Maunz, die kleinen
die sitzen da und weinen:
»Miau! Mio! Miau! Mio!
wo sind die armen Eltern? wo?«
Und ihre Tränen fließen
wie 's Bächlein auf den Wiesen.

Siehst Du, so geht's in der Welt

Katze und Maus in Gesellschaft

Eine Katze hatte Bekanntschaft mit einer Maus gemacht und ihr so viel von der großen Liebe und Freundschaft vorgesagt, die sie zu ihr trüge, daß die Maus endlich einwilligte, mit ihr zusammen in einem Hause zu wohnen und gemeinschaftliche Wirtschaft zu führen. »Aber für den Winter müssen wir Vorsorge tragen, sonst leiden wir Hunger«, sagte die Katze, »du, Mäuschen, kannst dich nicht überall hinwagen und gerätst mir am Ende in eine Falle.« Der gute Rat ward also befolgt und ein Töpfchen mit Fett angekauft. Sie wußten aber nicht, wo sie es hinstellen sollten; endlich nach langer Überlegung sprach die Katze: »ich weiß keinen Ort, wo es besser aufgehoben wäre, als die Kirche, da getraut sich niemand etwas wegzunehmen: wir stellen es unter den Altar und rühren es nicht eher an, als bis wir es nötig haben.« Das Töpfchen ward also in Sicherheit gebracht; aber es dauerte nicht lange, so trug die Katze Gelüsten danach und sprach zur Maus: »was ich dir sagen wollte, Mäuschen, ich bin von meiner Base zu Gevatter gebeten: sie hat ein Söhnchen zur Welt gebracht, weiß mit braunen Flecken, das soll ich über die Taufe halten. Laß mich heute ausgehen und besorge du das Haus allein.« – »Ja, ja«, antwortete die Maus, »geh in Gottes Namen; wenn du was Gutes issest, so denk an mich: von dem süßen roten Kindbetterwein tränk' ich auch gerne ein Tröpfchen.« Es war aber alles nicht wahr; die Katze hatte keine Base und war nicht zu Gevatter gebeten. Sie ging geradeswegs nach der Kirche, schlich zu dem Fettöpfchen, fing an zu lecken und leckte die fette Haut ab. Dann machte sie einen Spaziergang auf den Dächern der Stadt, besah, sich die Gelegenheit, streckte sich hernach in der Sonne aus und wischte sich den Bart, sooft sie an das Fetttöpfchen dachte. Erst als es Abend war, kam sie wieder nach Haus. »Nun, da bist du ja wieder«, sagte die Maus, »du hast gewiß einen lustigen Tag gehabt.« – »Es ging wohl an«, antwortete die Katze. »Was hat denn das Kind für einen Namen bekommen?« fragte die Maus. »*Hautab*«, sagte die Katze ganz trocken. »Hautab«, rief die Maus, »das ist ja ein wunderlicher und seltsamer Name, ist der in eurer Familie gebräuchlich?« – »Was ist da weiter«, sagte die Katze, »er ist nicht schlechter als Bröseldieb, wie deine Paten heißen.«

Nicht lange danach überkam die Katze wieder ein Gelüsten. Sie sprach zur Maus: »du mußt mir den Gefallen tun und nochmals das Hauswesen allein besorgen, ich bin zum zweitenmal zu Gevatter gebeten, und da das Kind einen weißen Ring um den Hals hat, so kann ich's nicht absagen.« Die gute Maus willigte ein, die Katze aber schlich hinter der Stadtmauer zu der Kirche und fraß den Fetttopf halb aus. »Es schmeckt nichts besser«, sagte sie, »als was man selber ißt«, und war mit ihrem Tagewerk ganz zufrieden. Als sie heimkam, fragte die Maus: »wie ist denn dieses Kind getauft worden?« – »*Halbaus*«, antwortete die Katze. »Halbaus! was du sagst! den Namen habe ich mein Lebtag noch nicht gehört, ich wette, der steht nicht in dem Kalender.«

Der Katze wässerte das Maul bald wieder nach dem Leckerwerk. »Aller guten Dinge sind drei«, sprach sie zu der Maus, »da soll ich wieder Gevatter stehen, das Kind ist ganz schwarz und hat bloß weiße Pfoten, sonst kein weißes Haar am ganzen Leib, das trifft sich alle paar Jahr nur einmal: du lässest mich doch ausgehen?« – »Hautab! Halbaus!« antwortete die Maus, »es sind so kuriose Namen, die machen mich so nachdenksam.« – »Da sitzest du daheim in deinem dunkelgrauen Flausrock und deinem langen Haarzopf«, sprach die Katze, »und fängst Grillen: das kommt davon, wenn man bei Tage nicht ausgeht.« Die Maus räumte während der Abwesenheit der Katze auf und brachte das Haus in Ordnung, die naschhafte Katze aber fraß den Fettopf rein aus. »Wenn erst alles aufgezehrt ist, so hat man Ruhe«, sagte sie zu sich selbst und kam satt und dick erst in der Nacht nach Haus. Die Maus fragte gleich nach dem Namen, den das dritte Kind bekommen hätte.

»Er wird dir wohl auch nicht gefallen«, sagte die Katze, »er heißt *Ganzaus.*« – »Ganzaus!« rief die Maus, »das ist der allerbedenklichste Namen, gedruckt ist er mir noch nicht vorgekommen. Ganzaus! was soll das bedeuten?« Sie schüttelte den Kopf, rollte sich zusammen und legte sich schlafen.

Von nun an wollte niemand mehr die Katze zu Gevatter bitten; als aber der Winter herangekommen und draußen nichts mehr zu finden war, gedachte die Maus ihres Vorrats und sprach: »komm, Katze, wir wollen zu unserm Fettopfe gehen, den wir uns aufgespart haben, der wird uns schmecken.« – »Jawohl«, antwortete die Katze, »der wird dir schmecken, als wenn du deine feine Zunge zum Fenster hinausstreckst.« Sie machten sich auf den Weg, und als sie anlangten, stand zwar der Fettopf noch an seinem Platz, er war aber leer. »Ach«, sagte die Maus, »jetzt merke ich, was geschehen ist, jetzt kommt's an den Tag, du bist mir die wahre Freundin! Aufgefressen hast du alles, wie du zu Gevatter gestanden hast: erst Haut ab, dann halb aus, dann ...« – »Willst du schweigen«, rief die Katze, »noch ein Wort, und ich fresse dich auf.« – »Ganz aus«, hatte die arme Maus schon auf der Zunge, kaum war es heraus, so tat die Katze einen Satz nach ihr, packte sie und schluckte sie hinunter. Siehst du, so geht's in der Welt.

Der Adler, die Sau und die Katze

Tyrannin! die du jung und alt
Mit unumschränkter Macht regierest!
Dich mit der weiblichen Gestalt
Der meisten Mode-Laster zierest,
Und bald des Stolzes, bald der List,
Auch oft der Einfalt Zuflucht bist,
Verleumdung! deren Mund die Wahrheit selbst betäubet,
Der Mund, den Zucht und Unschuld scheut;
Dir sei zum ersten Mal ein Blatt von mir geweiht,
Das jetzt ein Meisterstück, das du vollführt, beschreibet!

Es hatt' auf einem hohen Baum
Der Vögel Königin den Obersitz genommen,
Die Katze wählte sich der Eiche mittlern Raum.
Den untersten hatt' eine Sau bekommen.
Die hielten gute Nachbarschaft;
Durch Argwohn war noch nie die Eintracht unterbrochen;
Doch endlich trennte sie der Bosheit Höllenkraft,
Die Katze kam zum Adler hingekrochen,
Und sprach: Hört! unsrer Kinder Tod,

Wo nicht der unsere, (doch, das zu unterscheiden,
Fällt Mutterherzen schwer) scheint gar nicht zu vermeiden.

Ein guter Freund warnt in der Noth.
Seht, ach! ich bitte, seht! wie wühlt die wilde Sau!
Sie gräbt, und will den Baum ganz aus der Wurzel heben.
Trau', schaue wem; wie muß ich arme Frau
An unsern Kindern das erleben!
Ihr kennt nicht die Gefahr; mir aber, mir ist bange!
Sobald die Eiche fällt, die schon beschädigt ist,
So seh' ich's, wie die Sau die lieben Kätzchen frißt,
Die ich verlass'nes Weib noch voller Furcht umfange.
Ich bin den Lügen gram; ich suche keinen Zwist;
Nein, ehrlich, ehrlich währet lange.

Nachdem sie das gesagt, und mit verstelltem Sinn
Den Argwohn gleich erweckt, auf den ihr Reden zielte,
So schlich die schlaue Frau stracks zu der Bache hin,
Die unten ihre Wochen hielte.

Ach! allerliebste Nachbarin,
Euch ahnt's wol nimmermehr, warum ich traurig bin.
Die Kinder jammern mich, die eure Brüste saugen.

Man traue keinen Adleraugen!
Könnt ihr auch schweigen? Gebt doch Acht,
Wie über uns der böse Vogel wacht.
Ich weiß es nur zu wohl, er schärfet schon die
Klauen,
Und raubet, wenn ihr euch aus eurem Lager macht,
Die schönen Kinderchen; doch alles im Vertrauen.
Nur sagt mir nicht hernach: Das hätt' ich nicht
gedacht!

Dies wiederholt sie oft, wünscht seufzend gute
Nacht,
Und klettert in ihr Loch zurücke,
Und freut sich der gelungnen Tücke.

Der Adler hütet stets das Nest,
Damit der Bache Zahn nicht seine Jungen spieße,
Wie gegentheils die Sau die Eiche nicht verläßt,
Damit der Adler nicht auf ihre Ferkel schieße.
So groß nun beider Mangel war,
So fürchteten sie doch der Ihrigen Gefahr,
Und da sie jederzeit in ihrer Wohnung blieben,
Wo jedem Kost und Wasser fehlt,
So wurden auch, wie Phädrus uns erzählt,
Sie insgesammt von Durst und Hunger aufgerieben,
Und die Betrognen dienten bald
Dem falschen Katzenmaul zum neuen Unterhalt.

Was können böse Zungen nicht
Leichtgläubigen für Stacheln hinterlassen?
Was richten sie nicht an? Wer ist wol mehr zu hassen,
Als der von Frommen übel spricht?
O könnt' ich dieses hier in kurze Worte fassen!
Doch Sirach that es schon, der ungeheuchelt schrieb:
Wer lüget, wer verleumd't, ist ärger, als ein Dieb.

Bulemanns Haus

In einer norddeutschen Seestadt, in der sogenannten Düsternstraße, steht ein altes verfallenes Haus. Es ist nur schmal, aber drei Stockwerke hoch; in der Mitte desselben, vom Boden bis fast in die Spitze des Giebels, springt die Mauer in einem erkerartigen Ausbau vor, welcher für jedes Stockwerk nach vorne und an den Seiten mit Fenstern versehen ist, so daß in hellen Nächten der Mond hindurch scheinen kann.

Seit Menschengedenken ist Niemand in dieses Haus hinein- und Niemand herausgegangen; der schwere Messingklopfer an der Haustür ist fast schwarz von Grünspan, zwischen den Ritzen der Treppensteine wächst Jahr aus Jahr ein das Gras. – Wenn ein Fremder fragt: »Was ist denn das für ein Haus?« so erhält er gewiß zur Antwort: »Es ist Bulemanns Haus«; wenn er aber weiter fragt: »Wer wohnt denn darin?« so antworten sie ebenso gewiß: »Es wohnt so Niemand darin.« – Die Kinder auf den Straßen und die Ammen an der Wiege singen:

»In Bulemanns Haus,
In Bulemanns Haus,
Da gucken die Mäuse
Zum Fenster hinaus.«

Und wirklich wollen lustige Brüder, die von nächtlichen Schmäusen dort vorbeigekommen, ein Gequieke wie von unzähligen Mäusen hinter den dunkeln Fenstern gehört haben. Einer, der im Übermut den Türklopfer anschlug, um den Widerhall durch die öden Räume schollern zu hören, behauptet sogar, er habe drinnen auf den Treppen ganz deutlich das Springen großer Tiere gehört. »Fast«, pflegt er, dies erzählend, hinzuzusetzen, »hörte es sich an wie die Sprünge der großen Raubtiere, welche in der Menageriebude auf dem Rathausmarkte gezeigt wurden.«

Das gegenüberstehende Haus ist um ein Stockwerk niedriger, so daß Nachts das Mondlicht ungehindert in die oberen Fenster des alten Hauses fallen kann. Aus einer solchen Nacht hat auch der Wächter etwas zu erzählen; aber es ist nur ein kleines altes Menschenantlitz mit einer bunten Zipfelmütze, das er droben hinter den runden Erkerfenstern gesehen haben will. Die Nachbarn dagegen meinen, der Wächter sei wieder einmal betrunken gewesen; sie hätten drüben an den Fenstern niemals etwas gesehen, das einer Menschenseele gleich gewesen.

Am meisten Auskunft scheint noch ein alter in einem entfernten Stadtviertel lebender Mann geben zu können, der vor Jahren Organist an der St. Magdalenenkirche gewesen ist. »Ich entsinne mich«, äußerte er, als er einmal darüber befragt wurde, »noch sehr wohl des hagern Mannes, der während meiner Knabenzeit allein mit einer alten Weibsperson in jenem Hause wohnte. Mit meinem Vater, der ein Trödler gewesen ist, stand er ein paar Jahre lang in lebhaftem Verkehr und ich bin derzeit manches Mal mit Bestellungen an ihn geschickt worden. Ich weiß auch noch, daß ich nicht gern diese Wege ging und oft allerlei Ausflucht suchte; denn selbst bei Tage fürchtete ich mich, dort die schmalen dunkeln Treppen zu Herrn Bulemanns Stube im dritten Stockwerk hinaufzusteigen. Man nannte ihn unter den Leuten den »Seelenverkäufer«; und schon dieser Name erregte mir Angst, zumal daneben allerlei unheimlich' Gerede über ihn im Schwange ging. Er war, ehe er nach seines Vaters Tode das alte Haus bezogen, viele Jahre als Supercargo auf Westindien gefahren. Dort sollte er sich mit einer Schwarzen verheiratet haben; als er aber heimgekommen, hatte man vergebens darauf gewartet, eines Tages auch jene Frau mit einigen dunkeln Kindern anlangen zu sehen. Und bald hieß es, er habe auf der Rückfahrt ein Sklavenschiff getroffen und an den Kapitän desselben sein eigen Fleisch und Blut nebst ihrer Mutter um schnödes Gold verkauft. – Was Wahres an solchen Reden gewesen, vermag ich nicht zu sagen«, pflegte der Greis hinzuzusetzen; »denn ich will auch einem Toten nicht zu nahe treten; aber so viel ist gewiß, ein geiziger und menschenscheuer Kauz war es; und seine Augen blickten auch, als hätten sie bösen Taten zugesehen. Kein Unglücklicher und Hülfesuchender durfte seine Schwelle betreten; und wann immer ich damals dort gewesen, stets war von innen die eiserne Kette vor die Tür gelegt. – Wenn ich dann den schweren Klopfer wiederholt hatte anschlagen müssen, so hörte ich wohl von der obersten Treppe herab die scheltende Stimme des Hausherrn: »Frau Anken! Frau Anken! Ist Sie taub? Hört Sie nicht, es hat geklopft!« Alsbald ließen sich aus dem Hinterhause über Pesel und Korridor die schlurfenden Schritte des alten Weibes vernehmen. Bevor sie aber öffnete, fragte sie hüstelnd: »Wer ist es denn?« und erst, wenn ich geantwortet hatte: »Es ist der Leberecht!« wurde die Kette drinnen abgehakt. Wenn ich dann hastig die siebenundsiebzig Treppenstufen – denn ich habe sie einmal gezählt – hinaufgestiegen war, pflegte Herr Bulemann auf dem kleinen dämmerigen Flur vor seinem Zimmer schon auf mich zu warten; in dieses selbst hat er mich nie hineingelassen. Ich sehe ihn noch, wie er in seinem gelbgeblümten Schlafrocke mit der spitzen Zipfelmütze vor mir stand, mit der einen Hand rücklings die Klinke seiner Zimmertür haltend. Während ich mein Gewerbe bestellte, pflegte er mich mit seinen grellen runden Augen ungeduldig anzusehen und mich darauf hart und kurz abzufertigen. Am meisten erregten damals meine Aufmerksamkeit ein Paar ungeheuere Katzen, eine gelbe und eine schwarze, die sich mitunter hinter ihm aus seiner Stube drängten und ihre dicken Köpfe an seinen Knieen rieben. – Nach einigen Jahren hörte indessen der Verkehr mit meinem Vater auf und ich bin nicht mehr dort gewesen. – Dies alles ist nun über siebzig Jahre her, und Herr Bulemann muß längst dahin getragen sein, von wannen Niemand wiederkehrt.« – – Der Mann irrte sich, als er so sprach. Herr Bulemann ist nicht aus seinem Hause getragen worden; er lebt darin noch jetzt.

Das aber ist so zugegangen.

Vor ihm, dem letzten Besitzer, noch um die Zopf- und Haarbeutelzeit, wohnte in jenem Hause ein Pfandverleiher, ein altes verkrümmtes Männchen. Da er sein Gewerbe mit Umsicht seit über fünf Jahrzehenden betrieben hatte und mit einem Weibe, das ihm seit dem Tode seiner Frau die Wirtschaft führte, auf's Spärlichste lebte, so war er endlich ein reicher Mann geworden. Dieser Reichtum bestand aber zumeist in einer fast unübersehbaren Menge von Pretiosen, Geräten und seltsamstem Trödelkram, was er Alles von Verschwendern oder Notleidenden im Laufe der Jahre als Pfand erhalten hatte und das dann, da die Rückzahlung des darauf gegebenen Darlehns nicht erfolgte, in seinem Besitz zurückgeblieben war. – Da er bei einem Verkauf dieser Pfänder, welcher gesetzlich durch die Gerichte geschehen mußte, den Überschuß des Erlöses an die Eigentümer hätte herausgeben müssen, so häufte er sie lieber in den großen Nußbaumschränken auf, mit denen zu diesem Zwecke nach und nach die Stuben des ersten und endlich auch des zweiten Stockwerks besetzt wurden. Nachts aber, wenn Frau Anken im Hinterhause in ihrem einsamen Kämmerchen schnarchte und die schwere Kette vor der Haustür lag, stieg er oft mit leisem Tritt die Treppen auf und ab. In seinen hechtgrauen Rockelor eingeknöpft, in der einen Hand die Lampe, in der andern das Schlüsselbund, öffnete er bald im ersten, bald im zweiten Stockwerke die Stuben- und die Schranktüren, nahm hier eine goldene Repetieruhr, dort eine emaillierte Schnupftabaksdose aus dem Versteck hervor und berechnete bei sich die Jahre ihres Besitzes und ob die ursprünglichen Eigentümer dieser Dinge wohl verkommen und verschollen seien oder ob sie noch einmal mit dem Gelde in der Hand wiederkehren und ihre Pfänder zurückfordern könnten. – –

Der Pfandverleiher war endlich im äußersten Greisenalter von seinen Schätzen weggestorben und hatte das Haus nebst den vollen Schränken seinem einzigen Sohne hinterlassen müssen, den er während seines Lebens auf jede Weise daraus fern zu halten gewußt hatte.

Dieser Sohn war der von dem kleinen Leberecht so gefürchtete Supercargo, welcher eben von einer überseeischen Fahrt in seine Vaterstadt zurückgekehrt war. Nach dem Begräbnis des Vaters gab er seine früheren Geschäfte auf und bezog dessen Zimmer im dritten Stock des alten Erkerhauses, wo nun statt des verkrümmten Männchens im hechtgrauen Rockelor eine lange hagere Gestalt im gelbgeblümten Schlafrock und bunter Zipfelmütze auf und ab wandelte oder rechnend an dem kleinen Pulte des Verstorbenen stand. – Auf Herrn Bulemann hatte sich indessen das Behagen des alten Pfandverleihers an den aufgehäuften Kostbarkeiten nicht vererbt. Nachdem er bei verriegelten Türen den Inhalt der großen Nußbaumschränke untersucht hatte, ging er mit sich zu Rate, ob er den heimlichen Verkauf dieser Dinge wagen solle, die immer noch das Eigentum Anderer waren und an deren Wert er nur auf Höhe der ererbten und, wie die Bücher ergaben, meist sehr geringen Darlehnsforderung einen Anspruch hatte. Aber Herr Bulemann war keiner von den Unentschlossenen. Schon in wenigen Tagen war die Verbindung mit einem in der äußersten Vorstadt wohnenden Trödler angeknüpft und nachdem man einige Pfänder aus den letzten Jahren zurückgesetzt hatte, wurde heimlich und vorsichtig der bunte Inhalt der großen Nußbaumschränke in gediegene Silbermünzen umgewandelt. – Das war die Zeit, wo der Knabe Leberecht in's Haus gekommen war. – Das gelöste Geld tat Herr Bulemann in große, eisenbeschlagene Kasten, welche er neben einander in seine Schlafkammer setzen ließ; denn bei der Rechtlosigkeit seines Besitzes wagte er nicht, es auf Hypotheken auszutun oder sonst öffentlich anzulegen.

Als Alles verkauft war, machte er sich daran, sämtliche für die mögliche Zeit seines Lebens denkbare Ausgaben zu berechnen. Er nahm dabei ein Alter von neunzig Jahren in Ansatz, und teilte dann das Geld in einzelne Päckchen je für eine Woche, indem er auf jedes Quartal noch ein Röllchen für unvorhergesehene Ausgaben dazulegte. Dieses Geld wurde für sich in einen Kasten gelegt, welcher nebenan in dem Wohnzimmer stand; und alle Sonnabend Morgen erschien Frau Anken, die alte Wirtschafterin, die er aus der Verlassenschaft seines Vaters mit übernommen hatte, um ein neues Päckchen in Empfang zu nehmen und über die Verausgabung des vorigen Rechenschaft zu geben.

Wie schon erzählt, hatte Herr Bulemann Frau und Kinder nicht mitgebracht; dagegen waren zwei Katzen von besonderer Größe, eine gelbe und eine schwarze, am Tage nach der Beerdigung des alten Pfandverleihers durch einen Matrosen in einem festzugebundenen Sacke vom Bord des Schiffes in's Haus getragen worden. Diese Tiere waren bald die einzige Gesellschaft ihres Herrn. Sie erhielten Mittags ihre eigene Schüssel, die Frau Anken unter verbissenem Ingrimm Tag aus und ein für sie bereiten mußte; nach dem Essen, während Herr Bulemann sein kurzes Mittagsschläfchen abtat, saßen sie gesättigt neben ihm auf dem Kanapee, ließen ein Läppchen Zunge hervorhängen und blinzelten ihn schläfrig aus ihren grünen Augen an. Waren sie in den unteren Räumen des Hauses auf der Mausjagd gewesen, was ihnen indessen immer einen heimlichen Fußtritt von dem alten Weibe eintrug, so brachten sie gewiß die gefangenen Mäuse zuerst ihrem Herrn im Maule hergeschleppt und zeigten sie ihm, ehe sie unter das Kanapee krochen und sie verzehrten. War dann die Nacht gekommen und hatte Herr Bulemann die bunte Zipfelmütze mit einer weißen vertauscht, so begab er sich mit seinen beiden Katzen in das große Gardinenbett im Nebenkämmerchen, wo er sich durch das gleichmäßige Spinnen der zu seinen Füßen eingewühlten Tiere in den Schlaf bringen ließ.

Dieses friedliche Leben war indes nicht ohne Störung geblieben. Im Laufe der ersten Jahre waren dennoch einzelne Eigentümer der verkauften Pfänder gekommen und hatten gegen Rückzahlung des darauf erhaltenen Sümmchens die Auslieferung ihrer Pretiosen verlangt. Und Herr Bulemann, aus Furcht vor Prozessen, wodurch sein Verfahren in die Öffentlichkeit hätte kommen können, griff in seine großen Kasten und erkaufte sich durch größere oder kleinere

Abfindungssummen das Schweigen der Beteiligten. Das machte ihn noch menschenfeindlicher und verbissener. Der Verkehr mit dem alten Trödler hatte längst aufgehört; einsam saß er auf seinem Erkerstübchen mit der Lösung eines schon oft gesuchten Problems, der Berechnung eines sichern Lotteriegewinnes, beschäftigt, wodurch er dermaleinst seine Schätze in's Unermeßliche zu vermehren dachte. Auch Graps und Schnores, die beiden großen Kater, hatten jetzt unter seiner Laune zu leiden. Hatte er sie in dem einen Augenblicke mit seinen langen Fingern getätschelt, so konnten sie sich im andern, wenn etwa die Berechnung auf den Zahlentafeln nicht stimmen wollte, eines Wurfs mit dem Sandfaß oder der Papierschere versehen, so daß sie heulend in die Ecke hinkten.

Herr Bulemann hatte eine Verwandte, eine Tochter seiner Mutter aus erster Ehe, welche indessen schon bei dem Tode dieser wegen ihrer Erbansprüche abgefunden war und daher an die von ihm ererbten Schätze keine Ansprüche hatte. Er kümmerte sich jedoch nicht um diese Halbschwester, obgleich sie in einem Vorstadtviertel in den dürftigsten Verhältnissen lebte; denn noch weniger als mit anderen Menschen liebte Herr Bulemann den Verkehr mit dürftigen Verwandten. Nur einmal, als sie kurz nach dem Tode ihres Mannes in schon vorgerücktem Alter ein kränkliches Kind geboren hatte, war sie Hülfe suchend zu ihm gekommen. Frau Anken, die sie eingelassen, war horchend unten auf der Treppe sitzen geblieben, und bald hatte sie von oben die scharfe Stimme ihres Herrn gehört, bis endlich die Tür aufgerissen worden und die Frau weinend die Treppe herabgekommen war. Noch an demselben Abend hatte Frau Anken die strenge Weisung erhalten, die Kette fürderhin nicht von der Haustür zu ziehen, falls etwa die Christine noch einmal wiederkommen sollte.

Die Alte begann sich immer mehr vor der Hakennase und den grellen Eulenaugen ihres Herrn zu fürchten. Wenn er oben am Treppengeländer ihren Namen rief oder auch, wie er es vom Schiffe her gewohnt war, nur einen schrillen Pfiff auf seinen Fingern tat, so kam sie gewiß, in welchem Winkel sie auch sitzen mochte, eiligst hervorgekrochen, und stieg stöhnend, Schimpf- und Klageworte vor sich herplappernd, die schmalen Treppen hinauf.

Wie aber in dem dritten Stockwerke Herr Bulemann, so hatte in den unteren Zimmern Frau Anken ihre ebenfalls nicht ganz rechtlich erworbenen Schätze aufgespeichert. – Schon in dem ersten Jahre ihres Zusammenlebens war sie von einer Art kindischer Angst befallen worden, ihr Herr könne einmal die Verausgabung des Wirtschaftgeldes selbst übernehmen, und sie werde dann bei dem Geize desselben noch auf ihre alten Tage Not zu leiden haben.

Um dieses abzuwenden, hatte sie ihm vorgelogen, der Weizen sei aufgeschlagen, und demnächst die entsprechende Mehrsumme für den Brotbedarf gefordert. Der Supercargo, der eben seine Lebensrechnung begonnen, hatte scheltend seine Papiere zerrissen, und darauf seine Rechnung von vorn wieder aufgestellt und den Wochenrationen die verlangte Summe zugesetzt. – Frau Anken aber, nachdem sie ihren Zweck erreicht, hatte zur Schonung ihres Gewissens und des Sprichwortes gedenkend: »Geschleckt ist nicht gestohlen«, nun nicht die überschüssig empfangenen Schillinge, sondern regelmäßig nur die dafür gekauften Weizenbrötchen unterschlagen, mit denen sie, da Herr Bulemann niemals die unteren Zimmer betrat, nach und nach die ihres kostbaren Inhalts beraubten großen Nußbaumschränke anfüllte.

So mochten etwa zehn Jahre verflossen sein. Herr Bulemann wurde immer hagerer und grauer, sein gelbgeblümter Schlafrock immer fadenscheiniger. Dabei vergingen oft Tage, ohne daß er den Mund zum Sprechen geöffnet hätte; denn er sah keine lebenden Wesen als die beiden Katzen und seine alte halb kindische Haushälterin. Nur mitunter, wenn er hörte, daß unten die Nachbarskinder auf den Prellsteinen vor seinem Hause ritten, steckte er den Kopf ein wenig aus dem Fenster und schalt mit seiner scharfen Stimme in die Gasse hinab. – »Der Seelenverkäufer, der Seelenverkäufer!« schrieen dann die

Kinder und stoben auseinander. Herr Bulemann aber fluchte und schimpfte noch ingrimmiger, bis er endlich schmetternd das Fenster zuschlug und drinnen Graps und Schnores seinen Zorn entgelten ließ.

Um jede Verbindung mit der Nachbarschaft auszuschließen, mußte Frau Anken schon seit geraumer Zeit ihre Wirtschaftseinkäufe in entlegenen Straßen machen. Sie durfte jedoch erst mit dem Eintritt der Dunkelheit ausgehen und mußte dann die Haustür hinter sich verschließen.

Es mochte acht Tage vor Weihnachten sein, als die Alte wiederum eines Abends zu solchem Zwecke das Haus verlassen hatte. Trotz ihrer sonstigen Sorgfalt mußte sie sich indessen diesmal einer Vergessenheit schuldig gemacht haben. Denn als Herr Bulemann eben mit dem Schwefelholz sein Talglicht angezündet hatte, hörte er zu seiner Verwunderung es draußen auf den Stiegen poltern, und als er mit vorgehaltenem Lichte auf den Flur hinaustrat, sah er seine Halbschwester mit einem bleichen Knaben vor sich stehen.

»Wie seid Ihr in's Haus gekommen?« herrschte er sie an, nachdem er sie einen Augenblick erstaunt und ingrimmig angestarrt hatte.

»Die Tür war offen unten«, sagte die Frau schüchtern.

Er murmelte einen Fluch auf seine Wirtschafterin zwischen den Zähnen. »Was willst Du?« fragte er dann.

»Sei doch nicht so hart, Bruder«, bat die Frau, »ich habe sonst nicht den Mut zu Dir zu sprechen.«

»Ich wüßte nicht, was Du mit mir zu sprechen hättest; Du hast Dein Teil bekommen; wir sind fertig mit einander.«

Die Schwester stand schweigend vor ihm und suchte vergebens nach dem rechten Worte. – Drinnen wurde wiederholt ein Kratzen an der Stubentür vernehmbar. Als Herr Bulemann zurückgelangt und die Tür geöffnet hatte, sprangen die beiden großen Katzen auf den Flur hinaus und strichen spinnend an dem blassen Knaben herum, der sich furchtsam vor ihnen an die Wand zurückzog. Ihr Herr betrachtete ungeduldig die noch immer schweigend vor ihm stehende Frau. »Nun, wird's bald?« fragte er.

»Ich wollte Dich um etwas bitten, Daniel«, hub sie endlich an. »Dein Vater hat ein paar Jahre vor seinem Tode, da ich in bitterster Not war, ein silbern' Becherlein von mir in Pfand genommen.«

»Mein Vater von Dir?« fragte Herr Bulemann.

»Ja, Daniel, Dein Vater; der Mann von unser beider Mutter. Hier ist der Pfandschein; er hat mir nicht zu viel darauf gegeben.«

»Weiter!« sagte Herr Bulemann, der mit raschem Blicke die leeren Hände seiner Schwester gemustert hatte.

»Vor einiger Zeit«, fuhr sie zaghaft fort, »träumte mir, ich gehe mit meinem kranken Kinde auf dem

Kirchhofe. Als wir an das Grab unserer Mutter kamen, saß sie auf ihrem Grabsteine unter einem Busch voll blühender weißer Rosen. Sie hatte jenen kleinen Becher in der Hand, den ich einst als Kind von ihr geschenkt erhalten; als wir aber näher gekommen waren, setzte sie ihn an die Lippen; und indem sie dem Knaben lächelnd zunickte, hörte ich sie deutlich sagen: »Zur Gesundheit!« – Es war ihre sanfte Stimme, Daniel, wie im Leben; und diesen Traum habe ich drei Nächte nach einander geträumt.«

»Was soll das?« fragte Herr Bulemann.

»Gib mir den Becher zurück, Bruder! Das Christfest ist nahe; leg ihn dem kranken Kinde auf seinen leeren Weihnachtsteller!«

Der hagere Mann in seinem gelbgeblümten Schlafrocke stand regungslos vor ihr und betrachtete sie mit seinen grellen runden Augen. »Hast Du das Geld bei Dir?« fragte er. »Mit Träumen löst man keine Pfänder ein.«

»O, Daniel!« rief sie, »glaub unserer Mutter! Er wird gesund, wenn er aus dem kleinen Becher trinkt. Sei barmherzig; er ist ja doch von Deinem Blute!«

Sie hatte die Hände nach ihm ausgestreckt; aber er trat einen Schritt zurück. »Bleib mir vom Leibe«, sagte er. Dann rief er nach seinen Katzen. »Graps, alte Bestie! Schnores, mein Söhnchen!« Und der große gelbe Kater sprang mit einem Satze auf den Arm seines Herrn und klauete mit seinen Krallen in der bunten Zipfelmütze, während das schwarze Tier mauzend an seinen Knieen hinaufstrebte.

Der kranke Knabe war näher geschlichen. »Mutter«, sagte er, indem er sie heftig an dem Kleide zupfte, »ist das der böse Ohm, der seine schwarzen Kinder verkauft hat?«

Aber in demselben Augenblicke hatte auch Herr Bulemann die Katze herabgeworfen und den Arm des aufschreienden Knaben ergriffen. »Verfluchte Bettelbrut«, rief er, »pfeifst Du auch das tolle Lied!«

»Bruder, Bruder!« jammerte die Frau. – Doch schon lag der Knabe wimmernd drunten auf dem Treppenabsatz. Die Mutter sprang ihm nach und nahm ihn sanft auf ihren Arm; dann aber richtete sie sich hoch auf und den blutenden Kopf des Kindes an ihrer Brust, erhob sie die geballte Faust gegen ihren Bruder, der zwischen seinen spinnenden Katzen droben am Treppengeländer stand: »Verruchter, böser Mann!« rief sie. »Mögest Du verkommen bei Deinen Bestien!«

»Fluche, so viel Du Lust hast!« erwiderte der Bruder; »aber mach, daß Du aus dem Hause kommst.«

Dann, während das Weib mit dem weinenden Knaben die dunkeln Treppen hinabstieg, lockte er seine Katzen und klappte die Stubentür hinter sich zu. – Er bedachte nicht, daß die Flüche der Armen gefährlich sind, wenn die Hartherzigkeit der Reichen sie hervorgerufen hat.

Einige Tage später trat Frau Anken, wie gewöhnlich, mit dem Mittagsessen in die Stube ihrs Herrn. Aber sie kniff heute noch mehr als sonst mit den dünnen Lippen, und ihre kleinen blöden Augen leuchteten vor Vergnügen. Denn sie hatte die harten Worte nicht vergessen, die sie wegen ihrer Nachlässigkeit an jenem Abende hatte hinnehmen müssen, und sie dachte sie ihm jetzt mit Zinsen wieder heimzuzahlen.

»Habt Ihr's denn auf St. Magdalenen läuten hören?« fragte sie.

»Nein«, erwiderte Herr Bulemann kurz, der über seinen Zahlentafeln saß.

»Wißt Ihr denn wohl, wofür es geläutet hat?« fragte die Alte weiter.

»Dummes Geschwätz! Ich höre nicht nach dem Gebimmel.«

»Es war aber doch für Euern Schwestersohn!«

Herr Bulemann legte die Feder hin. »Was schwatzest Du, Alte?«

»Ich sage«, erwiderte sie, »daß sie soeben den kleinen Christoph begraben haben.«

Herr Bulemann schrieb schon wieder weiter. »Warum erzählst Du mir das? Was geht mich der Junge an?«

»Nun, ich dachte nur; man erzählt ja wohl, was Neues in der Stadt passiert.« – –

Als sie gegangen war, legte aber doch Herr Bulemann die Feder wieder fort, und schritt, die Hände auf dem Rücken, eine lange Zeit in seinem Zimmer auf und ab. Wenn unten auf der Gasse ein Geräusch entstand, trat er hastig an's Fenster, als erwarte er schon den Stadtdiener eintreten zu sehen, der ihn wegen der Mißhandlung des Knaben vor den Rat zitieren solle. Der schwarze Graps, der mauzend seinen Anteil an der aufgetragenen Speise verlangte, erhielt einen Fußtritt, daß er schreiend in die Ecke flog. Aber, war es nun der Hunger, oder hatte sich unversehens die sonst so unterwürfige Natur des Tieres verändert, er wandte sich gegen seinen Herrn und fuhr fauchend und prustend auf ihn los. Herr Bulemann gab ihm einen zweiten Fußtritt. »Freßt«, sagte er. »Ihr braucht nicht auf mich zu warten.«

Mit einem Satz waren die beiden Katzen an der vollen Schüssel, die er ihnen auf den Fußboden gesetzt hatte.

Dann aber geschah etwas Seltsames.

Als der gelbe Schnores, der zuerst seine Mahlzeit beendet hatte, nun in der Mitte des Zimmers stand, sich reckte und buckelte, blieb Herr Bulemann plötzlich vor ihm stehen; dann ging er um das Tier herum und betrachtete es von allen Seiten. »Schnores, alter Halunke, was ist denn das?« sagte er, den Kopf des Katers krauend. »Du bist ja noch gewachsen in deinen alten Tagen!« – In diesem Augenblicke war auch die andere Katze herzugesprungen. Sie sträubte ihren glänzenden Pelz und stand dann hoch auf ihren schwarzen Beinen. Herr Bulemann schob sich die bunte Zipfelmütze aus der Stirn. »Auch der!« murmelte er. »Seltsam, es muß in der Sorte liegen.«

Es war indes dämmerig geworden, und, da Niemand kam und ihn beunruhigte, so setzte er sich zu den Schüsseln, die auf dem Tische standen. Endlich begann er sogar seine großen Katzen, die neben ihm auf dem Kanapee saßen, mit einem gewissen Behagen zu beschauen. »Ein paar stattliche Burschen seid ihr!« sagte er, ihnen zunickend. »Nun soll euch das alte Weib unten auch die Ratten nicht mehr vergiften!« – Als er aber Abends nebenan in seine Schlafkammer ging, ließ er sie nicht, wie sonst, zu sich herein; und als er sie Nachts mit den Pfoten gegen die Kammertür fallen und mauzend daran herunterrutschen hörte, zog er sich das Deckbett über beide Ohren und dachte: »Mauzt nur zu, ich habe eure Krallen gesehen.« –

Dann kam der andere Tag, und als es Mittag geworden, geschah dasselbe, was Tags zuvor geschehen war. Von der geleerten Schüssel sprangen die Katzen mit einem schweren Satz mitten in's Zimmer hinein, reckten und streckten sich; und als Herr Bulemann, der schon wieder über seinen Zahlentafeln saß, einen Blick zu ihnen hinüberwarf, stieß er entsetzt seinen Drehstuhl zurück und blieb mit ausgerecktem Halse stehen. Dort mit leisem Winseln, als wenn ihnen ein Widriges angetan würde, standen Graps und Schnores zitternd mit geringelten Schwänzen, das Haar gesträubt; er sah es deutlich, sie dehnten sich, sie wurden groß und größer.

Noch einen Augenblick stand er, die Hände an den Tisch geklammert; dann plötzlich schritt er an den Tieren vorbei und riß die Stubentür auf. »Frau Anken, Frau Anken!« rief er, und da sie nicht gleich zu hören schien, tat er einen Pfiff auf seinen Fingern, und bald schlurrte auch die Alte unten aus dem Hinterhause hervor und keuchte eine Treppe nach der andern herauf.

»Sehe Sie sich einmal die Katzen an!« rief er, als sie ins Zimmer getreten war.

»Die hab ich schon oft gesehen, Herr Bulemann.«

»Sieht Sie daran denn nichts?«

»Daß ich nicht wüßte, Herr Bulemann!« erwiderte sie, mit ihren blöden Augen um sich blinzelnd.

»Was sind denn das für Tiere? Das sind ja gar keine Katzen mehr!« – Er packte die Alte an den Armen und rannte sie gegen die Wand. »Rotäugige Hexe«, schrie er, »bekenne, was hast Du meinen Katzen eingebraut!«

Das Weib klammerte ihre knöchernen Hände in einander und begann unverständliche Gebete herzuplappern. Aber die furchtbaren Katzen sprangen von rechts und links auf die Schultern ihres Herrn und leckten ihn mit ihren scharfen Zungen in's Gesicht. Da mußte er die Alte loslassen.

Fortwährend plappernd und hüstelnd schlich sie aus dem Zimmer und kroch die Treppen hinab. Sie war wie verwirrt; sie fürchtete sich, ob mehr vor ihrem Herrn oder vor den großen Katzen, das wußte sie selber nicht. So kam sie hinten in ihre Kammer. Mit zitternden Händen holte sie einen mit Geld gefüllten wollenen Strumpf aus ihrem Bette hervor; dann nahm sie aus einer Lade eine Anzahl alter Röcke und Lumpen und wickelte sie um ihren Schatz herum, so daß es endlich ein großes Bündel gab. Denn sie wollte fort, um jeden Preis fort; sie dachte an die arme Halbschwester ihres Herrn draußen in der Vorstadt; die war immer freundlich gegen sie gewesen, zu der wollte sie. Freilich, es war ein weiter Weg, durch viele Gassen, über viele schmale und lange Brücken, welche über dunkele Gräben und Fleeten hinwegführten, und draußen dämmerte schon der Winterabend. Es trieb sie dennoch fort. Ohne an ihre Tausende von Weizenbrötchen zu denken, die sie in kindischer Fürsorge in den großen Nußbaumschränken aufgehäuft hatte, trat sie mit ihrem schweren Bündel auf dem Nacken aus dem Hause. Sorgfältig mit dem großen krausen Schlüssel verschloß sie die schwere eichene Tür, steckte ihn in ihre Ledertasche und ging dann keuchend in die finstere Stadt hinaus. – – –

Frau Anken ist niemals wiedergekommen, und die Tür von Bulemanns Haus ist niemals wieder aufgeschlossen worden.

Noch an demselben Tage aber, da sie fortgegangen, hat ein junger Taugenichts, der den Knecht Ruprecht spielend in den Häusern umher lief, mit Lachen seinen Kameraden erzählt, da er in seinem rauhen Pelze über die Crescentiusbrücke gegangen sei, habe er ein altes Weib dermaßen erschreckt, daß sie mit ihrem Bündel wie toll in das schwarze Wasser hinabgesprungen sei. – Auch ist in der Frühe des andern Tages in der äußersten Vorstadt die Leiche eines alten Weibes, welche an einem großen Bündel festgebunden war, von den Wächtern aufgefischt und bald darauf, da Niemand sie gekannt hat, auf dem Armenviertel des dortigen Kirchhofs in einem platten Sarge eingegraben worden.

Dieser andere Morgen war der Morgen des Weihnachtabends. – Herr Bulemann hatte eine schlechte Nacht gehabt; das Kratzen und Arbeiten der Tiere gegen seine Kammertür hatte ihm diesmal keine Ruhe gelassen; erst gegen die Morgendämmerung war er in einen langen bleiernen Schlaf gefallen. Als er endlich seinen Kopf mit der Zipfelmütze in das Wohnzimmer hineinsteckte, sah er die beiden Katzen laut schnurrend mit unruhigen Schritten um einander hergehen. Es war schon nach Mittag; die Wanduhr zeigte auf Eins. »Sie werden Hunger haben, die Bestien«, murmelte er. Dann öffnete er die Tür nach dem Flur und pfiff nach der Alten. Zugleich aber drängten die Katzen sich hinaus und rannten die Treppe hinab, und bald hörte er von unten aus der Küche herauf Springen und Tellergeklapper. Sie mußten auf den Schrank gesprungen sein, auf den Frau Anken die Speisen für den andern Tag zurückzusetzen pflegte.

Herr Bulemann stand oben an der Treppe und rief laut und scheltend nach der Alten; aber nur das Schweigen antwortete ihm oder von unten herauf aus den Winkeln des alten Hauses ein schwacher Widerhall. Schon schlug er die Schöße seines geblümten Schlafrocks übereinander und wollte selbst hinabsteigen, da polterte es drunten auf den Stiegen und die beiden Katzen kamen wieder heraufgerannt. Aber das waren keine Katzen mehr; das waren zwei furchtbare namenlose Raubtiere. Die stellten sich gegen ihn, sahen ihn mit ihren glimmenden Augen an und stießen ein heiseres Geheul aus. Er wollte an ihnen vorbei, aber ein Schlag mit der Tatze, der ihm einen Fetzen aus dem Schlafrock riß, trieb ihn zurück. Er lief in's Zimmer; er wollte ein Fenster aufreißen, um die Menschen auf der Gasse anzurufen; aber die Katzen sprangen hinterdrein und kamen ihm zuvor. Grimmig schnurrend, mit erhobenem Schweif, wanderten sie vor den Fenstern auf und ab. Herr Bulemann rannte auf den Flur hinaus und warf die Zimmertür hinter sich zu; aber die Katzen schlugen mit der Tatze auf die Klinke und standen schon vor ihm an der Treppe. – Wieder floh er in's Zimmer zurück, und wieder waren die Katzen da.

Schon verschwand der Tag, und die Dunkelheit kroch in alle Ecken. Tief unten von der Gasse herauf hörte er Gesang; Knaben und Mädchen zogen von Haus zu Haus und sangen Weihnachtslieder. Sie gingen in alle Türen; er stand und horchte. Kam denn Niemand in seine Tür? – – Aber er wußte es ja, er hatte sie selber alle fortgetrieben; es klopfte Niemand, es rüttelte Niemand an der verschlossenen Haustür. Sie zogen vorüber; und allmählich ward es still, totenstill auf der Gasse. Und wieder suchte er zu entrinnen; er wollte Gewalt anwenden; er rang mit den Tieren, er ließ sich Gesicht und Hände blutig reißen. Dann wieder wandte er sich zur List; er rief sie mit den alten Schmeichelnamen, er strich ihnen die Funken aus dem Pelz und wagte es sogar ihren flachen Kopf mit den großen weißen Zähnen zu krauen. Sie warfen sich auch vor ihm hin und wälzten sich schnurrend zu seinen Füßen; aber wenn er den rechten Augenblick gekommen glaubte und aus der Tür schlüpfte, so sprangen sie auf und standen, ihr heiseres Geheul ausstoßend, vor ihm. – So verging die Nacht, so kam der Tag und noch immer rannte er zwischen der Treppe und den Fenstern seines Zimmers hin und wider, die Hände ringend, keuchend, das graue Haar zerzaust.

Und noch zweimal wechselten Tag und Nacht; da endlich warf er sich gänzlich erschöpft, an allen Gliedern zuckend, auf das Kanapee. Die Katzen setzten sich ihm gegenüber und blinzelten ihn schläfrig aus halbgeschlossenen Augen an. Allmählich wurde das Arbeiten seines Leibes weniger und endlich hörte es ganz auf. Eine fahle Blässe überzog unter den Stoppeln des grauen Bartes sein Gesicht; noch einmal aufseufzend streckte er die Arme und spreizte die langen Finger über die Kniee; dann regte er sich nicht mehr.

Unten in den öden Räumen war es indessen nicht ruhig gewesen. Draußen an der Tür des Hinterhauses, die auf den engen Hof hinausführt, geschah ein emsiges Nagen und Fressen. Endlich entstand über der Schwelle eine Öffnung, die größer und größer wurde; ein grauer Mauskopf drängte sich hindurch, dann noch einer, und bald huschte eine ganze Schar von Mäusen über den Flur und die Treppe hinauf in den ersten Stock. Hier begann das Arbeiten auf's Neue an der Zimmertür, und als diese durchnagt war, kamen die großen Schränke daran, in denen Frau Ankens hinterlassene Schätze aufgespeichert lagen. Da war ein Leben wie im Schlaraffenland; wer durch wollte, mußte sich durchfressen. Und das Geziefer füllte sich den Wanst; und wenn es mit dem Fressen nicht mehr fort wollte, rollte es die Schwänze auf und hielt sein Schläfchen in den hohlgefressenen Weizenbrötchen. Nachts kamen sie hervor, huschten über die Dielen oder saßen, ihre Pfötchen leckend, vor dem Fenster und schauten, wenn der Mond schien, mit ihren kleinen blanken Augen in die Gasse hinab.

Aber diese behagliche Wirtschaft sollte bald ihr Ende erreichen. In der dritten Nacht, als eben droben Herr Bulemann seine Augen zugetan hatte, polterte es draußen auf den Stiegen. Die großen Katzen kamen herabgesprungen, öffneten mit einem Schlage ihrer Tatze die Tür des Zimmers und begannen ihre Jagd. Da hatte alle Herrlichkeit ein Ende. Quieksend und pfeifend rannten die fetten Mäuse umher und strebten ratlos an den Wänden hinauf. Es war vergebens; sie verstummten eine nach der andern zwischen den zermalmenden Zähnen der beiden Raubtiere.

Dann wurde es still, und bald war in dem ganzen Hause nichts vernehmbar, als das leise Spinnen der großen Katzen, die mit ausgestreckten Tatzen droben vor dem Zimmer ihres Herrn lagen und sich das Blut aus den Bärten leckten.

Unten in der Haustür verrostete das Schloß, den Messingklopfer überzog der Grünspan, und zwischen den Treppensteinen begann das Gras zu wachsen.

Draußen aber ging die Welt unbekümmert ihren Gang. – Als der Sommer gekommen war, stand auf dem St. Magdalenenkirchhof auf dem Grabe des kleinen Christoph ein blühender weißer Rosenbusch; und bald lag auch ein kleiner Denkstein unter demselben. Den Rosenbusch hatte seine Mutter ihm gepflanzt; den Stein freilich hatte sie nicht beschaffen können. Aber Christoph hatte einen Freund gehabt; es war ein junger Musikus, der Sohn eines Trödlers, der in dem Hause ihnen gegenüber wohnte. Zuerst hatte er sich unter sein Fenster geschlichen, wenn der Musiker drinnen am Klavier saß; später hatte dieser ihn zuweilen in die Magdalenenkirche genommen, wo er sich Nachmittags im Orgelspiel zu üben pflegte. – Da saß denn der blasse Knabe auf einem Schemelchen zu seinen Füßen, lehnte lauschend den Kopf an die Orgelbank und sah wie die Sonnenlichter durch die Kirchenfenster spielten. Wenn der junge Musikus dann, von der Verarbeitung seines Themas fortgerissen, die tiefen mächtigen Register durch die Gewölbe brausen ließ, oder wenn er mitunter den Tremulanten zog und die Töne wie zitternd vor der Majestät Gottes dahinfluteten, so konnte es wohl geschehen, daß der Knabe in stilles Schluchzen ausbrach und sein Freund ihn nur schwer zu beruhigen vermochte. Einmal auch sagte er bitter: »Es tut mir weh, Leberecht; spiele nicht so laut.«

Der Orgelspieler schob auch sogleich die großen Register wieder ein und nahm die Flöten- und andere sanfte Stimmen; und süß und ergreifend schwoll das Lieblingslied des Knaben durch die stille Kirche: »Befiehl du deine Wege.« – Leise mit seiner kränklichen Stimme hub er an mitzusingen. »Ich will auch spielen lernen«, sagte er, als die Orgel schwieg; »willst Du mich es lehren, Leberecht?«

Der junge Musikus ließ seine Hand auf den Kopf des Knaben fallen, und ihm das gelbe Haar streichelnd, erwiderte er: »Werde nur erst recht gesund, Christoph; dann will ich Dich es gern lehren.«

Aber Christoph war nicht gesund geworden. – Seinem kleinen Sarge folgte neben der Mutter auch der junge Orgelspieler. Sie sprachen hier zum ersten Mal zusammen; und die Mutter erzählte ihm jenen dreimal geträumten Traum von dem kleinen silbernen Erbbecher.

»Den Becher«, sagte Leberecht, »hätte ich Euch geben können; mein Vater, der ihn vor Jahren mit vielen anderen Dingen von Euerm Bruder erhandelte, hat mir das zierliche Stück einmal als Weihnachtsgeschenk gegeben.«

Die Frau brach in die bittersten Klagen aus. »Ach«, rief sie immer wieder, »er wäre ja gewiß gesund geworden!«

Der junge Mann ging eine Weile schweigend neben ihr her. »Den Becher soll unser Christoph dennoch haben«, sagte er endlich.

Und so geschah es. Nach einigen Tagen hatte er den Becher an einen Sammler solcher Pretiosen um einen guten Preis verhandelt; von dem Gelde aber ließ er den Denkstein für das Grab des kleinen Christoph machen. Er ließ eine Marmortafel darin einlegen, auf welcher das Bild des Bechers ausgemeißelt wurde. Darunter standen die Worte eingegraben: »Zur Gesundheit!« –

Noch viele Jahre hindurch, mochte der Schnee auf dem Grabe liegen oder mochte in der Junisonne der Busch mit Rosen überschüttet sein, kam oft eine blasse Frau und las andächtig und sinnend die beiden Worte auf dem Grabstein. – Dann eines Sommers ist sie nicht mehr gekommen; aber die Welt ging unbekümmert ihren Gang.

Nur noch einmal, nach vielen Jahren, hat ein sehr alter Mann das Grab besucht, er hat sich den kleinen Denkstein angesehen und eine weiße Rose von dem alten Rosenbusch gebrochen. Das ist der emeritierte Organist von St. Magdalenen gewesen.

Aber wir müssen das friedliche Kindergrab verlassen und, wenn der Bericht zu Ende geführt werden soll, drüben in der Stadt noch einen Blick in das alte Erkerhaus der Düsternstraße werfen. – Noch immer stand es schweigend und verschlossen. Während draußen das Leben unablässig daran vorüberflutete, wucherte drinnen in den eingeschlossenen Räumen der Schwamm aus den Dielenritzen, löste sich der Gips an den Decken und stürzte herab, in einsamen Nächten ein unheimliches Echo über Flur und Stiege jagend. Die Kinder, welche an jenem Christabend auf der Straße gesungen hatten, wohnten jetzt als alte

Leute in den Häusern, oder sie hatten ihr Leben schon abgetan und waren gestorben; die Menschen, die jetzt auf der Gasse gingen, trugen andere Gewänder, und draußen auf dem Vorstadtskirchhof war der schwarze Nummerpfahl auf Frau Ankens namenlosem Grabe schon längst verfault. Da schien eines Nachts wieder einmal, wie schon so oft, über das Nachbarhaus hinweg der Vollmond in das Erkerfenster des dritten Stockwerks und malte mit seinem bläulichen Lichte die kleinen runden Scheiben auf den Fußboden. Das Zimmer war leer; nur auf dem Kanapee zusammengekauert saß eine kleine Gestalt von der Größe eines jährigen Kindes, aber das Gesicht war alt und bärtig und die magere Nase unverhältnismäßig groß; auch trug sie eine weit über die Ohren fallende Zipfelmütze und einen langen, augenscheinlich für einen ausgewachsenen Mann bestimmten Schlafrock, auf dessen Schoß sie die Füße heraufgezogen hatte.

Diese Gestalt war Herr Bulemann. – Der Hunger hatte ihn nicht getötet, aber durch den Mangel an Nahrung war sein Leib verdorrt und eingeschwunden, und so war er im Laufe der Jahre kleiner und kleiner geworden. Mitunter in Vollmondnächten, wie diese, war er erwacht und hatte, wenn auch mit immer schwächerer Kraft, seinen Wächtern zu entrinnen gesucht. War er von den vergeblichen Anstrengungen erschöpft auf's Kanapee gesunken, oder zuletzt hinaufgekrochen, und hatte dann der bleierne Schlaf ihn wieder befallen, so streckten Graps und Schnores sich draußen vor der Treppe hin, peitschten mit ihrem Schweif den Boden und horchten, ob Frau Ankens Schätze neue Wanderzüge von Mäusen in das Haus gelockt hätten.

Heute war es anders; die Katzen waren weder im Zimmer noch draußen auf dem Flur. Als das durch das Fenster fallende Mondlicht über den Fußboden weg und allmählich an der kleinen Gestalt hinaufrückte, begann sie sich zu regen; die großen runden Augen öffneten sich, und Herr Bulemann starrte in das leere Zimmer hinaus. Nach einer Weile rutschte er, die langen Ärmel mühsam zurückschlagend, von dem Kanapee herab und schritt langsam der Tür zu, während die breite Schleppe des Schlafrocks hinter ihm herfegte. Auf den Fußspitzen nach der Klinke greifend, gelang es ihm, die Stubentür zu öffnen und draußen bis an das Geländer der Treppe vorzuschreiten. Eine Weile blieb er keuchend stehen; dann streckte er den Kopf vor und mühte sich zu rufen: »Frau Anken, Frau Anken!« Aber seine Stimme war nur wie das Wispern eines kranken Kindes. »Frau Anken, mich hungert; so höre Sie doch!«

Alles blieb still; nur die Mäuse quieksten jetzt heftig in den unteren Zimmern.

Da wurde er zornig. »Hexe, verfluchte, was pfeift Sie denn!« Und ein Schwall unverständlich geflüsterter Schimpfworte sprudelte aus seinem Munde, bis ein Stickhusten ihn befiel und seine Zunge lähmte.

Draußen, unten an der Haustür, wurde der schwere Messingklopfer angeschlagen, daß der Hall bis in die Spitze des Hauses hinaufdrang. Es mochte jener nächtliche Geselle sein, von dem im Anfang dieser Geschichte die Rede gewesen ist.

Herr Bulemann hatte sich wieder erholt. »So öffne Sie doch!« wisperte er; »es ist der Knabe, der Christoph; er will den Becher holen.«

Plötzlich wurden von unten herauf zwischen dem Pfeifen der Mäuse die Sprünge und das Knurren der beiden großen Katzen vernehmbar. Er schien sich zu besinnen; zum ersten Mal bei seinem Erwachen hatten sie das oberste Stockwerk verlassen und ließen ihn gewähren. – Hastig, den langen Schlafrock nach sich schleppend, stapfte er in das Zimmer zurück.

Draußen aus der Tiefe der Gasse hörte er den Wächter rufen. »Ein Mensch, ein Mensch!« murmelte er; »die Nacht ist so lang, so viel Mal bin ich aufgewacht, und noch immer scheint der Mond.«

Er kletterte auf den Polsterstuhl, der in dem Erkerfenster stand. Emsig arbeitete er mit den kleinen dürren Händen an dem Fensterhaken; denn drunten auf der mondhellen Gasse hatte er den Wächter stehen sehen. Aber die Haspen waren festgerostet; er mühte sich vergebens sie zu öffnen. Da sah er den Mann, der eine Weile hinaufgestarrt hatte, in den Schatten der Häuser zurücktreten.

Ein schwacher Schrei brach aus seinem Munde; zitternd mit geballten Fäusten schlug er gegen die Fensterscheiben; aber seine Kraft reichte nicht aus sie zu zertrümmern. Nun begann er Bitten und Versprechungen durcheinander zu wispern; allmählich, während die Gestalt des unten gehenden Mannes sich immer mehr entfernte, wurde sein Flüstern zu einem erstickten heisern Gekrächze: er wollte seine Schätze mit ihm teilen; wenn er nur hören wollte, er sollte Alles haben, er selber wollte nichts, gar nichts für sich behalten; nur den Becher, der sei das Eigentum des kleinen Christoph.

Aber der Mann ging unten unbekümmert seinen Gang und bald war er in einer Nebengasse verschwunden. – Von allen Worten, die Herr Bulemann in jener Nacht gesprochen, ist keines von einer Menschenseele gehört worden.

Endlich nach aller vergeblichen Anstrengung kauerte sich die kleine Gestalt auf dem Polsterstuhl zusammen, rückte die Zipfelmütze zurecht und schaute, unverständliche Worte murmelnd, in den leeren Nachthimmel hinauf.

So sitzt er noch jetzt und erwartet die Barmherzigkeit Gottes.

Mimi

Bin kein sittsam Bürgerkätzchen,
Nicht im frommen Stübchen spinn ich.
Auf dem Dach, in freier Luft,
Eine freie Katze bin ich.

Wenn ich sommernächtlich schwärme,
Auf dem Dache, in der Kühle,
Schnurrt und knurrt in mir Musik,
Und ich singe was ich fühle.

Also spricht sie. Aus dem Busen
Wilde Brautgesänge quellen,
Und der Wohllaut lockt herbei
Alle Katerjunggesellen.

Alle Katerjunggesellen,
Schnurrend, knurrend, alle kommen,
Mit Mimi zu musizieren,
Liebelechzend, lustentglommen.

Das sind keine Virtuosen,
Die entweiht jemals für Lohngunst
Die Musik, sie blieben stets
Die Apostel heilger Tonkunst.

Brauchen keine Instrumente,
Sie sind selber Bratsch und Flöte;
Eine Pauke ist ihr Bauch,
Ihre Nasen sind Trompeten.

Sie erheben ihre Stimmen
Zum Konzert gemeinsam jetzo;
Das sind Fugen, wie von Bach
Oder Guido von Arezzo.

Das sind tolle Symphonien,
Wie Capricen von Beethoven
Oder Berlioz, der wird
Schnurrend, knurrend übertroffen.

Wunderbare Macht der Töne!
Zauberklänge sondergleichen!
Sie erschüttern selbst den Himmel,
Und die Sterne dort erbleichen.

Wenn sie hört die Zauberklänge,
Wenn sie hört die Wundertöne,
So verhüllt ihr Angesicht
Mit dem Wolkenflor Selene.

Nur das Lästermaul, die alte
Prima-Donna Philomele
Rümpft die Nase, schnupft und schmäht
Mimis Singen – kalte Seele!

Doch gleichviel! Das musizieret,
Trotz dem Neide der Signora,
Bis am Horizont erscheint
Rosig lächelnd Fee Aurora.

August Heinrich Hoffmann von Fallersleben

Mauskätzchen

> Les talens sont distribués par la nature
> Sans égard aux généalogies.
> *Frédéric, Oeuvres posthumes 1, 65.*

Mauskätzchen gab ein großes Fest
Und hatte dazu geladen
Bekannt' und Verwandte von Ost und West
Und lauter Ihro Gnaden.
Miau miau miau.

Sie trieben vielerlei Possen und Scherz,
Und füllten sich weidlich den Ranzen,
Und weil es nun eben war im März,
So wollten die Kätzerlein tanzen.
Miau miau miau.

Doch alle die gnädigen Kätzerlein,
Die gnädigen Kater und Katzen,
Die konnten nichts als miauen und schrein
Und schluchzen und pfuchzen und pfnatzen.
Miau miau miau

Mauskätzchen schickt nach dem Pudel hin,
Der konnte das Hackebrett schlagen,
Der sollte so was nach ihrem Sinn
Auf dem Hackebrett vortragen.
  Miau miau miau.

Der Pudel war ein gescheiter Mann,
Eine bürgerliche Canaille:
»Was geht mich Dero Gesellschaft an,
Ew. Gnaden Katzengebalge?«
  Wau wau wau wau.

Sarah Kirsch

Katzenleben

Aber die Dichter lieben die Katzen
Die nicht kontrollierbaren sanften
Freien die den Novemberregen
Auf seidenen Sesseln oder in Lumpen
Verschlafen verträumen stumm
Antwort geben sich schütteln und
Weiterleben hinter dem Jägerzaun
Wenn die besessenen Nachbarn
Immer noch Autonummern notieren
Der Überwachte in seinen vier Wänden
Längst die Grenzen hinter sich ließ.

Gottfried Keller

Spiegel, das Kätzchen

Ein Märchen

Wenn ein Seldwyler einen schlechten Handel gemacht hat oder angeführt worden ist, so sagt man zu Seldwyla: Er hat der Katze den Schmer abgekauft! Dies Sprichwort ist zwar auch anderwärts gebräuchlich, aber nirgends hört man es so oft wie dort, was vielleicht daher rühren mag, daß es in dieser Stadt eine alte Sage gibt über den Ursprung und die Bedeutung dieses Sprichwortes.

Vor mehreren hundert Jahren, heißt es, wohnte zu Seldwyla eine ältliche Person allein mit einem schönen, grau und schwarzen Kätzchen, welches in aller Vergnügtheit und Klugheit mit ihr lebte und niemandem, der es ruhig ließ, etwas zuleide tat. Seine einzige Leidenschaft war die Jagd, welche es jedoch mit Vernunft und Mäßigung befriedigte, ohne sich durch den Umstand, daß diese Leidenschaft zugleich einen nützlichen Zweck hatte und seiner Herrin wohlgefiel, beschönigen zu wollen und allzusehr zur Grausamkeit hinreißen zu lassen. Es fing und tötete daher nur die zudringlichsten und frechsten Mäuse, welche sich in einem gewissen Umkreise des Hauses betreten ließen, aber diese dann mit zuverlässiger Geschicklichkeit; nur selten verfolgte es eine besonders pfiffige Maus, welche seinen Zorn gereizt hatte, über diesen Umkreis hinaus und erbat sich in diesem Falle mit vieler Höflichkeit von den Herren Nachbaren die Erlaubnis, in ihren Häusern ein wenig mausen zu dürfen, was ihm gerne gewährt wurde, da es die Milchtöpfe stehen ließ, nicht an die Schinken hinaufsprang, welche etwa an den Wänden hingen, sondern seinem Geschäfte still und aufmerksam oblag und, nachdem es dieses verrichtet, sich mit dem Mäuslein im Maule anständig entfernte. Auch war das Kätzchen gar nicht scheu und unartig, sondern zutraulich gegen jedermann und floh nicht vor vernünftigen Leuten; vielmehr ließ es sich von solchen einen guten Spaß gefallen und selbst ein bißchen an den Ohren zupfen, ohne zu kratzen; dagegen ließ es sich von einer Art dummer Menschen, von welchen es behauptete, daß die Dummheit aus einem unreifen und nichtsnutzigen Herzen käme, nicht das mindeste gefallen und ging ihnen entweder aus dem Wege oder versetzte ihnen einen ausreichenden Hieb über die Hand, wenn sie es mit einer Plumpheit molestierten.

Spiegel, so war der Name des Kätzchens wegen seines glatten und glänzenden Pelzes, lebte so seine Tage heiter, zierlich und beschaulich dahin, in anständiger Wohlhabenheit und ohne Überhebung. Er saß nicht zu oft auf der Schulter seiner freundlichen

Gebieterin, um ihr die Bissen von der Gabel wegzufangen, sondern nur, wenn er merkte, daß ihr dieser Spaß angenehm war; auch lag und schlief er den Tag über selten auf seinem warmen Kissen hinter dem Ofen, sondern hielt sich munter und liebte es eher, auf einem schmalen Treppengeländer oder in der Dachrinne zu liegen und sich philosophischen Betrachtungen und der Beobachtung der Welt zu überlassen. Nur jeden Frühling und Herbst einmal wurde dies ruhige Leben eine Woche lang unterbrochen, wenn die Veilchen blühten oder die milde Wärme des Alteweibersommers die Veilchenzeit nachäffte. Alsdann ging Spiegel seine eigenen Wege, streifte in verliebter Begeisterung über die fernsten Dächer und sang die allerschönsten Lieder. Als ein rechter Don Juan bestand er bei Tag und Nacht die bedenklichsten Abenteuer, und wenn er sich zur Seltenheit einmal im Hause sehen ließ, so erschien er mit einem so verwegenen, burschikosen, ja liederlichen und zerzausten Aussehen, daß die stille Person, seine Gebieterin, fast unwillig ausrief: »Aber Spiegel! Schämst du dich denn nicht, ein solches Leben zu führen?« Wer sich aber nicht schämte, war Spiegel; als ein Mann von Grundsätzen, der wohl wußte, was er sich zur wohltätigen Abwechslung erlauben durfte, beschäftigte er sich ganz ruhig damit, die Glätte seines Pelzes und die unschuldige Munterkeit seines Aussehens wiederherzustellen, und er fuhr sich so unbefangen mit dem feuchten Pfötchen über die Nase, als ob gar nichts geschehen wäre.

Allein dies gleichmäßige Leben nahm plötzlich ein trauriges Ende. Als das Kätzchen Spiegel eben in der Blüte seiner Jahre stand, starb die Herrin unversehens an Altersschwäche und ließ das schöne Kätzchen herrenlos und verwaist zurück. Es war das erste Unglück, welches ihm widerfuhr, und mit jenen Klagetönen, welche so schneidend den bangen Zweifel an der wirklichen und rechtmäßigen Ursache eines großen Schmerzes ausdrücken, begleitete es die Leiche bis auf die Straße und strich den ganzen übrigen Tag ratlos im Hause und rings um dasselbe her. Doch seine gute Natur, seine Vernunft und Philosophie geboten ihm bald, sich zu fassen, das Unabänderliche zu tragen und seine dankbare Anhänglichkeit an das Haus seiner toten Gebieterin dadurch zu beweisen, daß er ihren lachenden Erben seine Dienste anbot und sich bereit machte, denselben mit Rat und Tat beizustehen, die Mäuse ferner im Zaume zu halten und überdies ihnen manche gute Mitteilung zu machen, welche die Törichten nicht verschmäht hätten, wenn sie eben nicht unvernünftige Menschen gewesen wären. Aber diese Leute ließen Spiegel gar nicht zu Worte kommen, sondern warfen ihm die Pantoffeln und das artige Fußschemelchen der Seligen an den Kopf, sooft er sich blicken ließ, zankten sich acht Tage lang untereinander, begannen endlich einen

Prozeß und schlossen das Haus bis auf weiteres zu, so daß nun gar niemand darin wohnte.

Da saß nun der arme Spiegel traurig und verlassen auf der steinernen Stufe vor der Haustüre und hatte niemand, der ihn hineinließ. Des Nachts begab er sich wohl auf Umwegen unter das Dach des Hauses, und im Anfang hielt er sich einen großen Teil des Tages dort verborgen und suchte seinen Kummer zu verschlafen; doch der Hunger trieb ihn bald an das Licht und nötigte ihn, an der warmen Sonne und unter den Leuten zu erscheinen, um bei der Hand zu sein und zu gewärtigen, wo sich etwa ein Maulvoll geringer Nahrung zeigen möchte. Je seltener dies geschah, desto aufmerksamer wurde der gute Spiegel, und alle seine moralischen Eigenschaften gingen in dieser Aufmerksamkeit auf, so daß er sehr bald sich selber nicht mehr gleichsah. Er machte zahlreiche Ausflüge von seiner Haustüre aus und stahl sich scheu und flüchtig über die Straße, um manchmal mit einem schlechten unappetitlichen Bissen, dergleichen er früher nie angesehen, manchmal mit gar nichts zurückzukehren. Er wurde von Tag zu Tag magerer und zerzauster, dabei gierig, kriechend und feig; all sein Mut, seine zierliche Katzenwürde, seine Vernunft und Philosophie waren dahin. Wenn die Buben aus der Schule kamen, so kroch er in einen verborgenen Winkel, sobald er sie kommen hörte, und guckte nur hervor, um aufzupassen, welcher von ihnen etwa eine Brotrinde wegwürfe, und merkte sich den Ort, wo sie hinfiel. Wenn der schlechteste Köter von weitem ankam, so sprang er hastig fort, während er früher gelassen der Gefahr ins Auge geschaut und böse Hunde oft tapfer gezüchtigt hatte. Nur wenn ein grober und einfältiger Mensch daherkam, dergleichen er sonst klüglich gemieden, blieb er sitzen, obgleich das arme Kätzchen mit dem Reste seiner Menschenkenntnis den Lümmel recht gut erkannte; allein die Not zwang Spiegelchen, sich zu täuschen und zu hoffen, daß der Schlimme ausnahmsweise einmal es freundlich streicheln und ihm einen Bissen darreichen werde. Und selbst wenn er statt dessen nun doch geschlagen oder in den Schwanz gekneift wurde, so kratzte er nicht, sondern duckte sich lautlos zur Seite und sah dann noch verlangend nach der Hand, die es geschlagen und gekneift und welche nach Wurst oder Hering roch.

Als der edle und kluge Spiegel so heruntergekommen war, saß er eines Tages ganz mager und traurig auf seinem Steine und blinzelte in der Sonne. Da kam der Stadthexenmeister Pineiß des Weges, sah das Kätzchen und stand vor ihm still. Etwas Gutes hoffend, obgleich es den Unheimlichen wohl kannte, saß Spiegelchen demütig auf dem Stein und erwartete, was der Herr Pineiß etwa tun oder sagen würde. Als dieser aber begann und sagte: »Na, Katze! Soll ich dir deinen Schmer abkaufen?« da verlor es die Hoffnung, denn es glaubte, der Stadthexenmeister wolle es seiner Magerkeit wegen verhöhnen. Doch erwiderte er bescheiden und lächelnd, um es mit niemand zu verderben: »Ach, der Herr Pineiß belieben zu scherzen!« – »Mit nichten!« rief Pineiß, »es ist mir voller Ernst! Ich brauche Katzenschmer vorzüglich zur Hexerei; aber er muß mir vertragsmäßig und freiwillig von den werten Herren Katzen abgetreten werden, sonst ist er unwirksam. Ich denke, wenn je ein wackeres Kätzlein in der Lage war, einen vorteilhaften Handel abzuschließen, so bist es du! Begib dich in meinen Dienst; ich füttere dich herrlich heraus, mache dich fett und kugelrund mit Würstchen und gebratenen Wachteln. Auf dem ungeheuer hohen alten Dache meines Hauses, welches nebenbei gesagt das köstlichste Dach von der Welt ist für eine Katze, voll interessanter Gegenden und Winkel, wächst auf den sonnigsten Höhen treffliches Spitzgras, grün wie Smaragd, schlank und fein in den Lüften schwankend, dich einladend, die zartesten Spitzen abzubeißen und zu genießen, wenn du dir an meinen Leckerbissen eine leichte Unverdaulichkeit zugezogen hast. So wirst du bei trefflicher Gesundheit bleiben und mir dereinst einen kräftigen brauchbaren Schmer liefern!«

Spiegel hatte schon längst die Ohren gespitzt und mit wässerndem Mäulchen gelauscht; doch war seinem geschwächten Verstande die Sache noch nicht klar und er versetzte daher: »Das ist so weit nicht übel,

Herr Pineiß! Wenn ich nur wüßte, wie ich alsdann, wenn ich doch, um Euch meinen Schmer abzutreten, mein Leben lassen muß, des verabredeten Preises habhaft werden und ihn genießen soll, da ich nicht mehr bin?« – »Des Preises habhaft werden?« sagte der Hexenmeister verwundert, »den Preis genießest du ja eben in den reichlichen und üppigen Speisen, womit ich dich fett mache, das versteht sich von selber! Doch will ich dich zu dem Handel nicht zwingen!« Und er machte Miene, sich von dannen begeben zu wollen. Aber Spiegel sagte hastig und ängstlich: »Ihr müßt mir wenigstens eine mäßige Frist gewähren über die Zeit meiner höchsten erreichten Rundheit und Fettigkeit hinaus, daß ich nicht so jählings von hinnen gehen muß, wenn jener angenehme und ach! so traurige Zeitpunkt herangekommen und entdeckt ist!«

»Es sei!« sagte Herr Pineiß mit anscheinender Gutmütigkeit, »bis zum nächsten Vollmond sollst du dich alsdann deines angenehmen Zustandes erfreuen dürfen, aber nicht länger! Denn in den abnehmenden Mond hinein darf es nicht gehen, weil dieser einen vermindernden Einfluß auf mein wohlerworbenes Eigentum ausüben würde.«

Das Kätzchen beeilte sich zuzuschlagen und unterzeichnete einen Vertrag, welchen der Hexenmeister im Vorrat bei sich führte, mit seiner scharfen Handschrift, welche sein letztes Besitztum und Zeichen besserer Tage war.

»Du kannst dich nun zum Mittagessen bei mir einfinden, Kater!« sagte der Hexer, »Punkt zwölf Uhr wird gegessen!« – »Ich werde so frei sein, wenn Ihr's erlaubt!« sagte Spiegel und fand sich pünktlich um die Mittagsstunde bei Herrn Pineiß ein. Dort begann nun während einiger Monate ein höchst angenehmes Leben für das Kätzchen; denn es hatte auf der Welt weiter nichts zu tun als die guten Dinge zu verzehren, die man ihm vorsetzte, dem Meister bei der Hexerei zuzuschauen, wenn es mochte, und auf dem Dache spazieren zu gehen. Dies Dach glich einem ungeheuren schwarzen Nebelspalter oder Dreiröhrenhut, wie man die großen Hüte der schwäbischen Bauern nennt, und wie ein solcher Hut ein Gehirn voller Nücken und Finten überschattet, so bedeckte dies Dach ein großes, dunkles und winkliges Haus voll Hexenwerk und Tausendsgeschichten. Herr Pineiß war ein Kann-Alles, welcher hundert Ämtchen versah, Leute kurierte, Wanzen vertilgte, Zähne auszog und Geld auf Zinsen lieh; er war der Vormünder aller Waisen und Witwen, schnitt in seinen Mußestunden Federn, das Dutzend für einen Pfennig, und machte schöne schwarze Dinte; er handelte mit Ingwer und Pfeffer, mit Wagenschmiere und Rosoli, mit Häftlein und Schuhnägeln, er renovierte die Turmuhr und machte jährlich den Kalender mit der Witterung, den Bauernregeln und dem Aderlaßmännchen; er verrichtete zehntausend rechtliche Dinge am hellen Tag um mäßigen Lohn und einige unrechtliche nur in der Finsternis und aus Privatleidenschaft, oder hing auch den rechtlichen, ehe er sie aus seiner Hand entließ, schnell noch ein unrechtliches Schwänzchen an, so klein wie die Schwänzchen der jungen Frösche, gleichsam nur der Possierlichkeit wegen. Überdies machte er das Wetter in schwierigen Zeiten, überwachte mit seiner Kunst die Hexen, und wenn sie reif waren, ließ er sie verbrennen; für sich trieb er die Hexerei nur als wissenschaftlichen Versuch und zum Hausgebrauch, so wie er auch die Stadtgesetze, die er redigierte und ins reine schrieb, unter der Hand probierte und verdrehte, um ihre Dauerhaftigkeit zu ergründen. Da die Seldwyler stets einen solchen Bürger brauchten, der alle unlustigen kleinen und großen Dinge für sie tat, so war er zum Stadthexenmeister ernannt worden und bekleidete dies Amt schon seit vielen Jahren mit unermüdlicher Hingebung und Geschicklichkeit, früh und spät. Daher war sein Haus von unten bis oben vollgestopft mit allen erdenklichen Dingen, und Spiegel hatte viel Kurzweil, alles zu besehen und zu beriechen.

Doch im Anfang gewann er keine Aufmerksamkeit für andere Dinge als für das Essen. Er schlang gierig alles hinunter, was Pineiß ihm darreichte, und mochte kaum von einer Zeit zur anderen warten. Dabei überlud er sich den Magen und mußte wirklich auf das Dach gehen, um dort von den grünen Gräsern abzubeißen und sich von allerhand Unwohlsein zu kurieren. Als der Meister diesen Heißhunger bemerkte, freute er sich und dachte, das Kätzchen würde solcherweise recht bald fett werden, und je besser er daran wende, desto klüger verfahre und spare er im ganzen. Er baute daher für Spiegel eine ordentliche Landschaft in seiner Stube, indem er ein Wäldchen von Tannenbäumchen aufstellte, kleine Hügel von Steinen und Moos errichtete und einen kleinen See anlegte. Auf die Bäumchen setzte er duftig gebratene Lerchen, Finken, Meisen und Sperlinge, je nach der Jahreszeit, so daß da Spiegel immer etwas herunterzuholen und zu knabbern vorfand. In die kleinen Berge versteckte er in künstlichen Mauslöchern herrliche Mäuse, welche er sorgfältig mit Weizenmehl gemästet, dann ausgeweidet, mit zarten Speckriemchen gespickt und gebraten hatte. Einige dieser Mäuse konnte Spiegel mit der Hand hervorholen, andere waren zur Erhöhung des Vergnügens tiefer verborgen, aber an einen Faden gebunden, an welchem Spiegel sie behutsam hervorziehen mußte, wenn er diese Lustbarkeit einer nachgeahmten Jagd genießen wollte. Das Becken des Sees aber füllte Pineiß alle Tage mit frischer Milch, damit Spiegel in der süßen seinen Durst lösche, und ließ gebratene Gründlinge darin schwimmen, da er wußte, daß Katzen zuweilen auch die Fischerei lieben. Aber da nun Spiegel ein so herrliches Leben führte, tun und lassen, essen und trinken konnte, was ihm beliebte und wann es ihm einfiel, so gedieh er allerdings zusehends an seinem Leibe; sein Pelz wurde wieder glatt und glänzend und sein Auge munter; aber zugleich nahm er, da sich seine Geisteskräfte in gleichem Maße wieder ansammelten, bessere Sitten an; die wilde Gier legte sich, und weil er jetzt eine traurige Erfahrung hinter sich hatte, so wurde er nun klüger als zuvor. Er mäßigte sich in seinen Gelüsten und fraß nicht mehr als ihm zuträglich war, indem er zugleich wieder vernünftigen und tiefsinnigen Betrachtungen nachging und die Dinge wieder durchschaute. So holte er eines Tages einen hübschen Krammetsvogel von den Ästen herunter, und als er denselben nachdenklich zerlegte, fand er dessen kleinen Magen ganz kugelrund angefüllt mit frischer unversehrter Speise. Grüne Kräutchen, artig zusammengerollt, schwarze und weiße Samenkörner und eine glänzend rote Beere waren da so niedlich und dicht ineinander gepfropft, als ob ein Mütterchen für ihren Sohn das Ränzchen zur Reise gepackt hätte. Als Spiegel den Vogel langsam verzehrt und das so vergnüglich gefüllte Mäglein an seine Klaue hing und philosophisch betrachtete, rührte ihn das Schicksal des armen Vogels, welcher nach so friedlich verbrachtem Geschäft so schnell sein Leben lassen gemußt, daß er nicht einmal die eingepackten Sachen verdauen konnte. »Was hat er nun davon gehabt, der arme Kerl«, sagte Spiegel,

»daß er sich so fleißig und eifrig genährt hat, daß dies kleine Säckchen aussieht wie ein wohl vollbrachtes Tagewerk? Diese rote Beere ist es, die ihn aus dem freien Walde in die Schlinge des Vogelstellers gelockt hat. Aber er dachte doch, seine Sache noch besser zu machen und sein Leben an solchen Beeren zu fristen, während ich, der ich soeben den unglücklichen Vogel gegessen, daran mich nur um einen Schritt näher zum Tode gegessen habe! Kann man einen elendern und feigern Vertrag abschließen als sein Leben noch ein Weilchen fristen zu lassen, um es dann um diesen Preis doch zu verlieren? Wäre nicht ein freiwilliger und schneller Tod vorzuziehen gewesen für einen entschlossenen Kater? Aber ich habe keine Gedanken gehabt, und nun da ich wieder solche habe, sehe ich nichts vor mir als das Schicksal dieses Krammetsvogels; wenn ich rund genug bin, so muß ich von hinnen, aus keinem andern Grunde als weil ich rund bin. Ein schöner Grund für einen lebenslustigen und gedankenreichen Katzmann! Ach, könnte ich aus dieser Schlinge kommen!«

Er vertiefte sich nun in vielfältige Grübeleien, wie das gelingen möchte; aber da die Zeit der Gefahr noch nicht da war, so wurde es ihm nicht klar und er fand keinen Ausweg; aber als ein kluger Mann ergab er sich bis dahin der Tugend und der Selbstbeherrschung, welches immer die beste Vorschule und Zeitverwendung ist, bis sich etwas entscheiden soll. Er verschmähte das weiche Kissen, welches ihm Pineiß zurechtgelegt hatte, damit er fleißig darauf schlafen und fett werden sollte, und zog es vor, wieder auf schmalen Gesimsen und hohen gefährlichen Stellen zu liegen, wenn er ruhen wollte. Ebenso verschmähte er die gebratenen Vögel und die gespickten Mäuse und fing sich lieber auf den Dächern, da er nun wieder einen rechtmäßigen Jagdgrund hatte, mit List und Gewandtheit einen schlichten lebendigen Sperling oder auf den Speichern eine flinke Maus, und solche Beute schmeckte ihm vortrefflicher als das gebratene Wild in Pineißens künstlichem Gehege, während sie ihn nicht zu fett machte; auch die Bewegung und Tapferkeit sowie der wiedererlangte Gebrauch der Tugend und Philosophie verhinderten ein zu schnelles Fettwerden, so daß Spiegel zwar gesund und glänzend aussah, aber zu Pineißens Verwunderung auf einer gewissen Stufe der Beleibtheit stehen blieb, welche lange nicht das erreichte, was der Hexenmeister mit seiner freundlichen Mästung bezweckte; denn dieser stellte sich darunter ein kugelrundes, schwerfälliges Tier vor, welches sich nicht vom Ruhekissen bewegte und aus eitel Schmer bestand. Aber hierin hatte sich seine Hexerei eben geirrt und er wußte bei aller Schlauheit nicht, daß, wenn man einen Esel füttert, derselbe ein Esel bleibt, wenn man aber einen Fuchsen speiset, derselbe nichts anders wird als ein Fuchs; denn jede Kreatur wächst sich nach ihrer Weise aus.

Als Herr Pineiß entdeckte, wie Spiegel immer auf demselben Punkte einer wohlgenährten, aber geschmeidigen und rüstigen Schlankheit stehen blieb, ohne eine erkleckliche Fettigkeit anzusetzen, stellte er ihn eines Abends plötzlich zur Rede und sagte barsch: »Was ist das, Spiegel? Warum frissest du die guten Speisen nicht, die ich dir mit so viel Sorgfalt und Kunst präpariere und herstelle? Warum fängst du die gebratenen Vögel nicht auf den Bäumen, warum suchst du die leckeren Mäuschen nicht in den Berghöhlen? Warum fischest du nicht mehr in dem See? Warum pflegst du dich nicht? Warum schläfst du nicht auf dem Kissen? Warum strapazierst du dich und wirst mir nicht fett?« – »Ei, Herr Pineiß!« sagte Spiegel, »weil es mir wohler ist auf diese Weise! Soll ich meine kurze Frist nicht auf die Art verbringen, die mir am angenehmsten ist?« – »Wie!« rief Pineiß, »du sollst so leben, daß du dick und rund wirst, und nicht dich abjagen! Ich merke aber wohl, wo du hinauswillst! Du denkst mich zu äffen und hinzuhalten, daß ich dich in Ewigkeit in diesem Mittelzustande herumlaufen lasse? Mit nichten soll dir das gelingen! Es ist deine Pflicht, zu essen und zu trinken und dich zu pflegen, auf daß du dick werdest und Schmer bekommst! Auf der Stelle entsage daher dieser hinterlistigen und kontraktwidrigen Mäßigkeit, oder ich werde ein Wörtlein mit dir sprechen!«

Spiegel unterbrach sein behagliches Spinnen, das

er angefangen, um seine Fassung zu behaupten, und sagte: »Ich weiß kein Sterbenswörtchen davon, daß in dem Kontrakt steht, ich solle der Mäßigkeit und einem gesunden Lebenswandel entsagen! Wenn der Herr Stadthexenmeister darauf gerechnet hat, daß ich ein fauler Schlemmer sei, so ist das nicht meine Schuld! Ihr tut tausend rechtliche Dinge des Tages, so lasset dieses auch noch hinzukommen und uns beide hübsch in der Ordnung bleiben; denn Ihr wißt ja wohl, daß Euch mein Schmer nur nützlich ist, wenn er auf rechtliche Weise erwachsen!« – »Ei du Schwätzer!« rief Pineiß erbost, »willst du mich belehren? Zeig her, wie weit bist du denn eigentlich gediehen, du Müßiggänger? Vielleicht kann man dich doch bald abtun!« Er griff dem Kätzchen an den Bauch; allein dieses fühlte sich dadurch unangenehm gekitzelt und hieb dem Hexenmeister einen scharfen Kratz über die Hand. Diesen betrachtete Pineiß aufmerksam, dann sprach er: »Stehen wir so miteinander, du Bestie? Wohlan, so erkläre ich dich hiemit feierlich, kraft des Vertrages, für fett genug! Ich begnüge mich mit dem Ergebnis und werde mich desselben zu versichern wissen! In fünf Tagen ist der Mond voll, und bis dahin magst du dich noch deines Lebens erfreuen, wie es geschrieben steht, und nicht eine Minute länger!« Damit kehrte er ihm den Rücken und überließ ihn seinen Gedanken.

Diese waren jetzt sehr bedenklich und düster. So

war denn die Stunde doch nahe, wo der gute Spiegel seine Haut lassen sollte? Und war mit aller Klugheit gar nichts mehr zu machen? Seufzend stieg er auf das hohe Dach, dessen Firste dunkel in den schönen Herbstabendhimmel emporragten. Da ging der Mond über der Stadt auf und warf seinen Schein auf die schwarzen bemoosten Hohlziegel des alten Daches, ein lieblicher Gesang tönte in Spiegels Ohren und eine schneeweiße Kätzin wandelte glänzend über einen benachbarten First weg. Sogleich vergaß Spiegel die Todesaussichten, in welchen er lebte, und erwiderte mit seinem schönsten Katerliede den Lobgesang der Schönen. Er eilte ihr entgegen und war bald im hitzigen Gefecht mit drei fremden Katern begriffen, die er mutig und wild in die Flucht schlug. Dann machte er der Dame feurig und ergeben den Hof und brachte Tag und Nacht bei ihr zu, ohne an den Pineiß zu denken oder im Hause sich sehen zu lassen. Er sang wie eine Nachtigall die schönen Mondnächte hindurch, jagte hinter der weißen Geliebten her über die Dächer, durch die Gärten, und rollte mehr als einmal im heftigen Minnespiel oder im Kampfe mit den Rivalen über hohe Dächer hinunter und fiel auf die Straße; aber nur um sich aufzuraffen, das Fell zu schütteln und die wilde Jagd seiner Leidenschaften von neuem anzuheben. Stille und laute Stunden, süße Gefühle und zorniger Streit, anmutiges Zwiegespräch, witziger Gedankenaustausch, Ränke und

Schwänke der Liebe und Eifersucht, Liebkosungen und Raufereien, die Gewalt des Glückes und die Leiden des Unsterns ließen den verliebten Spiegel nicht zu sich selbst kommen, und als die Scheibe des Mondes voll geworden, war er von allen diesen Aufregungen und Leidenschaften so heruntergekommen, daß er jämmerlicher, magerer und zerzauster aussah als je. Im selben Augenblicke rief ihm Pineiß aus einem Dachtürmchen: »Spiegelchen, Spiegelchen! Wo bist du? Komm doch ein bißchen nach Hause!«

Da schied Spiegel von der weißen Freundin, welche zufrieden und kühl miauend ihrer Wege ging, und wandte sich stolz seinem Henker zu. Dieser stieg in die Küche hinunter, raschelte mit dem Kontrakt und sagte: »Komm Spiegelchen, komm Spiegelchen!« und Spiegel folgte ihm und setzte sich in der Hexenküche trotzig vor den Meister hin in all seiner Magerkeit und Zerzaustheit. Als Herr Pineiß erblickte, wie er so schmählich um seinen Gewinn gebracht war, sprang er wie besessen in die Höhe und schrie wütend »Was seh ich? Du Schelm, du gewissenloser Spitzbube! Was hast du mir getan?« Außer sich vor Zorn griff er nach einem Besen und wollte Spiegelein schlagen; aber dieser krümmte den schwarzen Rücken, ließ die Haare emporstarren, daß ein fahler Schein darüber knisterte, legte die Ohren zurück, prustete und funkelte den Alten so grimmig an, daß dieser voll Furcht und Entsetzen drei Schritt zurücksprang. Er begann zu fürchten, daß er einen Hexenmeister vor sich habe, welcher ihn foppe und mehr könne als er selbst. Ungewiß und kleinlaut sagte er: »Ist der ehrsame Herr Spiegel vielleicht vom Handwerk? Sollte ein gelehrter Zaubermeister beliebt haben, sich in dero äußere Gestalt zu verkleiden, da er nach Gefallen über sein Leibliches gebieten und genau so beleibt werden kann als es ihm angenehm dünkt, nicht zu wenig und nicht zu viel, oder unversehens so mager wird wie ein Gerippe, um dem Tode zu entschlüpfen?«

Spiegel beruhigte sich wieder und sprach ehrlich: »Nein, ich bin kein Zauberer! Es ist allein die süße Gewalt der Leidenschaft, welche mich so heruntergebracht und zu meinem Vergnügen Euer Fett dahin genommen hat. Wenn wir übrigens jetzt unser Geschäft von neuem beginnen wollen, so will ich tapfer dabei sein und drein beißen! Setzt mir nur eine recht schöne und große Bratwurst vor, denn ich bin ganz erschöpft und hungrig!« Da packte Pineiß den Spiegel wütend am Kragen, sperrte ihn in den Gänsestall, der immer leer war, und schrie: »Da sieh zu, ob dir deine süße Gewalt der Leidenschaft noch einmal heraushilft und ob sie stärker ist als die Gewalt der Hexerei und meines rechtlichen Vertrages! Jetzt heißes: Vogel friß und stirb!« Sogleich briet er eine lange Wurst, die so lecker duftete, daß er sich nicht enthalten konnte, selbst ein bißchen an beiden Zipfeln zu schlecken, ehe er sie durch das Gitter steckte. Spiegel fraß sie von vorn bis hinten auf, und indem er sich behaglich den Schnurrbart putzte und den Pelz leckte, sagte er zu sich selber: »Meiner Seel! es ist doch eine schöne Sache um die Liebe! Die hat mich für diesmal wieder aus der Schlinge gezogen. Jetzt will ich mich ein wenig ausruhen und trachten, daß ich durch Beschaulichkeit und gute Nahrung wieder zu vernünftigen Gedanken komme! Alles hat seine Zeit! Heute ein bißchen Leidenschaft, morgen ein wenig Besonnenheit und Ruhe, ist jedes in seiner Weise gut. Dies Gefängnis ist gar nicht so übel und es läßt sich gewiß etwas Ersprießliches darin ausdenken!« Pineiß aber nahm sich nun zusammen und bereitete alle Tage mit aller seiner Kunst solche Leckerbissen und in solch reizender Abwechslung und Zuträglichkeit, daß der gefangene Spiegel denselben nicht widerstehen konnte; denn Pineißens Vorrat an freiwilligem und rechtmäßigem Katzenschmer nahm alle Tage mehr ab und drohte nächstens ganz auszugehen, und dann war der Hexer ohne dies Hauptmittel ein geschlagener Mann. Aber der gute Hexenmeister nährte mit dem Leibe Spiegels dessen Geist immer wieder mit, und es war durchaus nicht von dieser unbequemen Zutat loszukommen, weshalb auch seine Hexerei sich hier als lückenhaft erwies.

Als Spiegel in seinem Käfig ihm endlich fett genug dünkte, säumte er nicht länger, sondern stellte vor den Augen des aufmerksamen Katers alle Geschirre zurecht und machte ein helles Feuer auf dem Herd, um den lang ersehnten Gewinn auszukochen. Dann wetzte er ein großes Messer, öffnete den Kerker, zog Spiegelchen hervor, nachdem er die Küchentüre wohl verschlossen, und sagte wohlgemut: »Komm, du Sapperlöter! wir wollen dir den Kopf abschneiden vorderhand und dann das Fell abziehen! Dieses wird eine warme Mütze für mich geben, woran ich Einfältiger noch gar nicht gedacht habe! Oder soll ich dir erst das Fell abziehen und dann den Kopf abschneiden?« – »Nein, wenn es Euch gefällig ist«, sagte Spiegel demütig, »lieber zuerst den Kopf abschneiden!« – »Hast recht, du armer Kerl!« sagte Herr Pineiß, »wir wollen dich nicht unnütz quälen! Alles was recht ist!« – »Dies ist ein wahres Wort!« sagte Spiegel mit einem erbärmlichen Seufzer und legte das Haupt ergebungsvoll auf die Seite, »o hätt ich doch jederzeit getan, was recht ist, und nicht eine so wichtige Sache leichtsinnig unterlassen, so könnte ich jetzt mit besserm Gewissen sterben, denn ich sterbe gern; aber ein Unrecht erschwert mir den sonst so willkommenen Tod; denn was bietet mir das Leben? Nichts als Furcht, Sorge und Armut und zur Abwechslung einen Sturm verzehrender Leidenschaft, die noch schlimmer ist als die stille zitternde Furcht!« – »Ei, welches Unrecht, welche wichtige Sache?« fragte Pineiß neugierig. »Ach, was hilft das Reden jetzt noch«, seufzte

Spiegel, »geschehen ist geschehen und jetzt ist Reue zu spät!« – »Siehst du, Sappermenter, was für ein Sünder du bist?« sagte Pineiß, »und wie wohl du deinen Tod verdienst? Aber was Tausend hast du denn angestellt? Hast du mir vielleicht etwas entwendet, entfremdet, verdorben? Hast du mir ein himmelschreiendes Unrecht getan, von dem ich noch gar nichts weiß, ahne, vermute, du Satan? Das sind mir schöne Geschichten! Gut, daß ich noch dahinterkomme! Auf der Stelle beichte mir, oder ich schinde und siede dich lebendig aus! Wirst du sprechen oder nicht?« – »Ach nein!« sagte Spiegel, »wegen Euch habe ich mir nichts vorzuwerfen. Es betrifft die zehntausend Goldgülden meiner seligen Gebieterin – aber was hilft Reden! – Zwar – wenn ich bedenke und Euch ansehe, so möchte es vielleicht doch nicht ganz zu spät sein – wenn ich Euch betrachte, so sehe ich, daß Ihr ein noch ganz schöner und rüstiger Mann seid, in den besten Jahren – sagt doch, Herr Pineiß! habt Ihr noch nie etwa den Wunsch verspürt, Euch zu verehelichen, ehrbar und vorteilhaft? Aber was schwatze ich! Wie wird ein so kluger und kunstreicher Mann auf dergleichen müßige Gedanken kommen! Wie wird ein so nützlich beschäftigter Meister an törichte Weiber denken! Zwar allerdings hat auch die Schlimmste noch irgend was an sich, was etwa nützlich für einen Mann ist, das ist nicht abzuleugnen! Und wenn sie nur halbwegs was taugt, so ist eine gute Hausfrau etwa weiß am Leibe, sorgfältig im Sinne, zutulich von Sitten, treu von Herzen, sparsam im Verwalten, aber verschwenderisch in der Pflege ihres Mannes, kurzweilig in Worten und angenehm in ihren Taten, einschmeichelnd in ihren Handlungen! Sie küßt den Mann mit ihrem Munde und streichelt ihm den Bart, sie umschließt ihn mit ihren Armen und kraut ihm hinter den Ohren, wie er es wünscht, kurz, sie tut tausend Dinge, die nicht zu verwerfen sind. Sie hält sich ihm ganz nah zu oder in bescheidener Entfernung, je nach seiner Stimmung, und wenn er seinen Geschäften nachgeht, so stört sie ihn nicht, sondern verbreitet unterdessen sein Lob in und außer dem Hause; denn sie läßt nichts an ihn kommen und rühmt alles, was an ihm ist! Aber das Anmutigste ist die wunderbare Beschaffenheit ihres zarten leiblichen Daseins, welches die Natur so verschieden gemacht hat von unserm Wesen bei anscheinender Menschenähnlichkeit, daß es ein fortwährendes Meerwunder in einer glückhaften Ehe bewirkt und eigentlich die allerdurchtriebenste Hexerei in sich birgt! Doch was schwatze ich da wie ein Tor an der Schwelle des Todes! Wie wird ein weiser Mann auf dergleichen Eitelkeiten sein Augenmerk richten! Verzeiht, Herr Pineiß, und schneidet mir den Kopf ab!«

Pineiß aber rief heftig: »So halt doch endlich inne, du Schwätzer! und sage mir: Wo ist eine solche und hat sie zehntausend Goldgülden?«

»Zehntausend Goldgülden?« sagte Spiegel.

»Nun ja«, rief Pineiß ungeduldig, »sprachest du nicht eben erst davon?«

»Nein«, antwortete jener, »das ist eine andere Sache! Die liegen vergraben an einem Orte!«

»Und was tun sie da, wem gehören sie?« schrie Pineiß.

»Niemand gehören sie, das ist eben meine Gewissensbürde, denn ich hätte sie unterbringen sollen! Eigentlich gehören sie jenem, der eine solche Person heiratet, wie ich eben beschrieben habe. Aber wie soll man drei solche Dinge zusammenbringen in dieser gottlosen Stadt: zehntausend Goldgülden, eine weise, feine und gute Hausfrau und einen weisen rechtschaffenen Mann? Daher ist eigentlich meine Sünde nicht allzu groß, denn der Auftrag war zu schwer für eine arme Katze!«

»Wenn du jetzt«, rief Pineiß, »nicht bei der Sache bleibst und sie verständlich der Ordnung nach dartust, so schneide ich dir vorläufig den Schwanz und beide Ohren ab! Jetzt fang an!«

»Da Ihr es befehlt, so muß ich die Sache wohl erzählen«, sagte Spiegel und setzte sich gelassen auf seine Hinterfüße, »obgleich dieser Aufschub meine Leiden nur vergrößert!« Pineiß steckte das scharfe Messer zwischen sich und Spiegel in die Diele und setzte sich neugierig auf ein Fäßchen, um zuzuhören, und Spiegel fuhr fort:

»Ihr wisset doch, Herr Pineiß, daß die brave Person, meine selige Meisterin, unverheiratet gestorben ist als eine alte Jungfer, die in aller Stille viel Gutes getan und niemanden zuwider gelebt hat. Aber nicht immer war es um sie her so still und ruhig zugegangen, und obgleich sie niemals von bösem Gemüt gewesen, so hatte sie doch einst viel Leid und Schaden angerichtet; denn in ihrer Jugend war sie das schönste Fräulein weit und breit, und was von jungen Herren und kecken Gesellen in der Gegend war oder des Weges kam, verliebte sich in sie und wollte sie durchaus heiraten. Nun hatte sie wohl große Lust zu heiraten und einen hübschen, ehrenfesten und klugen Mann zu nehmen, und sie hatte die Auswahl, da sich Einheimische und Fremde um sie stritten und einander mehr als einmal die Degen in den Leib rannten, um den Vorrang zu gewinnen. Es bewarben sich um sie und versammelten sich kühne und verzagte, listige und treuherzige, reiche und arme Freier, solche mit einem guten und anständigen Geschäft und solche, welche als Kavaliere zierlich von ihren Renten lebten; dieser mit diesen, jener mit jenen Vorzügen, beredt oder schweigsam, der eine munter und liebenswürdig, und ein anderer schien es mehr in sich zu haben, wenn er auch etwas einfältig aussah; kurz, das Fräulein hatte eine so vollkommene Auswahl, wie es ein mannbares Frauenzimmer sich nur wünschen kann. Allein sie besaß außer ihrer Schönheit ein schönes Vermögen von vielen tausend Goldgülden und diese waren die Ursache, daß sie nie dazu kam, eine Wahl treffen und einen Mann nehmen zu können, denn sie verwaltete ihr Gut mit trefflicher Umsicht und Klugheit und legte einen großen Wert auf dasselbe, und da nun der Mensch immer von seinen eigenen Neigungen aus andere beurteilt, so geschah es, daß sie, sobald sich ihr ein achtungswerter Freier genähert und ihr halbwegs gefiel, alsobald sich einbildete, derselbe begehre sie nur um ihres Gutes willen. War einer reich, so glaubte sie, er würde sie doch nicht begehren, wenn sie nicht auch reich wäre, und von den Unbemittelten nahm sie vollends als gewiß an, daß sie nur ihre Goldgülden im Auge hätten und sich daran gedächten gütlich zu tun, und das arme Fräulein, welches doch selbst so große Dinge auf den irdischen Besitz hielt, war nicht imstande, diese Liebe zu Geld und Gut an ihren Freiern von der Liebe zu ihr selbst zu unterscheiden oder, wenn sie wirklich etwa vorhanden war, dieselbe nachzusehen und zu verzeihen. Mehrere Male war sie schon so gut wie verlobt und ihr Herz klopfte endlich stärker; aber plötzlich glaubte sie aus irgendeinem Zuge zu entnehmen, daß sie verraten sei und man einzig an ihr Vermögen denke, und sie brach unverweilt die Geschichte entzwei und zog sich voll Schmerzen, aber unerbittlich zurück. Sie prüfte alle, welche ihr nicht mißfielen, auf hundert Arten, so daß eine große Gewandtheit dazu gehörte, nicht in die Falle zu gehen, und zuletzt keiner mehr sich mit einiger Hoffnung nähern konnte als wer ein durchaus geriebener und verstellter Mensch war, so daß schon aus diesen Gründen endlich die Wahl wirklich schwer wurde, weil solche Menschen dann zuletzt doch eine unheimliche Unruhe erwecken und die peinlichste Ungewißheit bei einer Schönen zurücklassen, je geriebener und geschickter sie sind. Das Hauptmittel, ihre Anbeter zu prüfen, war, daß sie ihre Uneigennützigkeit auf die Probe stellte und sie alle Tage zu großen Ausgaben, zu reichen Geschenken und zu wohltätigen Handlungen veranlaßte. Aber sie mochten es machen, wie sie wollten, so trafen sie doch nie das Rechte; denn zeigten sie sich freigebig und aufopfernd, gaben sie glänzende Feste, brachten sie ihr Geschenke dar oder anvertrauten ihr beträchtliche Gelder für die Armen, so sagte sie plötzlich, dies alles geschehe nur, um mit einem Würmchen den Lachs zu fangen oder mit der Wurst nach der Speckseite zu werfen, wie man zu sagen pflegt. Und sie vergabte die Geschenke sowohl wie das anvertraute Geld an Klöster und milde Stiftungen und speisete die Armen; aber die betrogenen Freier wies sie unbarmherzig ab. Bezeigten sich dieselben aber zurückhaltend oder gar knauserig, so war der Stab sogleich über sie gebrochen, da sie das noch viel übler nahm und daran eine schnöde und nackte Rücksichtslosigkeit und Eigenliebe zu erkennen glaubte. So kam es, daß sie, welche ein reines und nur ihrer Person hingegebenes Herz suchte, zuletzt von lauter verstellten, listigen und eigensüchtigen Freiersleuten umgeben war, aus denen sie nie klug wurde und die ihr das Leben verbitterten. Eines Tages fühlte sie sich so mißmutig und trostlos, daß sie ihren ganzen Hof aus dem Hause wies, dasselbe zuschloß und nach Mailand verreiste, wo sie eine Base hatte. Als sie über den Sankt Gotthard ritt auf einem Eselein, war ihre Gesinnung so schwarz und schaurig wie das wilde Gestein, das sich aus den Abgründen emportürmte, und sie fühlte die heftigste Versuchung, sich von der Teufelsbrücke in die tobenden Gewässer der Reuß hinabzustürzen. Nur mit der größten Mühe gelang es den zwei Mägden, die sie bei sich hatte und die ich selbst noch gekannt habe, welche aber nun schon lange tot sind, und dem Führer, sie zu beruhigen und von der finstern Anwandlung abzubringen. Doch langte sie bleich und traurig in dem schönen Land Italien an, und so blau dort der Himmel war, wollten sich ihre dunklen Gedanken doch nicht aufhellen. Aber als sie einige Tage bei ihrer Base verweilt, sollte unverhofft eine andere Melodie ertönen und ein Frühlingsanfang in ihr aufgehen, von dem sie bis dato noch nicht viel gewußt. Denn es kam ein junger Landsmann in das Haus der Base, der ihr gleich beim ersten Anblick so wohl gefiel, daß man wohl sagen kann, sie verliebte sich jetzt von selbst und zum erstenmal. Es war ein schöner Jüngling, von guter Erziehung und edlem Benehmen, nicht arm und nicht reich zur Zeit, denn er hatte nichts als zehntausend Goldgülden, welche er von seinen verstorbenen Eltern ererbt und womit er, da er die Kaufmannschaft erlernt hatte, in Mailand einen Handel mit Seide begründen wollte; denn er war unternehmend und klar von Gedanken und hatte eine glückliche Hand, wie es unbefangene und unschuldige Leute oft haben; denn auch dies war der junge Mann; er schien, so wohlgelehrt er war, doch so arglos und unschuldig wie ein Kind. Und obgleich er ein Kaufmann war und ein so unbefangenes Gemüt, was schon zusammen eine köstliche Seltenheit ist, so war er doch fest und ritterlich in seiner Haltung und trug sein Schwert so keck zur Seite, wie nur ein geübter Kriegsmann es tragen kann. Dies alles sowie seine frische Schönheit und Jugend bezwangen das Herz des Fräuleins dermaßen, daß sie kaum an sich halten konnte und ihm mit großer Freundlichkeit begegnete. Sie wurde wieder heiter, und wenn sie dazwischen auch traurig war, so geschah dies in dem Wechsel der Liebesfurcht und Hoffnung, welche immerhin ein edleres und angenehmeres Gefühl war als jene peinliche Verlegenheit in der Wahl, welche sie früher unter den vielen Freiern empfunden. Jetzt kannte sie nur eine Mühe und Besorgnis, diejenige nämlich, dem schönen und guten Jüngling zu gefallen, und je schöner sie selbst war, desto demütiger und unsicherer war sie jetzt, da sie zum ersten Male eine wahre Neigung gefaßt hatte. Aber auch der junge Kaufmann hatte noch nie eine solche Schönheit gesehen oder war wenigstens noch keiner so nahe gewesen und von ihr so freundlich und artig behandelt worden. Da sie nun, wie gesagt, nicht nur schön, sondern auch gut von Herzen und fein von Sitten war, so ist es nicht zu verwundern, daß der offene und frische Jüngling, dessen Herz noch ganz frei und unerfahren war, sich ebenfalls in sie verliebte und das mit aller Kraft und Rückhaltlosigkeit, die in seiner ganzen Natur lag. Aber vielleicht hätte das nie jemand erfahren, wenn er in seiner Einfalt nicht aufgemuntert worden wäre durch des Fräuleins Zutulichkeit, welche er mit heimlichem Zittern und Zagen für eine Erwiderung seiner Liebe zu halten wagte, da er selber keine Verstellung kannte. Doch bezwang er sich einige Wochen und glaubte die Sache zu verheimlichen; aber jeder sah ihm von weitem an, daß er zum Sterben verliebt war, und wenn er irgend in die Nähe des Fräuleins geriet oder sie nur genannt wurde, so sah man auch gleich, in wen er verliebt war. Er war aber nicht lange verliebt, sondern begann wirklich zu lieben mit aller Heftigkeit seiner Jugend, so daß ihm das Fräulein das Höchste und Beste auf der Welt wurde, an welches er ein für allemal das Heil und den ganzen Wert seiner eigenen Person setzte.

Dies gefiel ihr über die Maßen wohl; denn es war in allem, was er sagte oder tat, eine andere Art als sie bislang erfahren, und dies bestärkte und rührte sie so tief, daß sie nun gleichermaßen der stärksten Liebe anheimfiel und nun nicht mehr von einer Wahl für sie die Rede war. Jedermann sah diese Geschichte spielen und es wurde offen darüber gesprochen und vielfach gescherzt. Dem Fräulein war es höchlich wohl dabei, und indem ihr das Herz vor banger Erwartung zerspringen wollte, half sie den Roman von ihrer Seite doch ein wenig verwickeln und ausspinnen, um ihn recht auszukosten und zu genießen. Denn der junge Mann beging in seiner Verwirrung so köstliche und kindliche Dinge, dergleichen sie niemals erfahren und für sie einmal schmeichelhafter und angenehmer waren als das andere. Er aber in seiner Gradheit und Ehrlichkeit konnte es nicht lange so aushalten; da jeder darauf anspielte und sich einen Scherz erlaubte, so schien es ihm eine Komödie zu werden, als deren Gegenstand ihm seine Geliebte viel zu gut und heilig war, und was ihr ausnehmend behagte, das machte ihn bekümmert, ungewiß und verlegen um sie selber. Auch glaubte er sie zu beleidigen und zu hintergehen, wenn er da lange eine so heftige Leidenschaft zu ihr herumtrüge und unaufhörlich an sie denke, ohne daß sie eine Ahnung davon habe, was doch gar nicht schicklich sei und ihm selber nicht recht! Daher sah man ihm eines Morgens von weitem an, daß er etwas vorhatte, und er bekannte ihr seine Liebe in einigen Worten, um es *ein* Mal und nie zum zweiten Mal zu sagen, wenn er nicht glücklich sein sollte. Denn er war nicht gewohnt zu denken, daß ein solches schönes und wohlbeschaffenes Fräulein etwa nicht ihre wahre Meinung sagen und nicht auch gleich zum erstenmal ihr unwiderrufliches Ja oder Nein erwidern sollte. Er war ebenso zart gesinnt als heftig verliebt, ebenso spröde als kindlich und ebenso stolz als unbefangen, und bei ihm galt es gleich auf Tod und Leben, auf Ja oder Nein, Schlag um Schlag. In demselben Augenblicke aber, in welchem das Fräulein sein Geständnis anhörte, das sie so sehnlich erwartet, überfiel sie ihr altes Mißtrauen und es fiel ihr zu unglücklichen Stunde ein, daß ihr Liebhaber ein Kaufmann sei, welcher am Ende nur ihr Vermögen zu erlangen wünsche, um seine Unternehmungen zu erweitern. Wenn er daneben auch ein wenig in ihre Person verliebt sein sollte, so wäre ja das bei ihrer Schönheit kein sonderliches Verdienst und nur um so empörender, wenn sie eine bloße wünschbare Zugabe zu ihrem Golde vorstellen sollte. Anstatt ihm daher ihre Gegenliebe zu gestehen und ihn wohl aufzunehmen, wie sie am liebsten getan hätte, ersann sie auf der Stelle eine neue List, um seine Hingebung zu prüfen, und nahm eine ernste, fast traurige Miene an, indem sie ihm vertraute, wie sie bereits mit einem jungen Mann verlobt sei in ihrer Heimat, welchen sie auf das allerherzlichste liebe. Sie habe ihm das schon mehrmals mitteilen wollen, da sie ihn, den Kaufmann nämlich, als Freund sehr lieb habe, wie er wohl habe sehen können aus ihrem Benehmen, und sie vertraue ihm wie einem Bruder. Aber die ungeschickten Scherze, welche in der Gesellschaft aufgekommen seien, hätten ihr eine vertrauliche Unterhaltung erschwert; da er nun aber selbst sie mit seinem braven und edlen Herzen überrascht und dasselbe vor ihr aufgetan, so könne sie ihm für seine Neigung nicht besser danken als indem sie ihm ebenso offen sich anvertraue. Ja, fuhr sie fort, nur demjenigen könne sie angehören, welchen sie einmal erwählt habe, und nie würde es ihr möglich sein, ihr Herz einem andern Mannesbilde zuzuwenden, dies stehe mit goldenem Feuer in ihrer Seele geschrieben und der liebe Mann wisse selbst nicht, wie lieb er ihr sei, so wohl er sie auch kenne! Aber ein trüber Unstern hätte sie betroffen: ihr Bräutigam sei ein Kaufmann, aber so arm wie eine Maus; darum hätten sie den Plan gefaßt, daß er aus den Mitteln der Braut einen Handel begründen solle; der Anfang sei gemacht und alles auf das beste eingeleitet, die Hochzeit sollte in diesen Tagen gefeiert werden, da wollte ein unverhofftes Mißgeschick, daß ihr ganzes Vermögen plötzlich ihr angetastet und abgestritten wurde und vielleicht für immer verloren gehe, während der arme Bräutigam in nächster Zeit seine ersten Zahlungen zu leisten habe an die Mailänder und venezianischen Kaufleute, worauf sein ganzer Kredit, sein Gedeihen und seine Ehre beruhe, nicht zu sprechen von ihrer Vereinigung und glücklichen Hochzeit! Sie sei in der Eile nach Mailand gekommen, wo sie begüterte Verwandte habe, um da Mittel und Auswege zu finden; aber zu einer schlimmen Stunde sei sie gekommen; denn nichts wolle sich fügen und schicken, während der Tag immer näher rücke, und wenn sie ihrem Geliebten nicht helfen könne, so müsse sie sterben vor Traurigkeit. Denn es sei der liebste und beste Mensch, den man sich denken könne, und würde sicherlich ein großer Kaufherr werden, wenn ihm geholfen würde, und sie kenne kein anderes Glück mehr auf Erden als dann dessen Gemahlin zu sein! Als sie diese Erzählung beendet, hatte sich der arme schöne Jüngling schon lange entfärbt und war bleich wie ein weißes Tuch. Aber er ließ keinen Laut der Klage vernehmen und sprach nicht ein Sterbenswörtchen mehr von sich selbst und von seiner Liebe, sondern fragte bloß traurig, auf wieviel sich denn die eingegangenen Verpflichtungen des glücklich unglücklichen Bräutigams beliefen? Auf zehntausend Goldgülden! antwortete sie noch viel trauriger. Der junge traurige Kaufherr stand auf, ermahnte das Fräulein, guten Mutes zu sein, da sich gewiß ein Ausweg zeigen werde, und entfernte sich von ihr, ohne daß er sie anzusehen wagte; so sehr fühlte er sich betroffen und beschämt, daß er sein Auge auf eine Dame geworfen, die so treu und leidenschaftlich einen andern liebte. Denn der Arme glaubte jedes Wort von ihrer Erzählung wie ein Evangelium. Dann begab er sich ohne Säumnis zu seinen Handelsfreunden und brachte sie durch Bitten und Einbüßung einer gewissen Summe dahin, seine Bestellungen und Einkäufe wieder rückgängig zu machen, welche er selbst in diesen Tagen auch grad mit seinen zehntausend Goldgülden bezahlen sollte und worauf er seine ganze Laufbahn bauete, und ehe sechs Stunden verflossen waren, erschien er wieder bei dem Fräulein mit seinem ganzen Besitztum und bat sie um Gottes willen, diese Aushilfe von ihm annehmen zu wollen. Ihre Augen funkelten vor freudiger Überraschung und ihre Brust pochte wie ein Hammerwerk; sie fragte ihn, wo er denn dies Kapital hergenommen, und er erwiderte, er habe es auf seinen guten Namen geliehen und würde es, da seine Geschäfte sich glücklich wendeten, ohne Unbequemlichkeit zurückerstatten können. Sie sah ihm deutlich an, daß er log und daß es sein einziges Vermögen und ganze Hoffnung war, welche er ihrem Glücke opferte; doch stellte sie sich, als glaubte sie seinen Worten. Sie ließ ihren freudigen Empfindungen freien Lauf und tat grausamerweise, als ob diese dem Glücke gälten, nun doch ihren Erwählten retten und heiraten zu dürfen, und sie konnte nicht Worte finden, ihre Dankbarkeit auszudrücken. Doch plötzlich besann sie sich und erklärte, nur unter *einer* Bedingung die großmütige Tat annehmen zu können, da sonst alles Zureden unnütz wäre. Befragt, worin diese Bedingung bestehe, verlangte sie das heilige Versprechen, daß er an einem bestimmten Tage sich bei ihr einfinden wolle, um ihrer Hochzeit beizuwohnen und der beste Freund und Gönner ihres zukünftigen Ehegemahls zu werden sowie der treuste Freund, Schützer und Berater ihrer selbst. Errötend bat er sie, von diesem Begehren abzustehen; aber umsonst wandte er alle Gründe an, um sie davon abzubringen, umsonst stellte er ihr vor, daß seine Angelegenheiten jetzt nicht erlaubten, nach der Schweiz zurückzureisen, und daß er von einem solchenAbstecher einen erheblichen Schaden erleiden würde. Sie beharrte entschieden auf ihrem Verlangen und schob ihm sogar sein Gold wieder zu, da er sich nicht dazu verstehen wollte. Endlich versprach er es, aber er mußte ihr die Hand darauf geben und es ihr bei seiner Ehre und Seligkeit beschwören. Sie bezeichnete ihm genau den Tag und die Stunde, wann er eintreffen solle, und alles dies mußte er bei seinem Christenglauben und bei seiner Seligkeit beschwören. Erst dann nahm sie sein Opfer an und ließ den Schatz vergnügt in ihre Schlafkammer tragen, wo sie ihn eigenhändig in ihre Reisetruhe verschloß und den Schlüssel in den Busen steckte. Nun hielt sie sich nicht länger in Mailand auf, sondern reiste ebenso fröhlich über den Sankt Gotthard zurück als schwermütig sie hergekommen war. Auf der Teufelsbrücke, wo sie hatte hinabspringen wollen, lachte sie wie eine Unkluge und warf mit hellem Jauchzen ihrer wohlklingenden Stimme einen Granatblütenstrauß in die Reuß, welchen sie vor der Brust trug, kurz ihre Lust war nicht zu bändigen, und es war die fröhlichste Reise, die je getan wurde. Heimgekehrt, öffnete und lüftete sie ihr Haus von oben bis unten und schmückte es, als ob sie einen Prinzen erwartete. Aber zu Häupten ihres Bettes legte sie den Sack mit den zehntausend Goldgülden und legte des Nachts den Kopf so glückselig auf den harten Klumpen und schlief darauf, wie wenn es das weichste Flaumkissen gewesen wäre. Kaum konnte sie den verabredeten Tag erwarten, wo sie ihn sicher kommen sah, da sie wußte, daß er nicht das einfachste Versprechen, geschweige denn einen Schwur brechen würde, und wenn es ihm um das Leben ginge. Aber der Tag brach an und der Geliebte erschien nicht und es vergingen viele Tage und Wochen, ohne daß er von sich hören ließ. Da fing sie an, an allen Gliedern zu zittern, und verfiel in die größte Angst und Bangigkeit; sie schickte Briefe über Briefe nach Mailand, aber niemand wußte ihr zu sagen, wo er geblieben sei. Endlich aber stellte es sich durch einen Zufall heraus, daß der junge Kaufherr aus einem blutroten Stück Seidendamast, welches er von seinem Handelsanfang her im Haus liegen und bereits bezahlt hatte, sich ein Kriegskleid hatte anfertigen lassen und unter die Schweizer gegangen war, welche damals eben im Solde des Königs Franz von Frankreich den Mailändischen Krieg mitstritten. Nach der Schlacht bei Pavia, in welcher so viele Schweizer das Leben verloren, wurde er auf einem Haufen erschlagener Spaniolen liegend gefunden, von vielen tödlichen Wunden zerrissen und sein rotes Seidengewand von unten bis oben zerschlitzt und zerfetzt. Eh er den Geist aufgab, sagte er einem neben ihm liegenden Seldwyler, der minder übel zugerichtet war, folgende Botschaft ins Gedächtnis und bat ihn, dieselbe auszurichten, wenn er mit dem Leben davonkäme: ›Liebstes Fräulein! Obgleich ich Euch bei meiner Ehre, bei meinem Christenglauben und bei meiner Seligkeit geschworen habe, auf Eurer Hochzeit zu erscheinen, so ist es mir dennoch nicht möglich gewesen, Euch nochmals zu sehen und einen andern des höchsten Glückes teilhaftig zu erblicken, das es für mich geben könnte. Dieses habe ich erst in Eurer Abwesenheit verspürt und habe vorher nicht gewußt, welch eine strenge und unheimliche Sache es ist um solche Liebe, wie ich zu Euch habe, sonst würde ich mich zweifelsohne besser davor gehütet haben. Da es aber einmal so ist, so wollte ich lieber meiner weltlichen Ehre und meiner geistlichen Seligkeit verloren und in die ewige Verdammnis eingehen als ein Meineidiger denn noch einmal in Eurer Nähe erscheinen mit einem Feuer in der Brust, welches stärker und unauslöschlicher ist als das Höllenfeuer und mich dieses kaum wird verspüren lassen. Betet nicht etwa für mich, schönstes Fräulein, denn ich kann und werde nie selig werden ohne Euch, sei es hier oder dort, und somit lebt glücklich und seid gegrüßt!‹ So hatte in dieser Schlacht, nach welcher König Franziskus sagte: ›Alles verloren, außer der Ehre!‹ der unglückliche Liebhaber alles verloren, die Hoffnung, die Ehre, das Leben und die ewige Seligkeit, nur die Liebe nicht, die ihn verzehrte. Der Seldwyler kam glücklich davon, und sobald er sich in etwas erholt und außer Gefahr sah, schrieb er die Worte des Umgekommenen getreu auf seine Schreibtafel, um sie nicht zu vergessen, reiste nach Hause, meldete sich bei dem unglücklichen Fräulein und las ihr die Botschaft so steif und kriegerisch vor, wie er zu tun gewohnt war, wenn er sonst die Mannschaft seines Fähnleins verlas; denn es war ein Feldleutnant. Das Fräulein aber zerraufte sich die Haare, zerriß ihre Kleider und begann so laut zu schreien und zu weinen, daß man es die Straße auf und nieder hörte und die Leute zusammenliefen. Sie schleppte wie wahnsinnig die zehntausend Goldgülden herbei, zerstreute sie auf dem Boden, warf sich der Länge nach darauf hin und küßte die glänzenden Goldstücke. Ganz von Sinnen, suchte sie den umherrollenden Schatz zusammenzuraffen und zu umarmen, als ob der verlorene Geliebte darin zugegen wäre. Sie lag Tag und Nacht auf dem Golde und wollte weder Speise noch Trank zu sich nehmen; unaufhörlich liebkoste und küßte sie das kalte Metall, bis sie mitten in einer Nacht plötzlich aufstand, den Schatz emsig hin und her eilend nach dem Garten trug und dort unter bitteren Tränen in den tiefen Brunnen warf und einen Fluch darüber aussprach, daß er niemals jemand anderm angehören solle.«

Als Spiegel so weit erzählt hatte, sagte Pineiß: »Und liegt das schöne Geld noch in dem Brunnen?« – »Ja, wo sollte es sonst liegen?« antwortete Spiegel, »denn nur ich kann es herausbringen und habe es bis zur Stunde noch nicht getan!« – »Ei ja so, richtig!« sagte Pineiß, »ich habe es ganz vergessen über deiner Geschichte! Du kannst nicht übel erzählen, du Sapperlöter! und es ist mir ganz gelüstig worden nach einem Weibchen, die so für mich eingenommen wäre; aber sehr schön müßte sie sein! Doch erzähle jetzt schnell noch, wie die Sache eigentlich zusammenhängt!« – »Es dauerte manche Jahre«, sagte Spiegel, »bis das Fräulein aus bittern Seelenleiden so weit zu sich kam, daß sie anfangen konnte, die stille alte Jungfer zu werden, als welche ich sie kennen lernte. Ich darf mich berühmen, daß ich ihr einziger Trost und ihr vertrautester Freund geworden bin in ihrem einsamen Leben bis an ihr stilles Ende. Als sie aber dieses herannahen sah, vergegenwärtigte sie sich noch einmal die Zeit ihrer fernen Jugend und Schönheit und erlitt noch einmal mit milderen ergebenen Gedanken erst die süßen Erregungen und dann die bittern Leiden jener Zeit und sie weinte still sieben Tage und Nächte hindurch über die Liebe des Jünglings, deren Genuß sie durch ihr Mißtrauen verloren hatte, so daß ihre alten Augen noch kurz vor dem Tode erblindeten. Dann bereute sie den Fluch, welchen sie über jenen Schatz ausgesprochen, und sagte zu mir, indem sie mich mit dieser wichtigen Sache beauftragte: ›Ich bestimme nun anders, lieber Spiegel! und gebe dir die Vollmacht, daß du meine Verordnung vollziehest. Sieh dich um und suche, bis du eine bildschöne, aber unbemittelte Frauensperson findest, welcher es ihrer Armut wegen an Freiern gebricht! Wenn sich dann ein verständiger, rechtlicher und hübscher Mann finden sollte, der sein gutes Auskommen hat und die Jungfrau ungeachtet ihrer Armut, nur allein von ihrer Schönheit bewegt, zur Frau begehrt, so soll dieser Mann mit den stärksten Eiden sich verpflichten, derselben so treu, aufopfernd und unabänderlich ergeben zu sein, wie es mein unglücklicher Liebster gewesen ist, und dieser Frau sein Leben lang in allen Dingen zu willfahren. Dann gib der Braut die zehntausend Goldgülden, welche im Brunnen liegen, zur Mitgift, daß sie ihren Bräutigam am Hochzeitmorgen damit überrasche!‹ So sprach die Selige und ich habe meiner widrigen Geschicke wegen versäumt, dieser Sache nachzugehen, und muß nun befürchten, daß die Arme deswegen im Grabe noch beunruhigt sei, was für mich eben auch nicht die angenehmsten Folgen haben kann!«

Pineiß sah den Spiegel mißtrauisch an und sagte: »Wärst du wohl imstande, Bürschchen! mir den Schatz ein wenig nachzuweisen und augenscheinlich zu machen?«

»Zu jeder Stunde!« versetzte Spiegel, »aber Ihr müßt wissen, Herr Stadthexenmeister, daß Ihr das Gold nicht etwa so ohne weiteres herausfischen dürftet! Man würde Euch unfehlbar das Genick umdrehen; denn es ist nicht ganz geheuer in dem Brunnen, ich habe darüber bestimmte Inzichten, welche ich aus Rücksichten nicht näher berühren darf!«

»Hei, wer spricht denn von Herausholen?« sagte Pineiß etwas furchtsam, »führe mich einmal hin und zeige mir den Schatz! Oder vielmehr will ich dich führen an einem guten Schnürlein, damit du mir nicht entwischest!«

»Wie Ihr wollt!« sagte Spiegel, »aber nehmt auch eine andere lange Schnur mit und eine Blendlaterne, welche Ihr daran in den Brunnen hinablassen könnt; denn der ist sehr tief und dunkel!«

Pineiß befolgte diesen Rat und führte das muntere Kätzchen nach dem Garten jener Verstorbenen. Sie überstiegen miteinander die Mauer und Spiegel zeigte dem Hexer den Weg zu dem alten Brunnen, welcher unter verwildertem Gebüsche verborgen war. Dort ließ Pineiß sein Laternchen hinunter, begierig nachblickend, während er den angebundenen Spiegel nicht von der Hand ließ. Aber richtig sah er in der Tiefe das Gold funkeln unter dem grünlichen Wasser und rief: »Wahrhaftig, ich seh's, es ist wahr! Spiegel, du bist ein Tausendskerl!« Dann guckte er wieder eifrig hinunter und sagte: »Mögen es auch zehntausend sein?« – »Ja, das ist nun nicht zu schwören!« sagte Spiegel, »ich bin nie da unten gewesen und hab's nicht gezählt! Ist auch möglich, daß die Dame dazumal einige Stücke auf dem Wege verloren hat, als sie den Schatz hierher trug, da sie in einem sehr aufgeregten Zustande war.« – »Nun, seien es auch ein Dutzend oder mehr weniger!« sagte Herr Pineiß, »es soll mir darauf nicht ankommen!« Er setzte sich auf den Rand des Brunnens, Spiegel setzte sich auch nieder und leckte sich das Pfötchen. »Da wäre nun der Schatz!« sagte Pineiß, indem er sich hinter den Ohren kratzte, »und hier wäre auch der Mann dazu; fehlt nur noch das bildschöne Weib!« – »Wie?« sagte Spiegel. – »Ich meine, es fehlt nur noch diejenige, welche die Zehntausend als Mitgift bekommen soll, um mich damit zu überraschen am Hochzeitmorgen, und welche alle jene angenehmen Tugenden hat, von denen du gesprochen!« – »Hm!« versetzte Spiegel, »die Sache verhält sich nicht ganz so, wie Ihr sagt! Der Schatz ist da, wie Ihr richtig einseht; das schöne Weib habe ich, um es aufrichtig zu gestehen, allbereits auch schon ausgespürt; aber mit dem Mann, der sie unter diesen schwierigen Umständen heiraten möchte, da hapert es eben; denn heutzutage muß die Schönheit obenein vergoldet sein wie die Weihnachtsnüsse, und je hohler die Köpfe werden, desto mehr sind sie bestrebt, die Leere mit einigem Weibergut nachzufüllen, damit sie die Zeit besser zu verbringen vermögen: da wird dann mit wichtigem Gesicht ein Pferd besehen und ein Stück Sammet gekauft, mit Laufen und Rennen eine gute Armbrust bestellt, und der Büchsenschmied kommt nicht aus dem Hause; da heißt es: ich muß meinen Wein einheimsen und meine Fässer putzen, meine Bäume putzen lassen und mein Dach decken; ich muß meine Frau ins Bad schicken, sie kränkelt und kostet mich viel Geld, und muß mein Holz fahren lassen und mein Ausstehendes eintreiben; ich habe ein Paar Windspiele gekauft und meine Bracken vertauscht, ich habe einen schönen eichenen Ausziehtisch eingehandelt und meine große Nußbaumlade drangegeben; ich habe meine Bohnenstangen geschnitten, meinen Gärtner fortgejagt, mein Heu verkauft und meinen Salat gesäet, immer mein und mein vom Morgen bis zu Abend. Manche sagen sogar: ich habe meine Wäsche die nächste Woche, ich muß meine Betten sonnen, ich muß eine Magd dingen und einen neuen Metzger haben, denn den alten will ich abschaffen; ich habe ein allerliebstes Waffeleisen erstanden, durch Zufall, und habe mein silbernes Zimmetbüchschen verkauft, es war mir so nichts nütze. Alles das sind wohlverstanden die Sachen der Frau, und so verbringt ein solcher Kerl die Zeit und stiehlt unserm Herrgott den Tag ab, indem er alle diese Verrichtungen aufzählt, ohne einen Streich zu tun. Wenn es hoch kommt und ein solcher Patron sich etwa ducken muß, so wird er vielleicht sagen: unsere Kühe und unsere Schweine, aber –« Pineiß riß den Spiegel an der Schnur, daß er miau! schrie, und rief: »Genug, du Plappermaul! Sag jetzt unverzüglich: wo ist sie, von der du weißt?« Denn die Aufzählung aller dieser Herrlichkeiten und Verrichtungen, die mit einem Weibergute verbunden sind, hatte dem dürren Hexenmeister den Mund nur noch wässeriger gemacht. Spiegel sagte erstaunt: »Wollt Ihr denn wirklich das Ding unternehmen, Herr Pineiß?«

»Versteht sich, will ich! Wer sonst als ich? Drum heraus damit: wo ist diejenige?«

»Damit Ihr hingehen und sie freien könnt?«

»Ohne Zweifel!«

»So wisset, die Sache geht nur durch meine Hand! Mit mir müßt Ihr sprechen, wenn Ihr Geld und Frau wollt!« sagte Spiegel kaltblütig und gleichgültig und fuhr sich mit den beiden Pfoten eifrig über die Ohren, nachdem er sie jedesmal ein bißchen naß gemacht. Pineiß besann sich sorgfältig, stöhnte ein bißchen und sagte: »Ich merke, du willst unsern Kontrakt aufheben und deinen Kopf salvieren!«

»Schiene Euch das so uneben und unnatürlich?«

»Du betrügst mich am Ende und belügst mich wie ein Schelm!«

»Dies ist auch möglich!« sagte Spiegel.

»Ich sage dir: betrüge mich nicht!« rief Pineiß gebieterisch.

»Gut, so betrüge ich Euch nicht!« sagte Spiegel.

»Wenn du's tust!«

»So tu ich's.«

»Quäle mich nicht, Spiegelchen!« sprach Pineiß beinahe weinerlich, und Spiegel erwiderte jetzt ernsthaft: »Ihr seid ein wunderbarer Mensch, Herr Pineiß! Da haltet Ihr mich an einer Schnur gefangen und zerrt daran, daß mir der Atem vergeht! Ihr lasset das Schwert des Todes über mir schweben seit länger als zwei Stunden, was sag ich! seit einem halben Jahre! und nun sprecht Ihr: Quäle mich nicht, Spiegelchen! Wenn Ihr erlaubt, so sage ich Euch in Kürze: Es kann mir nur lieb sein, jene Liebespflicht gegen die Tote doch noch zu erfüllen und für das bewußte Frauenzimmer einen tauglichen Mann zu finden, und Ihr scheint mir allerdings in aller Hinsicht zu genügen; es ist keine Leichtigkeit, ein Weibstück wohl unterzubringen, so sehr dies auch scheint, und ich sage noch einmal: ich bin froh, daß Ihr Euch hiezu bereit finden lasset! Aber umsonst ist der Tod! Eh ich ein Wort weiter spreche, einen Schritt tue, ja eh ich nur den Mund noch einmal aufmache, will ich erst meine Freiheit wieder haben und mein Leben versichert! Daher nehmt diese Schnur weg und legt den Kontrakt hier auf den Brunnen, hier auf diesen Stein, oder schneidet mir den Kopf ab, eins von beiden!«

»Ei du Tollhäusler und Obenhinaus!« sagte Pineiß, »du Hitzkopf, so streng wird es nicht gemeint sein? Das will ordentlich besprochen sein und muß jedenfalls ein neuer Vertrag geschlossen werden!« Spiegel gab keine Antwort mehr und saß unbeweglich da, ein, zwei und drei Minuten. Da ward dem Meister bänglich, er zog seine Brieftasche hervor, klaubte seufzend den Schein heraus, las ihn noch einmal durch und legte ihn dann zögernd vor Spiegel hin. Kaum lag das Papier dort, so schnappte es Spiegel auf und verschlang es; und obgleich er heftig daran zu würgen hatte, so dünkte es ihn doch die beste und gedeihlichste Speise zu sein, die er je genossen, und er hoffte, daß sie ihm noch auf lange wohl bekommen und ihn rundlich und munter machen würde. Als er mit der angenehmen Mahlzeit fertig war, begrüßte er den Hexenmeister höflich und sagte: »Ihr werdet unfehlbar von mir hören, Herr Pineiß, und Weib und Geld sollen Euch nicht entgehen. Dagegen macht Euch bereit, recht verliebt zu sein, damit Ihr jene Bedingungen einer unverbrüchlichen Hingebung an die Liebkosungen Eurer Frau, die schon so gut wie Euer ist, ja beschwören und erfüllen könnt! Und hiemit bedanke ich mich des vorläufigen für genossene Pflege und Beköstigung und beurlaube mich!«

Somit ging Spiegel seines Weges und freute sich über die Dummheit des Hexenmeisters, welcher glaubte, sich selbst und alle Welt betrügen zu können, indem er ja die gehoffte Braut nicht uneigennützig, aus bloßer Liebe zur Schönheit, ehelichen wollte, sondern den Umstand mit den zehntausend Goldglüden vorher wußte. Indessen hatte er schon eine Person im Auge, welche er dem törichten Hexenmeister aufzuhalsen gedachte für seine gebratenen Krammetsvögel, Mäuse und Würstchen.

Dem Hause des Herrn Pineiß gegenüber war ein anderes Haus, dessen vordere Seite auf das sauberste geweißt war und dessen Fenster immer frisch gewaschen glänzten. Die bescheidenen Fenstervorhänge waren immer schneeweiß und wie soeben geplättet, und ebenso weiß war der Habit und das Kopf- und Halstuch einer alten Begine, welche in dem Hause wohnte, also daß ihr nonnenartiger Kopfputz, der ihre Brust bekleidete, immer wie aus Schreibpapier gefaltet aussah, so daß man gleich darauf hätte schreiben mögen; das hätte man wenigstens auf der Brust bequem tun können, da sie so eben und so hart war wie ein Brett. So scharf die weißen Kanten und Ecken ihrer Kleidung, so scharf war auch die lange Nase und das Kinn der Begine, ihre Zunge und der böse Blick ihrer Augen; doch sprach sie nur wenig mit der Zunge und blickte wenig mit den Augen, da sie die Verschwendung nicht liebte und alles nur zur rechten Zeit und mit Bedacht verwendete. Alle Tage ging sie dreimal in die Kirche, und wenn sie in ihrem frischen, weißen und knitternden Zeuge und mit ihrer weißen spitzigen Nase über die Straße ging, liefen die Kinder furchtsam davon und selbst erwachsene Leute traten gern hinter die Haustüre, wenn es noch Zeit war. Sie stand aber wegen ihrer strengen Frömmigkeit und Eingezogenheit in großem Rufe und besonders bei der Geistlichkeit in hohem Ansehen, aber selbst die Pfaffen verkehrten lieber schriftlich mit ihr als mündlich, und wenn sie beichtete, so schoß der Pfarrer jedesmal so schweißtriefend aus dem Beichtstuhl heraus, als ob er aus einem Backofen käme. So lebte die fromme Begine, die keinen Spaß verstand, in tiefem Frieden und blieb ungeschoren. Sie machte sich auch mit niemand zu schaffen und ließ die Leute gehen, vorausgesetzt, daß sie ihr aus dem Wege gingen; nur auf ihren Nachbar Pineiß schien sie einen besondern Haß geworfen zu haben; denn sooft er sich an seinem Fenster blicken ließ, warf sie ihm einen bösen Blick hinüber und zog augenblicklich ihre weißen Vorhänge vor, und Pineiß fürchtete sie wie das Feuer und wagte nur zuhinterst in seinem Hause, wenn alles gut verschlossen war, etwa einen Witz über sie zu machen. So weiß und hell aber das Haus der Begine nach der Straße zu aussah, so schwarz und räucherig, unheimlich und seltsam sah es von hinten aus, wo es jedoch fast gar nicht gesehen werden konnte als von den Vögeln des Himmels und den Katzen auf den Dächern, weil es in eine dunkle Winkelei von himmelhohen Brandmauern ohne Fenster hineingebaut war, wo nirgends ein menschliches Gesicht sich sehen ließ. Unter dem Dache dort hingen alte zerrissene Unterröcke, Körbe und Kräutersäcke, auf dem Dache wuchsen ordentliche Eibenbäumchen und Dornsträucher, und ein großer rußiger Schornstein ragte unheimlich in die Luft. Aus diesem Schornstein aber fuhr in der dunklen Nacht nicht selten eine Hexe auf ihrem Besen in die Höhe, jung und schön und splitternackt, wie Gott die Weiber geschaffen und der Teufel sie gern sieht. Wenn sie aus dem Schornstein fuhr, so schnupperte sie mit dem feinsten Näschen und mit lächelnden Kirschenlippen in der frischen Nachtluft und fuhr in dem weißen Scheine ihres Leibes dahin, indes ihr langes rabenschwarzes Haar wie eine Nachtfahne hinter ihr herflatterte. In einem Loch am Schornstein saß ein alter Eulenvogel, und zu diesem begab sich jetzt der befreite Spiegel, eine fette Maus im Maule, die er unterwegs gefangen.

»Wünsch guten Abend, liebe Frau Eule! Eifrig auf der Wacht?« sagte er, und die Eule erwiderte: »Muß wohl! Wünsch gleichfalls guten Abend! Ihr habt Euch lange nicht sehen lassen, Herr Spiegel!«

»Hat seine Gründe gehabt, werde Euch das erzählen. Hier habe ich Euch ein Mäuschen gebracht, schlecht und recht, wie es die Jahrszeit gibt, wenn Ihr's nicht verschmähen wollt! Ist die Meisterin ausgeritten?«

»Noch nicht, sie will erst gegen Morgen auf ein Stündchen hinaus. Habt Dank für die schöne Maus! Seid doch immer der höfliche Spiegel! Habe hier einen schlechten Sperling zur Seite gelegt, der mir heut zu nahe flog; wenn Euch beliebt, so kostet den Vogel! Und wie ist es Euch denn ergangen?«

»Fast wunderlich«, erwiderte Spiegel, »sie wollten mir an den Kragen. Hört, wenn es Euch gefällig ist.« Während sie nun vergnüglich ihr Abendessen einnahmen, erzählte Spiegel der aufmerksamen Eule alles, was ihn betroffen und wie er sich aus den Händen des Herrn Pineiß befreit habe. Die Eule sagte: »Da wünsch ich tausendmal Glück, nun seid Ihr wieder ein gemachter Mann und könnt gehen, wo ihr wollt, nachdem Ihr mancherlei erfahren!«

»Damit sind wir noch nicht zu Ende«, sagte Spiegel, »der Mann muß seine Frau und seine Goldgülden haben!«

»Seid Ihr von Sinnen, dem Schelm noch wohlzutun, der Euch das Fell abziehen wollte?«

»Ei, er hat es doch rechtlich und vertragsmäßig tun können, und da ich ihn in gleicher Münze wieder bedienen kann, warum sollt ich es unterlassen? Wer sagt denn, daß ich ihm wohltun will? Jene Erzählung war eine reine Erfindung von mir, meine in Gott ruhende Meisterin war eine simple Person, welche in ihrem Leben nie verliebt noch von Anbetern umringt war, und jener Schatz ist ein ungerechtes Gut, das sie einst ererbt und in den Brunnen geworfen hat, damit sie kein Unglück daran erlebe. ›Verflucht sei, wer es da herausnimmt und verbraucht‹, sagte sie. Es macht sich also in betreff des Wohltuns!«

»Dann ist die Sache freilich anders! Aber nun, wo wollt Ihr die entsprechende Frau hernehmen?«

»Hier aus diesem Schornstein! Deshalb bin ich gekommen, um ein vernünftiges Wort mit Euch zu reden! Möchtet Ihr denn nicht einmal wieder frei werden aus den Banden dieser Hexe? Sinnt nach, wie wir sie fangen und mit dem alten Bösewicht verheiraten!«

»Spiegel, Ihr braucht Euch nur zu nähern, so weckt Ihr mir ersprießliche Gedanken.«

»Das wußt ich wohl, daß Ihr klug seid! Ich habe das meinige getan, und es ist besser, daß Ihr auch Euren Senf dazu gebt und neue Kräfte vorspannt, so kann es gewiß nicht fehlen!«

»Da alle Dinge so schön zusammentreffen, so brauche ich nicht lang zu sinnen, mein Plan ist längst gemacht!«

»Wie fangen wir sie?«

»Mit einem neuen Schnepfengarn aus guten starken Hanfschnüren; geflochten muß es sein von einem zwanzigjährigen Jägerssohn, der noch kein Weib angesehen hat, und es muß schon dreimal der Nachttau darauf gefallen sein, ohne daß sich eine Schnepfe gefangen; der Grund aber hievon muß dreimal eine gute Handlung sein. Ein solches Netz ist stark genug, die Hexe zu fangen.«

»Nun bin ich neugierig, wo Ihr ein solches hernehmt«, sagte Spiegel, »denn ich weiß, daß ihr keine vergeblichen Worte schwatzt!«

»Es ist auch schon gefunden, wie für uns gemacht; in einem Walde nicht weit von hier sitzt ein zwanzigjähriger Jägerssohn, welcher noch kein Weib angesehen hat; denn er ist blind geboren. Deswegen ist er auch zu nichts zu gebrauchen als zum Garnflechten und hat vor einigen Tagen ein neues, sehr schönes Schnepfengarn zustande gebracht. Aber als der alte Jäger es zum ersten Male ausspannen wollte, kam ein Weib daher, welches ihn zur Sünde verlocken wollte; es war aber so häßlich, daß der alte Mann voll Schreckens davonlief und das Garn am Boden liegen ließ. Darum ist ein Tau darauf gefallen, ohne daß sich eine Schnepfe fing, und war also eine gute Handlung daran schuld. Als er des andern Tages hinging, um das Garn abermals auszuspannen, kam eben ein Reiter daher, welcher einen schweren Mantelsack hinter sich hatte; in diesem war ein Loch, aus welchem von Zeit zu Zeit ein Goldstück auf die Erde fiel. Da ließ der Jäger das Garn abermals liegen und lief eifrig hinter dem Reiter her und sammelte die Goldstücke in seinen Hut, bis der Reiter sich umkehrte, es sah und voll Grimm seine Lanze auf ihn richtete. Da bückte der Jäger sich erschrocken, reichte ihm den Hut dar und sagte: ›Erlaubt, gnädiger Herr, Ihr habt hier viel Gold verloren, das ich Euch sorgfältig aufgelesen!‹ Dies war wiederum eine gute Handlung, indem das ehrliche Finden eine der schwierigsten und besten ist; er war aber so weit von dem Schnepfengarn entfernt, daß er es die zweite Nacht im Walde liegen ließ und den nähern Weg nach Hause ging. Am dritten Tag endlich, nämlich gestern, als er eben wieder auf dem Wege war, traf er eine hübsche Gevattersfrau an, die dem Alten um den Bart zu gehen pflegte und der er schon manches Häslein geschenkt hat. Darüber vergaß er die Schnepfen gänzlich und sagte am Morgen: ›Ich habe den armen Schnepflein das Leben geschenkt; auch gegen Tiere muß man barmherzig sein!‹ Und um dieser drei guten Handlungen willen fand er, daß er jetzt zu gut sei für diese Welt, und ist heute vormittag beizeiten in ein Kloster gegangen. So liegt das Garn noch ungebraucht im Walde und ich darf es nur holen.« – »Holt es geschwind!« sagte Spiegel, »es wird gut sein zu unserm Zweck!« – »Ich will es holen«, sagte die Eule, »steht nur so lang Wache für mich in diesem Loch, und wenn etwa die Meisterin den Schornstein hinaufrufen sollte, ob die Luft rein sei? so antwortet, indem Ihr meine Stimme nachahmt: Nein, es stinkt noch nicht in der Fechtschul!« Spiegel stellte sich in die Nische und die Eule flog still über die Stadt weg nach dem Wald. Bald kam sie mit dem Schnepfengarn zurück und fragte: »Hat sie schon gerufen?« – »Noch nicht!« sagte Spiegel.

Da spannten sie das Garn aus über den Schornstein und setzten sich daneben still und klug; die Luft war dunkel und es ging ein leichtes Morgenwindchen, in welchem ein paar Sternbilder flackerten. »Ihr sollt sehen«, flüsterte die Eule, »wie geschickt die durch den Schornstein heraufzusäuseln versteht, ohne sich die blanken Schultern schwarz zu machen!« – »Ich hab sie noch nie so nah gesehen«, erwiderte Spiegel leise, »wenn sie uns nur nicht zu fassen kriegt!«

Da rief die Hexe von unten: »Ist die Luft rein?« Die Eule rief: »Ganz rein, es stinkt herrlich in der Fechtschul!« und alsobald kam die Hexe heraufgefahren und wurde in dem Garne gefangen, welches die Katze und die Eule eiligst zusammenzogen und verbanden. »Halt fest!« sagte Spiegel und »Binde gut!« die Eule. Die Hexe zappelte und tobte mäuschenstill wie ein Fisch im Netz; aber es half ihr nichts und das Garn bewährte sich auf das beste. Nur der Stiel ihres Besens ragte durch die Maschen. Spiegel wollte ihn sachte herausziehen, erhielt aber einen solchen Nasenstüber, daß er beinahe in Ohnmacht fiel und einsah, wie man auch einer Löwin im Netz nicht zu nahe kommen dürfe. Endlich hielt sich die Hexe still und sagte: »Was wollt ihr denn von mir, ihr wunderlichen Tiere?«

»Ihr sollt mich aus Eurem Dienste entlassen und meine Freiheit zurückgeben!« sagte die Eule. »So viel Geschrei und wenig Wolle!« sagte die Hexe, »du bist frei, mach dies Garn auf!« – »Noch nicht!« sagte Spiegel, der immer noch seine Nase rieb, »Ihr müßt Euch verpflichten, den Stadthexenmeister Pineiß, Euren Nachbar, zu heiraten auf die Weise, wie wir Euch sagen werden, und ihn nicht mehr zu verlassen!« Da fing die Hexe wieder an zu zappeln und zu prusten wie der Teufel, und die Eule sagte: »Sie will nicht dran!« Spiegel aber sagte: »Wenn Ihr nicht ruhig seid und alles tut, was wir wünschen, so hängen wir das Garn samt seinem Inhalte da vorn an den Drachenknopf der Dachtraufe, nach der Straße zu, daß man Euch morgen sieht und die Hexe erkennt! Sagt also: Wollt Ihr lieber unter dem Vorsitze des Herrn Pineiß gebraten werden oder ihn braten, indem Ihr ihn heiratet?«

Da sagte die Hexe mit einem Seufzer: »So sprecht, wie meint Ihr die Sache?« Und Spiegel setzte ihr alles zierlich auseinander, wie es gemeint sei und was sie zu tun hätte. »Das ist allenfalls noch auszuhalten, wenn es nicht anders sein kann!« sagte sie und ergab sich unter den stärksten Formeln, die eine Hexe binden können. Da taten die Tiere das Gefängnis auf und ließen sie heraus. Sie bestieg sogleich den Besen, die Eule setzte sich hinter sie auf den Stiel und Spiegel zuhinterst auf das Reisigbündel und hielt sich da fest, und so ritten sie nach dem Brunnen, in welchen die Hexe hinabfuhr, um den Schatz heraufzuholen.

Am Morgen erschien Spiegel bei Herrn Pineiß und meldete ihm, daß er die bewußte Person ansehen und freien könne; sie sei aber allbereits so arm geworden, daß sie, gänzlich verlassen und verstoßen, vor dem Tore unter einem Baum sitze und bitterlich weine. Sogleich kleidete sich Herr Pineiß in sein abgeschabtes gelbes Samtwämschen, das er nur bei feierlichen Gelegenheiten trug, setzte die bessere Pudelmütze auf und umgürtete sich mit seinem Degen; in die Hand nahm er einen alten grünen Handschuh, ein Balsamfläschchen, worin einst Balsam gewesen und das noch ein bißchen roch, und eine papierne Nelke, worauf er mit Spiegel vor das Tor ging, um zu freien. Dort traf er ein weinendes Frauenzimmer sitzen unter einem Weidenbaum, von so großer Schönheit, wie er noch nie gesehen; aber ihr Gewand war so dürftig und zerrissen, daß, sie mochte sich auch schamhaft gebärden, wie sie wollte, immer da oder dort der schneeweiße Leib ein bißchen durchschimmerte. Pineiß riß die Augen auf und konnte vor heftigem Entzücken kaum seine Bewerbung vorbringen. Da trocknete die Schöne ihre Tränen, gab ihm mit süßem Lächeln die Hand, dankte ihm mit einer himmlischen Glockenstimme für seine Großmut und schwur, ihm ewig treu zu sein.

Aber im selben Augenblicke erfüllte ihn eine solche Eifersucht und Neideswut auf seine Braut, daß er beschloß, sie vor keinem menschlichen Auge jemals sehen zu lassen. Er ließ sich bei einem uralten Einsiedler mit ihr trauen und feierte das Hochzeitmahl in seinem Hause, ohne andere Gäste als Spiegel und die Eule, welche ersterer mitzubringen sich die Erlaubnis erbeten hatte. Die zehntausend Goldgülden standen in einer Schüssel auf dem Tisch und Pineiß griff zuweilen hinein und wühlte in dem Golde; dann sah er wieder die schöne Frau an, welche in einem meerblauen Sammetkleide dasaß, das Haar mit einem goldenen Netze umflochten und mit Blumen geschmückt, und den weißen Hals mit Perlen umgeben. Er wollte sie fortwährend küssen, aber sie wußte verschämt und züchtig ihn abzuhalten, mit einem verführerischen Lächeln, und schwur, daß sie dieses vor Zeugen und vor Anbruch der Nacht nicht tun würde. Dies machte ihn nur noch verliebter und glückseliger, und Spiegel würzte das Mahl mit lieblichen Gesprächen, welche die schöne Frau mit den angenehmsten, witzigsten und einschmeichelndsten Worten fortführte, so daß der Hexenmeister nicht wußte, wie ihm geschah vor Zufriedenheit. Als es aber dunkel geworden, beurlaubten sich die Eule und die Katze und entfernten sich bescheiden; Herr Pineiß begleitete sie bis unter die Haustüre mit einem Lichte und dankte dem Spiegel nochmals, indem er ihn einen trefflichen und höflichen Mann nannte, und als er in die Stube zurückkehrte, saß die alte weiße Begine, seine Nachbarin, am Tisch und sah ihn mit einem bösen Blick an. Entsetzt ließ Pineiß den Leuchter fallen und lehnte sich zitternd an die Wand. Er hing die Zunge heraus und sein Gesicht war so fahl und spitzig geworden wie das der Begine. Diese aber stand auf, näherte sich ihm und trieb ihn vor sich her in die Hochzeitkammer, wo sie mit höllischen Künsten ihn auf eine Folter spannte, wie noch kein Sterblicher erlebt. So war er nun mit der Alten unauflöslich verehelicht, und in der Stadt hieß es, als es ruchbar wurde: »Ei seht, wie stille Wasser tief sind! Wer hätte gedacht, daß die fromme Begine und der Herr Stadthexenmeister sich noch verheiraten würden! Nun, es ist ein ehrbares und rechtliches Paar, wenn auch nicht sehr liebenswürdig!«

Herr Pineiß aber führte von nun an ein erbärmliches Leben; seine Gattin hatte sich sogleich in den Besitz aller seiner Geheimnisse gesetzt und beherrschte ihn vollständig. Es war ihm nicht die geringste Freiheit und Erholung gestattet, er mußte hexen vom Morgen bis zum Abend, was das Zeug halten wollte, und wenn Spiegel vorüberging und es sah, sagte er freundlich: »Immer fleißig, fleißig, Herr Pineiß?«

Seit dieser Zeit sagt man zu Seldwyla: Er hat der Katze den Schmer abgekauft! besonders wenn einer eine böse und widerwärtige Frau erhandelt hat.

Rote Pantoffeln

Gar böse Katze, so alt und grau,
Sie sagte, sie sei eine Schusterfrau;
Auch stand vor ihrem Fenster ein Lädchen,
Worin Pantoffeln für junge Mädchen,
Pantöffelchen von Maroquin,
Von Saffian und von Satin,

Von Samt, mit goldnen Borden garniert
Und buntgeblümten Bändern verziert.
Am lieblichsten dort zu schauen war
Ein scharlachrotes Pantöffelchenpaar;
Es hat mit seiner Farbenpracht
Gar manchem Dirnchen ins Herz gelacht.

Eine junge weiße Edelmaus,
Die ging vorbei dem Schusterhaus,
Kehrt' wieder um, dann blieb sie stehn,
Tät nochmals durch das Fenster sehn –
Sprach endlich: Ich grüß Euch, Frau Kitze,
Frau Katze,
Gar schöne rote Pantöffelchen hat Sie;
Sind sie nicht teuer, ich kauf sie Euch ab,
Sagt mir wie viel ich zu zahlen hab.

Die Katze rief: Mein Jüngferlein,
Ich bitte gehorsamst, treten Sie ein,
Geruhen Sie mein Haus zu beehren
Mit Dero Gegenwart; es verkehren
Mit mir die allerschönsten Madel
Und Herzoginnen, der höchste Adel –
Die Töffelchen will ich wohlfeil lassen –
Doch laßt uns sehn, ob sie Euch passen –
Ach, treten Sie ein und nehmen Sie Platz –

So flötet die boshaft listige Katz,
Und das weiße, unerfahrene Ding
In die Mördergrub, in die Falle ging –
Auf eine Bank setzt sich die Maus
Und streckt ihr kleines Beinchen aus,
Um anzuprobieren die roten Schuhe –
Sie war ein Bild von Unschuld und Ruhe –
Da packt sie plötzlich die böse Katze
Und würgt sie mit der grimmigen Tatze,
Und beißt ihr ab das arme Köpfchen,
Und spricht: Mein liebes, weißes Geschöpfchen,
Mein Mäuschen, du bist mausetot!
Jedoch die Pantöffelchen scharlachrot,

Die will ich stellen auf deine Gruft;
Und wenn die Weltposaune ruft
Zum jüngsten Tanz, o weiße Maus,
Aus deinem Grab steigst du heraus,

Ganz wie die andern, und sodann
Ziehst du die roten Pantöffelchen an.

Moral

Ihr weißen Mäuschen, nehmt Euch in acht,
Laßt Euch nicht ködern von weltlicher Pracht!
Ich rat Euch, lieber barfuß zu laufen
Als bei der Katze Pantoffeln zu kaufen.

Das Pickenick des Katers Mores

Erzählung des kroatischen Edelmanns

Mein Freihof liegt einsam, eine halbe Stunde von der türkischen Grenze, in einem sumpfichten Wald, wo alles im herrlichsten und fatalsten Überfluß ist, zum Beispiel die Nachtigallen, die einen immer vor Tag aus dem Schlafe wecken, und im letzten Sommer pfiffen die Bestien so unverschämt nah und in solcher Menge vor meinem Fenster, daß ich einmal im größten Zorne den Nachttopf nach ihnen warf. Aber ich kriegte bald einen Hausgenossen, der ihnen auf den Dienst paßte und mich von dem Ungeziefer befreite. Heut sind es drei Jahre, als ich morgens auf meinen Finkenherd ging, mit einem Pallasch, einer guten Doppelbüchse und einem Paar doppelten Pistolen versehen, denn ich hatte einen türkischen Wildpretdieb und Händler auf dem Korn, der mir seit einiger Zeit großen Wildschaden angetan und mir, da ich ihn gewarnt hatte, trotzig hatte sagen lassen, er störe sich nicht an mir und wolle unter meinen Augen in meinem Wald jagen. Als ich nach dem Finkenherd kam, fand ich alle meine ausgestellten Dohnen und Schlingen ausgeleert und merkte, daß der Spitzbube mußte da gewesen sein. Erbittert stellte ich meinen

Fang wieder auf, da strich ein großer schwarzer Kater aus dem Gesträuch murrend zu mir her und machte sich so zutulich, daß ich seinen Pelz mit Wohlgefallen ansah und ihn liebkoste mit der Hoffnung, ihn an mich zu gewöhnen und mir etwa aus seinen Winterhaaren eine Mütze zu machen. Ich habe immer so eine lebendige Wintergarderobe im Sommer in meinem Revier, ich brauche darum kein Geld zum Kürschner zu tragen, es kommen mir auch keine Motten in mein Pelzwerk. Vier Paar tüchtige lederne Hosen laufen immer als lebendige Böcke auf meinem Hofe, und mitten unter ihnen ein herrlicher Dudelsack, der sich jetzt als lebendiger Bock schon so musikalisch zeigt, daß die zu einzelnen Hosenbeinen bestimmten Kandidaten, sobald er meckernd unter sie tritt, zu tanzen und gegeneinander zu stutzen anfangen, als fühlten sie jetzt schon ihre Bestimmung, einst mit meinen Beinen nach diesem Dudelsack ungarisch zu tanzen. So habe ich auch einen neuen Reisekoffer als Wildsau in meinem Forste herumlaufen, ein prächtiger Wolfspelz hat mir im letzten Winter in der Gestalt von sechs tüchtigen Wölfen schon auf den Leib gewollt; die Bestien hatten mit ein tüchtiges Loch in die Kammertüre genagt, da fuhr ich einem nach dem andern durch ein Loch über der Türe mit einem Pinsel voll Ölfarbe über den Rücken und erwarte sie nächstens wieder, um ihnen das Fell über die Ohren zu ziehen.

Aus solchen Gesichtspunkten sah ich auch den schwarzen Kater an und gab ihm, teils weil er schwarz wie ein Mohr war, teils weil er gar vortreffliche Mores oder Sitten hatte, den Namen Mores. Der Kater folgte mir nach Hause und wußte sich so vortrefflich durch Mäusefangen und Verträglichkeit mit meinen Hunden auszuzeichnen, daß ich den Gedanken, ihn aus seinem Pelz zu vertreiben, bald aufgegeben hatte. Mores war mein steter Begleiter, und nachts schlief er auf einem ledernen Stuhl neben meinem Bette. Merkwürdig war es mir besonders an dem Tiere, daß es, als ich ihm scherzhaft bei Tage einigemal Wein aus meinem Glase zu trinken anbot, sich gewaltig dagegen sträubte und ich es doch einst im Keller erwischte, wie es den Schwanz ins Spundloch hängte und dann mit dem größten Appetit ableckte. Auch zeichnete sich Mores vor allen Katzen durch seine Neigung, sich zu waschen, aus, da doch sonst sein Geschlecht eine Feindschaft gegen das Wasser hat. Alle diese Absonderlichkeiten hatten den Mores in meiner Nachbarschaft sehr berühmt gemacht, und ich ließ ihn ruhig bei mir aus und ein gehen, er jagte auf seine eigne Hand und kostete mich nichts als Kaffee, den er über die Maßen gern soff. So hatte ich meinen Gesellen bis gegen Weihnachten immer als Schlafkameraden gehabt, als ich ihn die zwei letzten Tage und Nächte vor dem Christtag ausbleiben sah. Ich war schon an den Gedanken gewöhnt, daß ihn irgendein Wildschütze, vielleicht gar mein türkischer Grenznachbar, möge weggeschossen oder gefangen haben, und sendete deswegen einen Knecht hinüber zu dem Wildhändler, um etwas von dem Mores auszukundschaften. Aber der Knecht kam mit der Nachricht zurück, daß der Wildhändler von meinem Kater nichts wisse, daß er eben von einer Reise von Stambul zurückgekommen sei und seiner Frau eine Menge schöner Katzen mitgebracht habe; übrigens sei es ihm lieb, daß er von meinem trefflichen Kater gehört, und wolle er auf alle Weise suchen, ihn in seine Gewalt zu bringen, da ihm ein tüchtiger Bassa für sein Serail fehle. Diese Nachricht erhielt ich mit Verdruß am Weihnachtsabend und sehnte mich um so mehr nach meinem Mores, weil ich ihn dem türkischen Schelm nicht gönnte. Ich legte mich an diesem Abend früh zu Bette, weil ich in der Mitternacht eine Stunde Weges nach der Kirche in die Metten gehen wollte. Mein Knecht weckte mich zur gehörigen Zeit; ich legte meine Waffen an und hängte meine Doppelbüchse, mit dem gröbsten Schrote geladen, um. So machte ich mich auf den Weg, in der kältesten Winternacht, die ich je erlebt; ich war eingehüllt wie ein Pelznickel, die brennende Tabakspfeife fror mir einigemal ein, der Pelz um meinen Hals starrte von meinem gefrornen Hauch wie ein Stachelschwein, der feste Schnee knarrte unter meinen Stiefeln, die Wölfe heulten rings um meinen Hof, und ich befahl meinen Knechten, Jagd auf sie zu machen.

So war ich bei sternheller Nacht auf das freie Feld hinaus gekommen und sah schon in der Ferne eine Eiche, die auf einer kleinen Insel mitten in einem zugefrornen Teiche stand und etwa die Hälfte des Weges bezeichnete, den ich zum Kirchdorf hatte. Da hörte ich eine wunderbare Musik und glaubte anfangs, es sei etwa ein Zug Bauern, der mit einem Dudelsack sich den Weg zur Kirche verkürzte, und so schritt ich derber zu, um mich an diese Leute anzuschließen. Aber je näher ich kam, je toller war die kuriose Musik, sie löste sich in ein Gewimmer auf, und, schon dem Baume nah, hörte ich, daß die Musik von demselben herunter schallte. Ich nahm mein Gewehr in die Hand, spannte den Hahn und schlich über den festen Teich auf die Eiche los; was sah ich, was hörte ich? Das Haar stand mir zu Berge; der ganze Baum saß voll schrecklich heulender Katzen, und in der Krone thronte mein Herr Mores mit krummem Buckel und blies ganz erbärmlich auf einem Dudelsack, wozu die Katzen unter gewaltigem Geschrei um ihn her durch die Zweige tanzten. Ich war anfangs vor Entsetzen wie versteinert, bald aber zwickte mich der Klang des Dudelsacks so sonderbar in den Beinen, daß ich selbst anfing zu tanzen und beinahe in eine von Fischern gehauene Eisöffnung fiel; da tönte aber die Mettenglocke durch die helle

Nacht, ich kam zu Sinnen und schoß die volle Schrotladung meiner Doppelbüchse in den vermaledeiten Tanzchor hinein, und in demselben Augenblick fegte die ganze Tanzgesellschaft wie ein Hagelwetter von der Eiche herunter und wie ein Bienenschwarm über mich weg, so daß ich auf dem Eise ausglitt und platt niederstürzte. Als ich mich aufraffte, war das Feld leer, und ich wunderte mich, daß ich auch keine einzige von den Katzen getroffen unter dem Baume fand. Der ganze Handel hatte mich so erschreckt und so wunderlich gemacht, daß ich es aufgab, nach der Kirche zu gehen; ich eilte nach meinem Hofe zurück und schoß meine Pistolen mehrere Male ab, um meine Knechte herbeizurufen. Sie nahten mir bald auf dieses verabredete Zeichen; ich erzählte ihnen mein Abenteuer, und der eine, ein alter, erfahrener Kerl, sagte: »Sei'n Ihr Gnaden nur ruhig, wir werden die Katzen bald finden, die Ihr Gnaden geschossen haben.« Ich machte mir allerlei Gedanken und legte mich zu Hause, nachdem ich auf den Schreck einen warmen Wein getrunken hatte, zu Bett.

Als ich gegen Morgen ein Geräusch vernahm, erwachte ich aus dem unruhigen Schlaf, und sieh da: mein vermaledeiter Mores lag – mit versengtem Pelz – wie gewöhnlich neben mir auf dem Lederstuhl. Es lief mir ein grimmiger Zorn durch alle Glieder; »Passaveanelkiteremtete!« schrie ich, »vermaledeite Zauberkanaille! bist du wieder da?« und griff nach einer neuen Mistgabel, die neben meinem Bette stand; aber die Bestie stürzte mir an die Kehle und würgte mich; ich schrie Zetermordio. Meine Knechte eilten herbei mit gezogenen Säbeln und fegten nicht schlecht über meinen Mores her, der an allen Wänden hinauf fuhr, endlich das Fenster zerstieß und dem Walde zustürzte, wo es vergebens war, das Untier zu verfolgen; doch waren wir gewiß, daß Herr Mores seinen Teil Säbelhiebe weghabe, um nie wieder auf dem Dudelsack zu blasen. Ich war schändlich zerkratzt, und der Hals und das Gesicht schwoll mir gräßlich an. Ich ließ nach einer slavonischen Viehmagd rufen, die bei mir diente, um mir einen Umschlag von ihr kochen zu lassen, aber sie war nirgends zu finden, und ich mußte nach dem Kirchdorf fahren, wo ein Feldscheer wohnte. Als wir an die Eiche kamen, wo das nächtliche Konzert gewesen war, sahen wir einen Menschen darauf sitzen, der uns erbärmlich um Hülfe anflehte. Ich erkannte bald Mladka, die slavonische Magd; sie hing halb erfroren mit den Röcken in den Baumästen verwickelt, und das Blut rann von ihr nieder in den Schnee; auch sahen wir blutige Spuren von da her, wo mich die Katzen über den Haufen geworfen, nach dem Walde zu. Ich wußte nun, wie es mit der Slavonierin beschaffen war, ließ sie schwebend, daß sie die Erde nicht berührte, auf den Wurstwagen tragen und festbinden und fuhr eilend mit der Hexe nach dem Dorfe. Als ich bei dem Chirurg ankam, wurde gleich der Vizegespan und der Pfarrer des Orts gerufen, alles zu Protokoll genommen, und die Magd Mladka ward ins Gefängnis geworfen; sie ist zu ihrem Glück an dem Schuß, den sie im Leibe hatte, gestorben, sonst wäre sie gewiß auf den Scheiterhaufen gekommen. Sie war ein wunderschönes Weibsbild, und ihr Skelett ist nach Pest ins Naturalienkabinett als ein Muster schönen Wachstums gekommen; sie hat sich auch herzlich bekehrt und ist unter vielen Tränen gestorben. Auf ihre Aussagen sollten verschiedene andere Weibspersonen in der Gegend gefangengenommen werden, aber man fand zwei tot in ihren Betten, die anderen waren entflohen.

Als ich wiederhergestellt war, mußte ich mit einer Kreiskommission über die türkische Grenze reisen; wir meldeten uns bei der Obrigkeit mit unserer Anzeige gegen den Wildhändler, aber da kamen wir schier in eine noch schlimmere Suppe; es wurde uns erklärt, daß der Wildhändler nebst seiner Frau und mehreren türkischen, serbischen und slavonischen Mägden und Sklavinnen von Schrotschüssen und Säbelhieben verwundet zu Hause angekommen, und daß der Wildhändler gestorben sei mit der Angabe: er sei, von einer Hochzeit kommend, auf der Grenze von mir überfallen und so zugerichtet worden. Während dies angezeigt wurde, versammelte sich eine Menge Volks, und die Frau des Wildhändlers mit mehreren Weibern und Mägden, verbunden und bepflastert, erhoben ein mörderliches Geschrei gegen uns. Der Richter sagte: er könne uns nicht schützen, wir möchten sehen, daß wir fortkämen; da eilten wir nach dem Hof, sprangen zu Pferde, nahmen den Kreiskommissär in die Mitte, ich setzte mich an die Spitze der sechs Szekler-Husaren, die uns begleitet hatten, und so sprengten wir, Säbel und Pistole in der Hand, früh genug zum Orte hinaus, um nicht mehr zu erleiden als einige Steinwürfe und blinde Schüsse, eine Menge türkischer Flüche mit eingerechnet. Die Türken verfolgten uns bis über die Grenze, wurden aber von den Szeklern, die sich im Walde setzten, so zugerichtet, daß wenigstens ein paar von ihnen dem Wildhändler in Mahomeds Paradies Nachricht von dem Erfolg werden gegeben haben. Als ich nach Haus kam, war das erste, daß ich meinen Dudelsack visitierte, den ich auch mit drei Schroten durchlöchert hinter meinem Bette liegen fand. Mores hatte also auf meinem eigenen Dudelsack geblasen und war von ihm gegen meinen Schuß gedeckt worden. Ich hatte mit der unseligen Geschichte noch viele Schererei, ich wurde weitläufig zu Protokoll vernommen, es kam eine Kommission nach der andern auf meinen Hof und ließ sich tüchtig aufwarten; die Türken klagten wegen Grenzverletzung, und ich mußte es mir am Ende noch mehrere Stücke Wild und ein ziemliches Geld kosten lassen, daß die Gerichtsplackerei endlich einschlief, nachdem ich und meine Knechte vereidigt worden waren. Trotzdem wurde ich mehrmals vom Kreisphysikus untersucht, ob ich auch völlig bei Verstand sei, und dieser kam nicht eher zur völligen Gewißheit darüber, bis ich ihm ein Paar doppelte Pistolen und seiner Frau eine Verbrämung von schwarzem Fuchspelz und mehrere tüchtige Wildbraten zugeschickt hatte. So wurde die Sache endlich stille; um aber in etwas auf meine Kosten zu kommen, legte ich eine Schenke unter der Eiche auf der Insel in dem Teiche an; wo seither die Bauern und Grenznachbarn aus der Gegend sich sonntags im Sommer viel einstellen und den ledernen Stuhl, worauf Mores geschlafen, und an den ich ein Stück seines Schweifs, das ihm die Knechte in der Nacht abgehauen, genagelt habe, besehen; den Dudelsack habe ich flicken lassen, und mein Knecht, der den Wirt dort macht, pflegt oben in der Eiche, wo Mores gesessen, darauf den Gästen, die um den Baum tanzen, vorzuspielen. Ich habe schon ein schönes Geld da eingenommen, und wenn mich die Herrschaften einmal dort besuchen wollen, so sollen sie gewiß gut bedient werden.

Diese Erzählung, welche der Kroat mit dem ganzen Ausdruck der Wahrheit vorgebracht hatte, wirkte auf die verschiedenste Weise in der Gesellschaft. Der Vizegespan, der Tiroler und die Wirtin hatten keinen Zweifel, und der Savoyarde zeigte seine Freude, daß man noch kein Beispiel gehabt habe: ein Murmeltier sei eine Hexe gewesen. Lindpeindler äußerte: es möge an der Geschichte wahr sein, was da wolle, so habe sie doch eine höhere poetische Wahrheit; sie sei in jedem Falle wahr, insofern sie den Charakter der Einsamkeit, Wildnis und der türkischen Barbarei ausdrücke; sie sei durchaus für den Ort, auf welchem sie spiele, scharf bezeichnend und mythisch und darum dort wahrer als irgendeine Lafontainesche Familiengeschichte. Aber es verstand keiner der Anwesenden, was Lindpeindler sagen wollte, und Devillier leugnete ihm grade ins Gesicht, daß Lafontaine irgendeine seiner *Fabeln* jemals für eine wahre Familiengeschichte ausgegeben habe; Lindpeindler schwieg und wurde verkannt.

Nun aber wendete sich der Franzose zu der Kammerjungfer, welche sich mit stillem Schauer in einen Winkel gedrückt hatte, sprechend: »Und Sie, schöne Nanny, sind ja so stille, als fühlten Sie sich bei der Geschichte getroffen.« – »Wieso getroffen?« fragte Nanny. »Nun, ich meine,« erwiderte Devillier lächelnd, »von einem Schrote des kroatischen Herrn. Sollte das artigste Kammerkätzchen der Gegend nicht zu dem Teedansant eingeladen gewesen sein? – Das wäre ein Fehler des Herrn Mores gegen die Galanterie, wegen welchem er die Rache seines Herrn allein schon verdient hätte.« Alle lachten, Nanny aber gab dem Franzosen eine ziemliche Ohrfeige und erwiderte: »Sie sind der Mann dazu, einen in den Ruf zu bringen, daß man geschossen sei, denn Sie haben selbst einen Schuß!« und dabei zeigte sie ihm von neuem die fünf Finger; worauf Devillier sagte: »Erhebt das nicht den Verdacht, sind das nicht Katzenmanieren? Sie waren gewiß dabei! Frau Tschermack, die Wirtin, wird es uns sagen können, denn die hat gewiß nicht gefehlt; ich glaube, daß sie die Blessur in der Hüfte eher bei solcher Gelegenheit als bei den Wurmserschen Husaren erhalten.« Alles lachte von neuem, und der Zigeuner sagte: »Ich will sie fragen.«

Der Kroate fand sich über die Ungläubigkeit Devilliers gekränkt und fing an, seine Geschichte nochmals zu beteuern, indem er seine pferdehaarne steife Halsbinde ablöste, um die Narben von den Klauen des Mores zu zeigen. Nanny drückte die Augen zu, und indessen brachte der Zigeuner die Nachricht: Frau Tschermack meine, Mores müsse es selbst am besten wissen. Er setzte mit diesen Worten die große schwarze Katze der Wirtin, welche er vor der Türe gefangen hatte, der Kammerjungfer in den Schoß, welche mit einem heftigen Schrei des Entsetzens auffuhr. – »Eingestanden!« rief Devillier; aber der Spaß war dumm, denn Nanny kam einer Ohnmacht nah, die Katze sprang auf den Tisch, warf das Licht um und fuhr dem armen Wehmüller über seine nassen Farben; der Vizegespan riß das Fenster auf und entließ die Katze, aber alles war rebellisch geworden; die

Büffelkühe im Hintergrund der Stube an den Ketten, und jeder drängte nach der Türe. Wehmüller und Lindpeindler sprangen auf den Tisch und stießen mit dem Tiroler zusammen, der es auch in demselben Augenblick tat und mit seinen nägelbeschlagenen Schuhen mehr Knopflöcher in das Porträt des Vizegespans trat, als Knöpfe darauf waren. Devillier trug Nanny hinaus; der Kroate schrie immer: »Da haben wir es, das kömmt vom Unglauben!« Frau Tschermack aber, welche mit einem vollen Weinkrug in die Verstörung trat, fluchte stark und beruhigte die Kühe; der Zigeuner griff wie ein zweiter Orpheus nach seiner Violine, und als Monsieur Devillier mit Nanny, die er am Brunnen erfrischt hatte, wieder hereintrat, kniete der kecke Bursche vor ihr nieder und sang und spielte eine so rührende Weise auf seinem Instrument, daß niemand widerstehen konnte und bald alles stille ward. Es war dies ein altes zigeunerisches Schlachtlied, wobei der Zigeuner endlich in Tränen zerfloß, und Nanny konnte ihm nicht widerstehen, sie weinte auch und reichte ihm die Hand; Lindpeindler aber sprang auf den Sänger zu und umarmte ihn mit den Worten: »O, das ist groß, das ist ursprünglich! Bester Michaly, wollen Sie mir Ihr Lied wohl in die Feder diktieren?« – »Nimmermehr!« sagte der Zigeuner, »so was diktiert sich nicht, ich wüßte es auch jetzt nicht mehr, und wenn Sie mir den Hals abschnitten; wenn ich einmal wieder eine schöne Jungfer betrübt habe, wird es mir auch wieder einfallen.«

Da lachte die ganze Gesellschaft, und Michaly begann so tolle Melodieen aus seiner Geige herauszulocken, daß die Fröhlichkeit bald wieder hergestellt wurde und Devillier den Kroaten fragte, ob Mores nicht diesen Tanz aufgespielt hätte; Herr Lindpeindler notierte sich wenigstens den Inhalt des extemporierten Liedes; es war die Wehklage über den Tod von tausend Zigeunern. Im Jahr 1537 wurde in den Zapolischen Unruhen das Kastell Nagy-Jda in der Abanywarer Gespanschaft mit Belagerung von kaiserlichen Truppen bedroht. Franz von Perecey, der das Kastell verteidigte, stutzte, aus Truppenmangel, tausend Zigeuner in der Eile zu Soldaten und legte sie unter reichen Versprechungen von Geld und Freiheiten auf Kindeskinder, wenn sie sich wacker hielten, gegen den ersten Anlauf in die äußeren Schanzen. Auf diese vertrauend hielten sich diese Helden auch ganz vortrefflich, sie empfingen die Belagerer mit einem heftigen Feuer, so daß sie umwendeten. Aber nun krochen die Helden übermütig aus ihren Löchern und schrien den Fliehenden nach: »Geht zum Henker, ihr Lumpen, hätten wir noch Pulver und Blei, so wollten wir euch anders zwiebeln.« Da sahen sich die Abziehenden um, und als sie statt regulierter Truppen einen frechen Zigeunerschwarm auf den Wällen merkten, ergriff sie der Zorn, sie drangen in die Schanze und säbelten die armen Helden bis auf den letzten Mann nieder. Diese Niederlage, eine der traurigsten Erinnerungen der Zigeuner in jener Gegend, hatte Michaly in der Klage einer Mutter um ihren Sohn und einer Braut um ihren gefallenen Geliebten besungen. Devillier sagte nun zu dem Kroaten: »Damit Sie nicht länger meinen Glauben an den Hexenmeister Mores in Katzengestalt bezweifeln, will ich Ihnen eine Geschichte erzählen, bei welcher ich selbst geholfen habe, ein paar hundert solcher Zauberer zu töten.« – »Ein paar hundert!« riefen mehrere in der Gesellschaft. »Ja!« erwiderte Devillier, »und das will ich ebenso getrost beschwören als unser Freund den musizierenden Katzenkongreß.«

Kleine Fabel

»Ach«, sagte die Maus, »die Welt wird enger mit jedem Tag. Zuerst war sie so breit, daß ich Angst hatte, ich lief weiter und war glücklich, daß ich endlich rechts und links in der Ferne Mauern sah, aber diese langen Mauern eilen so schnell aufeinander zu, daß ich schon im letzten Zimmer bin, und dort im Winkel steht die Falle, in die ich laufe.« – »Du mußt nur die Laufrichtung ändern«, sagte die Katze und fraß sie.

Schöne Frauen mit schönen Katzen

Schöne Fraun mit schönen Katzen

Schöne Fraun und Katzen pflegen
Häufig Freundschaft, wenn sie gleich sind,
Weil sie weich sind
Und mit Grazie sich bewegen.

Weil sie leise sich verstehen,
Weil sie selber leise gehen,
Alles Plumpe oder Laute
Fliehen und als wohlgebaute
Wesen stets ein schönes Bild sind.

Unter sich sind sie Vertraute,
Sie, die sonst unzähmbar wild sind.

Fell wie Samt und Haar wie Seide.
Allverwöhnt. – Man meint, daß beide
Sich nach nichts, als danach sehnen,
Sich auf Sofas schön zu dehnen.

Schöne Fraun mit schönen Katzen,
Wem von ihnen man dann schmeichelt,
Wen von ihnen man gar streichelt,
Stets riskiert man, daß sie kratzen.

Denn sie haben meistens Mucken,
Die zuletzt uns andre jucken.
Weiß man recht, ob sie im Hellen
Echt sind oder sich verstellen?
Weiß man, wenn sie tief sich ducken,
Ob das nicht zum Sprung geschieht?
Aber abends, nachts, im Dunkeln,
Wenn dann ihre Augen funkeln,
Weiß man alles oder flieht
Vor den Funken, die sie stieben.

Doch man soll nicht Fraun, die ihre
Schönen Katzen wirklich lieben,
Menschen überhaupt, die Tiere
Lieben, dieserhalb verdammen.
Sind Verliebte auch wie Flammen,
Zu- und ineinander passend,
Alles Fremde aber hassend.

Ob sie anders oder so sind,
Ob sie männlich, feminin sind,
Ob sie traurig oder froh sind,
Aus Madrid oder Berlin sind,
Ob sie schwarz, ob gelb, ob grau, –

Auch wer weder Katz noch Frau
Schätzt, wird Katzen gern mit Frauen,
Wenn sie beide schön sind, schauen.

Doch begegnen Ringelnatzen
Häßlich alte Fraun mit Katzen,
Geht er schnell drei Schritt zurück.
Denn er sagt: Das bringt kein Glück.

Mieskater Martinichen

Auf der Halbinsel Wittow auf Rügen ist ein Dorf, Namens Putgarden, nicht weit von dem Vorgebirge Arkona. Hier lebte eine reiche Bäuerin, Namens Trine Pipers, die frühzeitig Wittwe geworden war. Dieselbe hatte unzählige Freier, denn sie war jung und frisch, lustig und verträglich und gehörte zu den wohlhabendsten Personen im Dorfe. Sie war aber auch sehr lebenslustig, denn nicht allein, daß sie jeden Sonntag beim Tanz in der Schenke zu finden war, an allen großen Festtagen hielt sie selbst Tanz und Spiel in ihrem Hofe, da ließ sie es an nichts fehlen, Kuchen, Wurst und Fleisch war immer vollauf da und dazu floß das Bier und der Schnaps in Strömen. Da fehlte es denn nun nicht an bösen Zungen, welche meinten, der Ertrag ihrer Felder stehe nicht im Verhältniß zu ihren Ausgaben, es müsse doch einmal mit ihrem Gelde auf die Neige gehen. Allein da dies nicht der Fall war, sondern ihr Wohlstand immer mehr zuzunehmen schien, so raunten sich die Leute bald in die Ohren, entweder habe sie den Drachen, der ihr die Schinken und Mettwürste aus anderer Leute Schornsteinen hole und ihr die Truhe mit Thalern fülle, oder aber sie sei selbst eine Hexe, welche in die Häuser der

Nachbarn schleiche und hier stehle. Letzteres wollte man daraus abnehmen, daß sie keinem Kinde in die Augen sehen könne, sie möge noch so freundlich mit ihnen kosen, denn sie habe als Hexe kein Kind in ihren Augen und es thue ihr sehr weh, wenn sie den unschuldigen Kindern, die noch nichts verbrochen hätten, in ihre reinen Augen schauen müsse; da die Wittwe jedoch alle Sonntage zur Kirche ging, Pastor und Küster gern und willig den Zehnten gab und regelmäßig das Abendmahl nahm, so konnte man ihr nichts anhaben, und es blieb bei dem heimlichen Gemunkel. Da sah man auf einmal in ihrem Hause einen großen, dreifarbigen Kater, grau mit gelben Streifen über dem Rücken und einem weißen Fleck am linken Vorderfuße. Weil man nun niemals einen dreifarbigen Kater gesehen hatte und überdem ihrer Erzählung, ihr Bruder, ein Schiffer aus Stockholm habe ihr das Thier von Lissabon mitgebracht, Niemand Glauben beimaß, sie selbst aber fortwährend mit dem Kater spielte, derselbe auch, der den wunderlichen Namen Mieskater Martinichen führte, ihr auf Tritt und Schritt folgte, mit ihr aus einem und demselben Teller aß, aus einer und derselben Tasse trank, ja mit ihr in demselben Bette schlief und sie sogar diejenigen ihrer Leute fortschickte, die es wagten ihn zu schimpfen oder zu schlagen, so zweifelte bald kein Mensch mehr, daß der Kater ihr teufelischer Buhle sei, der unter dieser Verkappung bei ihr wohne und ihr Glück bringe. Das Gerede aber ward bald so arg, daß die Dienstleute Trinens daran ihr Bedenken hatten, die guten Leute, welche sie früher gehabt, zogen von ihr weg, zuletzt bekam sie nur noch die, welche Niemand haben wollte, und auch diese blieben nicht lange. Auch zu ihren Schmäusen wollte Niemand mehr kommen, selbst denen, die doch sonst nur des Essens und Trinkens wegen zu ihr gekommen waren, verging jetzt die Lust, sie wollten mit einer Hexe nicht mehr zusammen sein.

Allein der arme Kater konnte doch unmöglich der Zubringer von Trinens Reichthümern gewesen sein, denn obwohl sie keine Feste und Schmäuse mehr veranstaltete, weil sie sonst ihren Kuchen und ihre Würste hätte allein verzehren müssen, ihr Wohlstand also eigentlich hätte zunehmen sollen, ging ihre Wirthschaft im Gegentheil von Tage zu Tage mehr zurück, ihr Vieh starb, ihre Felder trugen nichts mehr, weil sie von ihren schlechten Dienstleuten so gut wie gar nicht bearbeitet wurden und kein Dünger mehr darauf kam, kein Bettler konnte mehr etwas von ihr bekommen, denn sie hatte selbst nichts mehr, sie selbst saß allein und verlassen, abgemagert von Hunger und Noth ihren dürren Kater auf dem Schooße zwischen den kahlen Wänden ihrer Stube und nährte sich kümmerlich von den Brocken, welche ihr diejenigen ungern zuwarfen, welche sich sonst so oft an ihrem Tische satt gegessen hatten. So hat man sie eines Morgens gefunden todt auf dem Boden ihres Stübchens hingestreckt und ihren treuen Kater Mieskater Martinichen todt auf ihr liegend, und die sonst so reiche Trine, welche der Kirche und dem Geistlichen so reichlich und so gern gab, so lange sie selbst noch etwas zu geben hatte, wurde ohne Sang und Klang, ohne Begleitung irgend eines mitleidigen Nachbars auf einem Winkel des Kirchhofes eingescharrt, schlechter wie die ärmste Bettelfrau. Seit der Zeit geht die Trine aber um als Hexe in der Gestalt einer alten grauen Katze, die man daran kennt, daß sie Augen hat, die wie brennende Kohlen leuchten und daß sie ganz entsetzlich laut sprühet und pustet, wenn man sie jagt. Sie wird noch alle Mitternächte auf der Stelle gesehen, wo ehemals Trinens Haus stand und heult dort erbärmlich, im Winter aber, wenn in den Scheunen und auf den Dächern die wüthigen Katzenhochzeiten sind, ist sie immer voran mit der höllischen Jagd und führt das ganze Getümmel und miaut und winselt am entsetzlichsten.

Die Katze aus dem Weidenbaum

Ein Bauernknecht von Straßleben erzählte, wie daß in ihrem Dorfe eine gewisse Magd wäre, dieselbe hätte sich zuweilen vom Tanze hinweg verloren, daß niemand wußte, wo sie hinkommen, bis sie eine feine Weile hernach sich wieder eingefunden. Einmal beredete er sich mit andern Knechten, dieser Magd nachzugehn. Als sie nun sonntags wieder zum Tanze kam und sich mit den Knechten erlustigte, ging sie auch wieder ab. Etliche schlichen ihr nach, sie ging das Wirtshaus hinaus aufs Feld und lief ohne Umsehen fort, einer hohlen Weide zu, in welche sie sich versteckte. Die Knechte folgten nach, begierig zu sehen, ob sie lange in der Weide verharren würde, und warteten an einem Ort, wo sie wohlverborgen standen. Eine kleine Weile drauf merkten sie, daß eine Katze aus der Weide sprang und immer querfeldein nach Langendorf lief. Nun traten die Knechte näher zur Weide, da lehnte das Mensch oder vielmehr ihr Leib ganz erstarret, und sie vermochten ihn weder mit Rütteln noch Schütteln zum Leben bringen. Ihnen kommt ein Grauen an, sie lassen den Leib stehen und gehen an ihren vorigen Ort. Nach einiger Zeit spüren sie, daß die Katze den ersten Weg zurückgeht, in die Weide einschlüpft, die Magd aus der Weide kriecht und nach dem Dorfe zugeht.

Venus im Pelz

Wir sitzen auf Wandas kleinem Balkon in der lauen, duftigen Sommernacht, ein zweifaches Dach über uns, zuerst den grünen Plafond von Schlingpflanzen, dann die mit unzähligen Sternen besäte Himmelsdecke. Aus dem Park tönt der leise, weinerlich verliebte Lockton einer Katze, und ich sitze auf einem Schemel zu den Füßen meiner Göttin und erzähle von meiner Kindheit.

»Und damals schon waren alle diese Seltsamkeiten bei Ihnen ausgeprägt?« fragte Wanda.

»Gewiß, ich erinnere mich keiner Zeit, wo ich sie nicht hatte, ja schon in der Wiege, so erzählte mir meine Mutter später, war ich *übersinnlich,* verschmähte die gesunde Brust der Amme, und man mußte mich mit Ziegenmilch nähren. Als kleiner Knabe zeigte ich eine rätselhafte Scheu vor Frauen, in welcher sich eigentlich nur ein unheimliches Interesse für dieselben ausdrückte. Das graue Gewölbe, das Halbdunkel einer Kirche beängstigten mich, und vor den glitzernden Altären und Heiligenbildern faßte mich eine förmliche Angst. Dagegen schlich ich heimlich, wie zu einer verbotenen Freude, zu einer Venus aus Gips, welche in dem kleinen Bibliothekszimmer meines Vaters stand, kniete nieder und sprach zu ihr die Gebete, die man mir eingelernt, das Vaterunser, das Gegrüßt seist du Maria und das Credo.

Einmal verließ ich nachts mein Bett, um sie zu besuchen, die Mondsichel leuchtete mir und ließ die Göttin in einem fahlblauen kalten Licht erscheinen. Ich warf mich vor ihr nieder, küßte ihre kalten Füße, wie ich es bei unsern Landleuten gesehen hatte, wenn sie die Füße des toten Heilands küßten.

Eine unbezwingliche Sehnsucht ergriff mich.

Ich stieg empor und umschlang den schönen kalten Leib und küßte die kalten Lippen, da sank ein tiefer Schauer auf mich herab und ich entfloh, und im Traume war es mir, als stünde die Göttin vor meinem Lager und drohe mir mit erhobenem Arm.

Man schickte mich frühzeitig in die Schule und so kam ich bald an das Gymnasium und ergriff alles mit Leidenschaft, was mir die antike Welt zu erschließen versprach. Ich war bald mit den Göttern Griechenlands vertrauter als mit der Religion Jesu, ich gab mit Paris Venus den verhängnisvollen Apfel, ich sah Troja brennen und folgte Odysseus auf seinen Irrfahrten. Die Urbilder alles Schönen senkten sich tief in meine Seele, und so zeigte ich zu jener Zeit, wo andere Knaben sich roh und unflätig gebärden, einen unüberwindlichen Abscheu gegen alles Niedere, Gemeine, Unschöne.

Als etwas ganz besonders Niederes und Unschönes erschien jedoch dem reifenden Jüngling die Liebe zum Weibe, so wie sie sich ihm zuerst in ihrer vollen Gewöhnlichkeit zeigte. Ich mied jede Berührung mit dem schönen Geschlechte, kurz, ich war übersinnlich bis zur Verrücktheit.

Meine Mutter bekam – ich war damals etwa vierzehn Jahre alt – ein reizendes Stubenmädchen, jung, hübsch, mit schwellenden Formen. Eines Morgens, ich studierte meinen Tacitus und begeisterte mich an den Tugenden der alten Germanen, kehrte die Kleine bei mir aus; plötzlich hielt sie inne, neigte sich, den Besen in der Hand, zu mir, und zwei volle frische köstliche Lippen berührten die meinen. Der Kuß der verliebten kleinen Katze durchschauerte mich, aber ich erhob meine ›Germania‹ wie ein Schild gegen die Verführerin und verließ entrüstet das Zimmer.«

Wanda brach in lautes Lachen aus. »Sie sind in der Tat ein Mann, der seinesgleichen sucht, aber fahren Sie nur fort.«

»Eine andere Szene aus jener Zeit bleibt mir unvergeßlich«, erzählte ich weiter, »Gräfin Sobol, eine entfernte Tante von mir, kam zu meinen Eltern auf Besuch, eine majestätische schöne Frau mit einem reizenden Lächeln; ich aber haßte sie, denn sie galt in der Familie als eine Messalina, und benahm mich so unartig, boshaft und täppisch, wie nur möglich gegen sie.

Eines Tages fuhren meine Eltern in die Kreisstadt. Meine Tante beschloß ihre Abwesenheit zu benützen und Gericht über mich zu halten. Unerwartet trat sie in ihrer pelzgefütterten Kazabaika herein, gefolgt von der Köchin, Küchenmagd und der kleinen Katze, die ich verschmäht hatte. Ohne viel zu fragen, ergriffen sie mich und banden mich, trotz meiner heftigen Gegenwehr, an Händen und Füßen, dann schürzte meine Tante mit einem bösen Lächeln den Ärmel empor und begann mich mit einer großen Rute zu hauen, und sie hieb so tüchtig, daß Blut floß und ich zuletzt, trotz meinem Heldenmut, schrie und weinte und um Gnade bat. Sie ließ mich hierauf losbinden, aber ich mußte ihr kniend für die Strafe danken und die Hand küssen.Nun sehen Sie den übersinnlichen Toren! Unter der Rute der schönen üppigen Frau, welche mir in ihrer Pelzjacke wie eine zürnende Monarchin erschien, erwachte in mir zuerst der Sinn für das Weib, und meine Tante erschien mir fortan als die reizendste Frau auf Gottes Erdboden.

Meine katonische Strenge, meine Scheu vor dem Weibe war eben nichts, als ein auf das Höchste getriebener Schönheitssinn; die Sinnlichkeit wurde in meiner Phantasie jetzt zu einer Art Kultur, und ich schwur mir, ihre heiligen Empfindungen ja nicht an ein gewöhnliches Wesen zu verschwenden, sondern für eine ideale Frau, womöglich für die Liebesgöttin selbst aufzusparen.

Ich kam sehr jung an die Universität und in die Hauptstadt, in welcher meine Tante wohnte. Meine Stube glich damals jener des Doktor Faust. Alles stand in derselben wirr und kraus, hohe Schränke mit Büchern vollgepfropft, welche ich um Spottpreise bei einem jüdischen Antiquar in der Servanica erhandelte, Globen, Atlanten, Phiolen, Himmelskarten, Tiergerippe, Totenköpfe, Büsten großer Geister. Hinter dem großen grünen Ofen konnte jeden Augenblick Mephistopheles als fahrender Scholast hervortreten.

Ich studierte alles durcheinander, ohne System, ohne Wahl, Chemie, Alchimie, Geschichte, Astronomie, Philosophie, die Rechtswissenschaften, Anatomie und Literatur; las Homer, Virgil, Ossian, Schiller, Goethe, Shakespeare, Cervantes, Voltaire, Molière, den Koran, den Kosmos, Casanovas Memoiren. Ich wurde jeden Tag wirrer, phantastischer und übersinnlicher. Und immer hatte ich ein schönes ideales Weib im Kopfe, das mir von Zeit zu Zeit gleich einer Vision auf Rosen gebettet, von Amoretten umringt, zwischen meinen Lederbänden und Totenbeinen erschien, bald in olympischer Toilette, mit dem strengen weißen Antlitz der gipsernen Venus, bald mit den üppigen braunen Flechten, den lachenden blauen Augen und in der rotsamtenen hermelinbesetzten Kazabaika meiner schönen Tante.

Eines Morgens, nachdem sie mir wieder in vollem lachenden Liebreiz aus dem goldenen Nebel meiner

Phantasie aufgetaucht war, ging ich zu Gräfin Sobol, welche mich freundlich, ja herzlich empfing und mir zum Willkomm einen Kuß gab, der alle meine Sinne verwirrte. Sie war jetzt wohl nahe an vierzig Jahre, aber wie die meisten jener unverwüstlichen Lebefrauen noch immer begehrenswert, sie trug auch jetzt stets eine pelzbesetzte Jacke, und zwar diesmal von grünem Samt mit braunem Edelmarder, aber von jener Strenge, die mich damals an ihr entzückt hatte, war nichts zu entdecken.

Im Gegenteil sie war so wenig grausam gegen mich, daß sie mir ohne viel Umstände die Erlaubnis gab, sie anzubeten.

Sie hatte meine übersinnliche Torheit und Unschuld nur zu bald entdeckt, und es machte ihr Vergnügen, mich glücklich zu machen. Und ich – ich war in der Tat selig wie ein junger Gott. Welcher Genuß war es für mich, wenn ich, vor ihr auf den Knien liegend, ihre Hände küssen durfte, mit denen sie mich damals gezüchtigt hatte. Ach! was für wunderbare Hände! von so schöner Bildung, so fein und voll und weiß, und mit welch' allerliebsten Grübchen. Ich war eigentlich nur in diese Hände verliebt. Ich trieb mein Spiel mit ihnen, ließ sie in dem dunklen Pelz auf- und abtauchen, ich hielt sie gegen die Flamme und konnte mich nicht satt sehen an ihnen.«

Wanda betrachtete unwillkürlich ihre Hände, ich bemerkte es und mußte lächeln.

»Wie zu jeder Zeit das Übersinnliche bei mir überwog, sehen Sie daraus, daß ich bei meiner Tante in die grausamen Rutenhiebe, welche ich von ihr empfangen hatte und bei einer jungen Schauspielerin, welcher ich etwa zwei Jahre später den Hof machte, nur in ihre Rollen verliebt war. Ich habe dann auch für eine sehr achtbare Frau geschwärmt, welche die unnahbare Tugend spielte, um mich schließlich an einen reichen Juden zu verraten. Sehen Sie, weil ich von einer Frau, welche die strengsten Grundsätze, die idealsten Empfindungen heuchelte, betrogen, verkauft wurde: deshalb hasse ich diese Sorte poetischer, sentimentaler Tugenden so sehr; geben Sie mir ein Weib, das ehrlich genug ist, mir zu sagen: ich bin eine Pompadour, eine Lucretia Borgia, und ich will sie anbeten.«

Wanda stand auf und öffnete das Fenster.

»Sie haben eine eigentümliche Manier, die Phantasie zu erhitzen, einem alle Nerven aufzuregen, alle Pulse höher schlagen zu machen. Sie geben dem Laster eine Aureole, wenn es nur ehrlich ist. Ihr Ideal ist eine kühne geniale Kurtisane; oh! Sie sind mir der Mann, eine Frau von Grund aus zu verderben!«

Mitten in der Nacht klopfte es an mein Fenster, ich stand auf, öffnete und schrak zusammen. Draußen stand Venus im Pelz, genau so wie sie mir das erstemal erschienen war.

»Sie haben mich mit Ihren Geschichten aufgeregt,

ich wälze mich auf meinem Lager und kann nicht schlafen«, sprach sie, »kommen Sie jetzt nur, mir Gesellschaft leisten.«

»Im Augenblicke.«

Als ich eintrat, kauerte Wanda vor dem Kamin, in dem sie ein kleines Feuer angefacht hatte.

»Der Herbst meldet sich«, begann sie, »die Nächte sind schon recht kalt. Ich fürchte, Ihnen zu mißfallen, aber ich kann meinen Pelz nicht abwerfen, ehe das Zimmer nicht warm genug ist.«

»Mißfallen – Schalk! – Sie wissen doch –« ich schlang den Arm um sie und küßte sie.

»Freilich weiß ich, aber woher haben Sie diese große Vorliebe für den Pelz?«

»Sie ist mir angeboren«, erwiderte ich, »ich zeigte sie schon als Kind. Übrigens übt Pelzwerk auf alle nervösen Naturen eine aufregende Wirkung, welche auf ebenso allgemeinen als natürlichen Gesetzen beruht. Es ist ein physischer Reiz, welcher wenigstens ebenso seltsam prickelnd ist, und dem sich niemand ganz entziehen kann. Die Wissenschaft hat in neuester Zeit eine gewisse Verwandtschaft zwischen Elektrizität und Wärme nachgewiesen, verwandt sind ja jedenfalls ihre Wirkungen auf den menschlichen Organismus. Die heiße Zone erzeugt leidenschaftlichere Menschen, eine warme Atmosphäre Aufregung. Genauso die Elektrizität. Daher der hexenhaft wohltätige Einfluß, welchen die Gesellschaft von *Katzen* auf reizbare geistige Menschen übt und diese langgeschwänzten Grazien der Tierwelt, diese niedlichen, funkensprühenden, elektrischen Batterien zu den Lieblingen eines Mahomed, Kardinal Richelieu, Crebillon, Rousseau, Wieland, gemacht hat.«

»Eine Frau, die also einen Pelz trägt«, rief Wanda, »ist also nichts anderes als eine große Katze, eine verstärkte elektrische Batterie?«

»Gewiß«, erwiderte ich, »und so erkläre ich mir auch die symbolische Bedeutung, welche der Pelz als Attribut der Macht und Schönheit bekam. In diesem Sinne nahmen ihn in früheren Zeiten Monarchen und ein gebietender Adel durch Kleiderordnungen ausschließlich für sich in Anspruch und große Maler für die Königinnen der Schönheit. So fand ein Raphael für die göttlichen Formen der Fornarina, Titian für den rosigen Leib seiner Geliebten keinen köstlicheren Rahmen als dunklen Pelz.«

»Ich danke für die gelehrt erotische Abhandlung«, sprach Wanda, »aber Sie haben mir nicht alles gesagt, Sie verbinden noch etwas ganz Apartes mit dem Pelz.«

»Allerdings«, rief ich, »ich habe Ihnen schon wiederholt gesagt, daß im Leiden ein seltsamer Reiz für mich liegt, daß nichts so sehr imstande ist, meine Leidenschaft anzufachen als die Tyrannei, die Grausamkeit, und vor allem die Treulosigkeit eines schönen Weibes. Und dieses Weib, dieses seltsame Ideal aus der Ästhetik des Häßlichen, die Seele eines Nero im Leibe einer Phryne, kann ich mir nicht ohne Pelz denken.«

»Ich begreife«, warf Wanda ein, »er gibt einer Frau etwas Herrisches, Imponierendes.«

»Es ist nicht das allein«, fuhr ich fort, »Sie wissen, daß ich ein *›Übersinnlicher‹* bin, daß bei mir alles mehr in der Phantasie wurzelt und von dort seine Nahrung empfängt. Ich war früh entwickelt und überreizt, als ich mit zehn Jahren etwa die Legenden der Märtyrer in die Hand bekam; ich erinnere mich, daß ich mit einem Grauen, das eigentlich Entzücken war, las, wie sie im Kerker schmachteten, auf den Rost gelegt, mit Pfeilen durchschossen, in Pech gesotten, wilden Tieren vorgeworfen, an das Kreuz geschlagen wurden, und das Entsetzlichste mit einer Art Freude litten. Leiden, grausame Qualen erdulden, erschien mir fortan als ein Genuß, und ganz besonders durch ein schönes Weib, da sich mir von jeher alle Poesie, wie alles Dämonische im Weibe konzentrierte. Ich trieb mit demselben einen förmlichen Kultus.

Ich sah in der Sinnlichkeit etwas Heiliges, ja das einzig Heilige, in Dem Weibe und seiner Schönheit etwas Göttliches, indem die wichtigste Aufgabe des Daseins: die Fortpflanzung der Gattung vor allem ihr Beruf ist; ich sah im Weibe die Personifikation der Natur, die *Isis*, und in dem Manne ihren Priester, ihren Sklaven und sah sie ihm gegenüber grausam wie die Natur, welche, was ihr gedient hat, von sich stößt, sobald sie seiner nicht mehr bedarf, während ihm noch ihre Mißhandlungen, ja der Tod durch sie zur wollüstigen Seligkeit werden.

Ich beneidete König Gunther, den die gewaltige Brunhilde in der Brautnacht band; den armen Troubadour, den seine launische Herrin in Wolfsfelle nähen ließ, um ihn dann gleich einem Wild zu jagen; ich beneidete den Ritter Ctirad, den die kühne Amazone Scharka durch List im Walde bei Prag gefangennahm, auf die Burg Divin schleppte, und nachdem sie sich einige Zeit mit ihm die Zeit vertrieben hatte, auf das Rad flechten ließ –«

»Abscheulich!« rief Wanda, »ich würde Ihnen wünschen, daß Sie einem Weibe dieser wilden Rasse in die Hände fielen, im Wolfsfell, unter den Zähnen der Rüden oder auf dem Rade würde Ihnen schon die Poesie vergehen.«

»Glauben Sie? ich glaube nicht.«

»Sie sind wirklich nicht ganz gescheit.«

»Möglich. Aber hören Sie weiter, ich las fortan mit einer wahren Gier Geschichten, in denen die furchtbarsten Grausamkeiten geschildert, und sah mit besonderer Lust Bilder, Stiche, auf denen sie zur Darstellung kamen, und alle die blutigen Tyrannen, die je auf einem Throne saßen, die Inquisitoren, welche die Ketzer foltern, braten, schlachten ließen, alle jene Frauen, welche in den Blättern der Weltgeschichte als wollüstig, schön und gewalttätig verzeichnet sind, wie Libussa, Lucretia Borgia, Agnes von Ungarn, Königin Margot, Isabeau die Sultanin Roxolane, die russischen Zarinnen des vorigen Jahrhunderts, alle sah ich in Pelzen oder hermelinverbrämten Roben.«

»Und so erweckt Ihnen jetzt der Pelz Ihre seltsamen Phantasien«, rief Wanda, und sie begann zu gleicher Zeit sich mit ihrem prächtigen Pelzmantel kokett zu drapieren, so daß die dunklen glänzenden Zobelfelle entzückend um ihre Büste, ihre Arme spielten. »Nun, wie ist Ihnen jetzt zumute, fühlen Sie sich schon halb gerädert?«

Ihre grünen durchdringenden Augen ruhten mit einem seltsamen, höhnischen Behagen auf mir, als ich mich von Leidenschaften übermannt vor ihr niederwarf und die Arme um sie schlang.

»Ja – Sie haben in mir meine Lieblingsphantasie erweckt«, rief ich, »die lange genug geschlummert.«

»Und diese wäre?« sie legte die Hand auf meinen Nacken.

Mich ergriff unter dieser kleinen warmen Hand, unter ihrem Blick, der zärtlich forschend durch die halbgeschlossenen Lider auf mich fiel, eine süße Trunkenheit.

»Der Sklave eines Weibes, eines schönen Weibes zu sein, das ich liebe, das ich anbete!«

»Und das Sie dafür mißhandelt!« unterbrach mich Wanda lachend.

»Ja, das mich bindet und peitscht, das mir Fußtritte gibt, während es einem andern gehört.«

»Und das, wenn Sie durch Eifersucht wahnsinnig gemacht, dem beglückten Nebenbuhler entgegentreten, in seinem Übermute so weit geht, Sie an denselben zu verschenken und seiner Roheit preiszugeben. Warum nicht? Gefällt Ihnen das Schlußtableau weniger?«

Ich sah Wanda erschreckt an.

»Sie übertreffen meine Träume.«

»Ja, wir Frauen sind erfinderisch«, sprach sie, »geben Sie acht, wenn Sie Ihr Ideal finden, kann es leicht geschehen, daß es Sie grausamer behandelt als Ihnen lieb ist.«

»Ich fürchte, ich habe mein Ideal bereits gefunden!« rief ich, und preßte mein glühendes Antlitz in ihren Schoß.

»Doch nicht mich?« rief Wanda, warf den Pelz ab und sprang lachend im Zimmer herum; sie lachte noch, als ich die Treppe hinabstieg, und als ich nachdenkend im Hofe stand, hörte ich noch oben ihr mutwilliges ausgelassenes Gelächter.

»Soll ich Ihnen also Ihr Ideal verkörpern?« sprach Wanda schelmisch, als wir uns heute im Parke trafen.

Anfangs fand ich keine Antwort. In mir kämpften die widersprechendsten Empfindungen. Sie ließ sich indes auf eine der steinernen Bänke nieder und spielte mit einer Blume.

»Nun – soll ich?«

Ich kniete nieder und faßte ihre Hände.

»Ich bitte Sie noch einmal, werden Sie meine Frau, mein treues, ehrliches Weib; können Sie das nicht, dann seien Sie mein Ideal, aber dann ganz, ohne Rückhalt, ohne Milderung.«

»Sie wissen, daß ich in einem Jahre Ihnen meine Hand reichen will, wenn Sie der Mann sind, den ich suche«, entgegnete Wanda sehr ernst, »aber ich glaube, Sie würden mir dankbarer sein, wenn ich Ihnen Ihre Phantasie verwirkliche. Nun, was ziehen Sie vor?«

»Ich glaube, daß alles das, was mir in meiner Einbildung vorschwebt, in Ihrer Natur liegt.«

»Sie täuschen sich.«

»Ich glaube«, fuhr ich fort, »daß es Ihnen Vergnügen macht, einen Mann ganz in Ihrer Hand zu haben, zu quälen –«

»Nein, nein!« rief sie lebhaft, »oder doch« – sie sann nach. »Ich verstehe mich selbst nicht mehr«, fuhr sie fort, »aber ich muß Ihnen ein Geständnis machen. Sie haben meine Phantasie verdorben, mein Blut erhitzt, ich fange an, an allem dem Gefallen zu finden, die Begeisterung, mit der Sie von einer Pompadour, einer Katharina II. und von all den anderen selbstsüchtigen, frivolen und grausamen Frauen sprechen, reißt mich hin, senkt sich in meine Seele und treibt mich, diesen Frauen ähnlich zu werden, welche trotz ihrer Schlechtigkeit, so lange sie lebten, sklavisch angebetet wurden und noch im Grabe Wunder wirken.

Am Ende machen Sie aus mir noch eine Miniaturdespotin, eine Pompadour zum Hausgebrauche.«

»Nun denn«, sprach ich erregt, »wenn dies in Ihnen liegt, dann geben Sie sich dem Zuge Ihrer Natur hin, nur nichts Halbes; können Sie nicht ein braves, treues Weib sein, so seien Sie ein Teufel.«

Ich war übernächtig, aufgeregt, die Nähe der schönen Frau ergriff mich wie ein Fieber, ich weiß nicht mehr, was ich sprach, aber ich erinnere mich, daß ich ihre Füße küßte und zuletzt ihren Fuß aufhob und auf meinen Nacken setzte. Sie aber zog ihn rasch zurück und erhob sich beinahe zornig. »Wenn Sie mich lieben, Severin«, sprach sie rasch, ihre Stimme klang scharf und gebieterisch, »so sprechen Sie nicht mehr von diesen Dingen. Verstehen Sie mich, nie mehr. Ich könnte am Ende wirklich –« Sie lächelte und setzte sich wieder.

»Es ist mein voller Ernst«, rief ich halb phantasierend, »ich bete Sie so sehr an, daß ich alles von Ihnen dulden will um den Preis, mein ganzes Leben in Ihrer Nähe sein zu dürfen.«

»Severin, ich warne Sie noch einmal.«

»Sie warnen mich vergebens. Machen Sie mit mir, was Sie wollen, nur stoßen Sie mich nicht ganz von sich.«

»Severin«, entgegnete Wanda, »ich bin ein leichtsinniges, junges Weib, es ist gefährlich für Sie, sich mir so ganz hinzugeben, Sie werden am Ende in der Tat mein Spielzeug; wer schützt Sie dann, daß ich Ihren Wahnsinn nicht mißbrauche?«

»Ihr edles Wesen.«

»Gewalt macht übermütig.«

»So sei übermütig«, rief ich, »tritt mich mit Füßen.«

Wanda schlang ihre Arme um meinen Nacken, sah mir in die Augen und schüttelte den Kopf. »Ich fürchte, ich werde es nicht können, aber ich will es versuchen, dir zulieb, denn ich liebe dich, Severin, wie ich noch keinen Mann geliebt habe.«

Sie nahm heute plötzlich Hut und Schal und ich mußte sie in den Bazar begleiten. Dort ließ sie sich Peitschen zeigen, lange Peitschen an kurzem Stiel, wie man sie für Hunde hat.

»Diese dürften genügen«, sprach der Verkäufer.

»Nein, sie sind viel zu klein«, erwiderte Wanda mit einem Seitenblick auf mich, »ich brauche eine große –«

»Für eine Bulldogge wohl?« meinte der Kaufmann.

»Ja«, rief sie, »in der Art, wie man sie in Rußland hatte für widerspenstige Sklaven.«

Sie suchte und wählte endlich eine Peitsche, bei deren Anblick es mich etwas unheimlich beschlich.

»Nun adieu, Severin«, sagte sie, »ich habe noch einige Einkäufe, bei denen Sie mich nicht begleiten dürfen.«

Ich verabschiedete mich und machte einen Spaziergang, auf dem Rückwege sah ich Wanda aus dem Gewölbe eines Kürschners heraustreten. Sie winkte mir. »Überlegen Sie sich's noch«, begann sie vergnügt, »ich habe Ihnen nie ein Geheimnis daraus gemacht, daß mich vorzüglich Ihr ernstes, sinnendes Wesen gefesselt hat; es reizt mich nun freilich, den ernsten Mann mir ganz hingegeben, ja geradezu verzückt zu meinen Füßen zu sehen – ob aber dieser Reiz auch anhalten wird? Das Weib liebt den Mann, den Sklaven mißhandelt es und stößt ihn zuletzt noch mit dem Fuße weg.«

»Nun, so stoße mich mit dem Fuße fort, wenn du mich satt hast«, entgegnete ich, »ich will dein Sklave sein.«

»Ich sehe, daß gefährliche Anlagen in mir schlummern«, sagte Wanda, nachdem wir wieder einige Schritte gegangen waren, »du weckst sie und nicht zu deinem Besten, du verstehst es, die Genußsucht, die Grausamkeit, den Übermut so verlockend zu schildern was wirst du sagen, wenn ich mich darin versuche und wenn ich es zuerst an dir versuche, wie Dionys, welcher den Erfinder des eisernen Ochsen zuerst in demselben braten ließ, um sich zu überzeugen, ob sein Jammern, sein Todesröcheln auch wirklich wie das Brüllen eines Ochsen klinge.

Vielleicht bin ich so ein weiblicher Dionys?«

»Sei es«, rief ich, »dann ist meine Phantasie erfüllt. Ich gehöre dir im Guten oder Bösen, wähle du selbst. Mich treibt das Schicksal, das in meiner Brust ruht – dämonisch – übermächtig.«

»*Mein Geliebter!*

Ich will dich heute und morgen nicht sehen und übermorgen erst am Abend, und dann als meinen Sklaven.

Deine Herrin
Wanda.«

»Als meinen Sklaven« war unterstrichen. Ich las das Billett, das ich früh am Morgen erhielt, noch einmal, ließ mir dann einen Esel, ein echtes Gelehrtentier, satteln und ritt in das Gebirge, um meine Leidenschaft, meine Sehnsucht in der großartigen Karpatennatur zu betäuben.

Da bin ich wieder, müde, hungrig, durstig und vor allem verliebt. Ich kleide mich rasch um und klopfe wenige Augenblicke darnach an ihre Türe.

»Herein!«

Ich trete ein. Sie steht mitten im Zimmer, in einer weißen Atlasrobe, welche wie Licht an ihr herunterfließt, und einer Kazabaika von scharlachrotem Atlas mit reichem, üppigem Hermelinbesatz, in dem gepuderten, schneeigen Haar ein kleines Diamantendiadem, die Arme auf der Brust gekreuzt, die Brauen zusammengezogen.

»Wanda!« Ich eile auf sie zu, will den Arm um sie schlingen, sie küssen; sie tritt einen Schritt zurück und mißt mich von oben bis unten.

»Sklave!«

»Herrin!« Ich knie nieder und küsse den Saum ihres Gewandes.

»So ist es recht.«

»Oh! wie schön du bist.«

»Gefall' ich dir?« Sie trat vor den Spiegel und betrachtete sich mit stolzem Wohlgefallen.

»Ich werde noch wahnsinnig!«

Sie zuckte verächtlich mit der Unterlippe und sah mich mit halbgeschlossenen Lidern spöttisch an.

»Gib mir die Peitsche.«

Ich blickte im Zimmer umher.

»Nein«, rief sie, »bleib nur knien!« Sie schritt zum Kamine, nahm die Peitsche und ließ sie, mich mit einem Lächeln betrachtend, durch die Luft pfeifen, dann schürzte sie den Ärmel ihrer Pelzjacke langsam auf.

»Wunderbares Weib!« rief ich.

»Schweig, Sklave!« sie blickte plötzlich finster, ja wild und hieb mich mit der Peitsche; im nächsten Augenblicke schlang sie jedoch den Arm zärtlich um meinen Nacken und bückte sich mitleidig zu mir. »Habe ich dir weh getan?« fragte sie halb verschämt, halb ängstlich.

»Nein!« entgegnete ich, »und wenn es wäre, mir sind Schmerzen, die du mir bereitest, ein Genuß. Peitsche mich nur, wenn es dir ein Vergnügen macht.«

»Aber es macht mir kein Vergnügen.«

Wieder ergriff mich jene seltsame Trunkenheit.

»Peitsche mich«, bat ich, »peitsche mich ohne Erbarmen.«

Wanda schwang die Peitsche und traf mich zweimal. »Hast du jetzt genug?«

»Nein.«

»Im Ernste, nein?«

»Peitsche mich, ich bitte dich, es ist mir ein Genuß.«

»Ja, weil du gut weißt, daß es nicht Ernst ist«, erwiderte sie, »daß ich nicht das Herz habe, dir weh zu tun. Mir widerstrebt das ganze rohe Spiel. Wäre ich wirklich das Weib, das seinen Sklaven peitscht, du würdest dich entsetzen.«

»Nein, Wanda«, sprach ich, »ich liebe dich mehr als mich selbst, ich bin dir hingegeben auf Tod und Leben, du kannst im Ernste mit mir anfangen, was dir beliebt, ja, was dir nur dein Übermut eingibt.«

»Severin!«

»Tritt mich mit Füßen!« rief ich und warf mich, das Antlitz zur Erde, vor ihr nieder.

»Ich hasse alles, was Komödie ist«, sprach Wanda ungeduldig.

»Nun, so mißhandle mich im Ernste.«

Eine unheimliche Pause.

»Severin, ich warne dich noch ein letztes Mal«, begann Wanda.

»Wenn du mich liebst, so sei grausam gegen mich«, flehte ich, das Auge zu ihr erhoben.

»Wenn ich dich liebe?« wiederholte Wanda. »Nun gut!« sie trat zurück und betrachtete mich mit einem finsteren Lächeln. *»So sei denn mein Sklave und fühle, was es heißt, in die Hände eines Weibes gegeben zu sein.«* Und in demselben Augenblicke gab sie mir einen Fußtritt.

»Nun, wie behagt dir das, Sklave?«

Dann schwang sie die Peitsche.

»Richte dich auf!«

Ich wollte mich erheben. »Nicht so«, gebot sie, »auf die Knie.«

Ich gehorchte und sie begann mich zu peitschen.

Die Hiebe fielen rasch und kräftig auf meinen Rücken, meine Arme, ein jeder schnitt in mein Fleisch und brannte hier fort, aber die Schmerzen entzückten mich, denn sie kamen ja von ihr, die ich anbetete, für die ich jede Stunde bereit war, mein Leben zu lassen.

Jetzt hielt sie inne. »Ich fange an, Vergnügen daran zu finden«, sprach sie, »für heute ist es genug, aber mich ergreift eine teuflische Neugier, zu sehen, wie weit deine Kraft reicht, eine grausame Lust, dich unter meiner Peitsche beben, sich krümmen zu sehen und endlich dein Stöhnen, dein Jammern zu hören und so fort, bis du um Gnade bittest und ich ohne Erbarmen fortpeitsche, bis dir die Sinne schwinden. Du hast gefährliche Elemente in meiner Natur geweckt. Nun aber steh' auf.«

Ich ergriff ihre Hand, um sie an meine Lippen zu drücken.

»Welche Frechheit.«

Sie stieß mich mit dem Fuße von sich.

»Aus meinen Augen. Sklave!«

Nachdem ich die Nacht wie im Fieber in wirren Träumen gelegen, bin ich erwacht. Es dämmerte kaum.

Was ist wahr von dem, was in meiner Erinnerung schwebt? Was habe ich erlebt und was nur geträumt? Gepeitscht bin ich worden, das ist gewiß, ich fühle noch jeden einzelnen Hieb, ich kann die roten, brennenden Streifen an meinem Leib zählen. Und sie hat mich gepeitscht. Ja, jetzt weiß ich alles.

Meine Phantasie ist Wahrheit geworden. Wie ist mir? Hat mich die Wirklichkeit meines Traumes enttäuscht?

Nein, ich bin nur etwas müde, aber ihre Grausamkeit erfüllt mich mit Entzücken. Oh! wie ich sie liebe, sie anbete! Ach! dies alles drückt nicht im entferntesten aus, was ich für sie empfinde, wie ich mich ganz ihr hingegeben fühle. Welche Seligkeit, ihr Sklave zu sein.

Sie ruft mich vom Balkon. Ich eile die Treppe hinauf. Da steht sie auf der Schwelle und bietet mir freundlich die Hand. »Ich schäme mich«, sagte sie, während ich sie umschlinge und sie den Kopf an meiner Brust birgt.

»Wie?«

»Suchen Sie die häßliche Szene von gestern zu vergessen«, sprach sie mit bebender Stimme, »ich habe Ihnen Ihre tolle Phantasie erfüllt, jetzt wollen wir vernünftig sein und glücklich und uns lieben, und in einem Jahr bin ich Ihre Frau.«

»Meine Herrin«, rief ich, »und ich Ihr Sklave!«

»Kein Wort mehr von Sklaverei, von Grausamkeit und Peitsche«, unterbrach mich Wanda, »ich passiere Ihnen von dem allen nichts mehr, als die Pelzjacke; kommen Sie und helfen Sie mir hinein.«

Die kleine Bronzeuhr, auf welcher ein Amor steht, der eben seinen Pfeil abgeschossen hat, schlug Mitternacht.

Ich stand auf, ich wollte fort.

Wanda sagte nichts, aber sie umschlang mich und zog mich auf die Ottomane zurück und begann mich von neuem zu küssen, und diese stumme Sprache hatte etwas so Verständliches, so Überzeugendes –

Und sie sagte noch mehr, als ich zu verstehen wagte, eine solche schmachtende Hingebung lag in Wandas ganzem Wesen und welche wollüstige Weichheit in ihren halbgeschlossenen, dämmernden

Augen, in der unter dem weißen Puder leicht schimmernden roten Flut ihres Haares, in dem weißen und roten Atlas, welcher bei jeder Bewegung um sie knisterte, dem schwellenden Hermelin der Kazabaika, in den sie sich nachlässig schmiegte.

»Ich bitte dich«, stammelte ich, »aber du wirst böse sein.«

»Mache mit mir, was du willst«, flüsterte sie.

»Nun, so tritt mich, ich bitte dich, ich werde sonst verrückt.«

»Habe ich dir nicht verboten«, sprach Wanda strenge, »aber du bist unverbesserlich.«

»Ach! ich bin so entsetzlich verliebt.« Ich war in die Knie gesunken und preßte mein glühendes Gesicht in ihren Schoß.

»Ich glaube wahrhaftig«, sagte Wanda, nachsinnend, »dein ganzer Wahnsinn ist nur eine dämonische, ungesättigte Sinnlichkeit. *Unsere Unnatur muß solche Krankheiten erzeugen.* Wärst du weniger tugendhaft, so wärst du vollkommen vernünftig.«

»Nun, so mach' mich gescheit«, murmelte ich. Meine Hände wühlten in ihrem Haare und in dem schimmernden Pelz, welcher sich, wie eine vom Mondlicht beglänzte Welle, alle Sinne verwirrend, auf ihrer wogenden Brust hob und senkte.

Und ich küßte sie – nein, sie küßte mich, so wild, so unbarmherzig, als wenn sie mich mit ihren Küssen morden wollte. Ich war wie im Delirium, meine Vernunft hatte ich längst verloren, aber ich hatte endlich auch keinen Atem mehr. Ich suchte mich loszumachen.

»Was ist dir?« fragte Wanda.

»Ich leide entsetzlich.«

»Du leidest?« – sie brach in ein lautes, mutwilliges Lachen aus.

»Du kannst lachen!« stöhnte ich, »ahnst du denn nicht –«

Sie war auf einmal ernst, richtete meinen Kopf mit ihren Händen auf und zog mich dann mit einer heftigen Bewegung an ihre Brust.

»Wanda!« stammelte ich.

»Richtig, es macht dir ja Vergnügen, zu leiden«, sprach sie und begann von neuem zu lachen, »aber warte nur, ich will dich schon vernünftig machen.«

»Nein, ich will nicht weiter fragen«, rief ich, »ob du mir für immer oder nur für einen seligen Augenblick gehören willst, ich will mein Glück genießen; jetzt bist du mein und besser dich verlieren, als dich nie besitzen.«

»So bist du vernünftig«, sagte sie und küßte mich wieder mit ihren mörderischen Lippen, und ich riß den Hermelin, die Spitzenhülle auseinander und ihre bloße Brust wogte gegen die meine.

Dann vergingen mir die Sinne. –

Ich erinnere mich erst wieder auf den Augenblick,

wo ich Blut von meiner Hand tropfen sah und sie apathisch fragte: »Hast du mich gekratzt?«

»Nein, ich glaube, ich habe dich gebissen.«

Es ist doch merkwürdig, wie jedes Verhältnis des Lebens ein anderes Gesicht bekommt, sobald eine neue Person hinzutritt.

Wir haben herrliche Tage zusammen verlebt, wir besuchten die Berge, die Seen, wir lasen zusammen und ich vollendete Wandas Bild. Und wie liebten wir uns, wie lächelnd war ihr reizendes Antlitz.

Da kommt eine Freundin, eine geschiedene Frau, etwas älter, etwas erfahrener und etwas weniger gewissenhaft als Wanda, und schon macht sich ihr Einfluß in jeder Richtung geltend.

Wanda runzelte die Stirne und zeigt mir gegenüber eine gewisse Ungeduld.

Liebt sie mich nicht mehr?

Maikaterlied

Maikater singt die ganze Nacht:
Der Frühling ist erwacht, erwacht,
Der Frühling ist erwacht!
Gleich einem Reis trägt er den Schwanz;
Wärn Blätter dran, so wärs ein Kranz;
Er flötet:
Oh holde Mimamausamei,
Wer dich zu lieben wagt, der sei
Getötet!
Ich ganz alli-alla-allein,
Nur ich darf dein Geschpusi sein,
Bis daß es morgenrötet.

Im Mai sind alle Blätter grün,
Im Mai sind alle Kater kühn
Und alle Jüngelinge.
Und wer ein Herz hat, faßt sich eins,
Und wär sich keins faßt, hat auch keins;
Singe mein Kater, singe!

Findling

Schwarzäugelein, Blitzäugelein,
Wo ist dein Mutter, wo ist dein Vater.
Zu dem alt Weib bist ausgetan,
Zum Gespielen hast nur den grauen Kater.

Klag sie nicht an, klag sie nicht an,
Dein lieb Mutter, dein lieb Vater.
Die Sommernacht war gar zu warm,
So schön warm wie dein grauer Kater.

Die in ein Weib verwandelte Katze

Vor Liebe war ein Mann vernarrt einst in sein Kätzchen,
Er fand sie niedlich, schön, nannt sie sein zartes Schätzchen –
Sie miaute, ach, so wundervoll!
Kurz, er war toller noch als toll.
Und dieser Mann – durch Tränen und Gebete,
In denen er zum Himmel flehte,
Durch Zauberei und Hexenkunst
Setzt durch er's bei der Götter Gunst,
Und in ein Mädel ward sein Kätzchen
Verwandelt; und der närr'sche Tor
Liebt sie nun als sein wirklich Schätzchen
Noch rasender denn je zuvor.
Nie hat das zärtlichste der Täubchen
Den Lieblingstauber so gehegt,
Wie dieses neugebackne Weibchen
Ihren verschrobnen Gatten pflegt.
Wie er sie kost! Wie sie ihm schmeichelt!
Wie er ihr Wang und Busen streichelt!
So daß zuletzt er ganz und gar
Vergißt, daß sie – 'ne Katze war.

Da hat ein Mäuschen der Vermählten nur erheuchelt
Und flüchtig Liebesglück auf einmal, ach! gestört.
Die Gattin, wie sie's nagen hört,
Springt auf, doch konnt sie nichts erwischen.
Die Maus ist wieder da, das Weibchen stellt vom frischen
Sich auf die Lauer – husch! nun gilt's den Fang!
Doch weil verwandelt sie inzwischen,
Macht sie dem Mäuschen gar nicht bang.
Die Jagdlust blieb ihr immer eigen.
Stets wird Natur so stark sich zeigen!
In reifern Jahren trotzt sie jeglichem Versuch:
Ist erst der Ton durchtränkt, hat Falten erst ein Tuch,
Dann, glaubt, ist jede Müh vergebens
Der Umgestaltung ganz und gar;
Trotz aller Arbeit, allen Strebens
Wird's immer wieder, wie es war.
Such sie mit Prügeln auszutreiben,
Wird die Natur doch immer bleiben,
Wie sie mal ist; und nähmest du
Den größten Stock – 's wird nicht gelingen.
Schlag vor der Nas die Tür ihr zu,
Sie wird zurück durchs Fenster dringen.

Die gelbe Katze

Shakespeare: »Und das ist der Humor davon.«

Nichts wirkt bestimmender als das Unbestimmte. Mit dieser Nutzanwendung pflegte mein Bruder Ernst mir seine Erlebnisse zu berichten. Jetzt ist er tot. Kurz vor seinem Ende schrieb er mir Folgendes!

...Wenn die Frau, für die ich meine eigene verlassen wollte, mit mir von ihrem Manne sprach, kam sie mir immer häßlich vor. Ihre bräunliche Haut wurde dann gelblich, das wilde Haar schien schwarzer und tiefer in die Stirn gewachsen, der Pechglanz ihrer Augen wurde stechend und der Ausdruck des schwungvollen Mundes hilflos. Ich nannte das ihr Dienstmädchengesicht; aber es war mir unerklärlich.

Sie beherrschte den Mann; aber das konnte sie doch nicht mehr fesseln. Sein Körper war ihr unerträglich geworden, sein spöttischer Witz nicht minder. Seine Rachsucht fürchtete sie nicht, und seine Gutmütigkeit verachtete sie. Für Freiheit schwärmte sie wie eine russische Fürstin. Warum also blieb sie noch bei ihm?

Freilich hatte sie ein Kind von ihm. Aber das faßte sie nicht gerne an, trotzdem sie es sehr lieb zu haben glaubte. Mit meinem Töchterchen spielte sie lieber und sehnte sich nach einem Sohn von mir.

Auch auf sein Geld war sie nicht angewiesen; er hätte ihr das ihre nicht vorenthalten, er war ein Ehrenmann. Daß er mich im Duell erschießen könnte, befürchtete sie ebenso wenig; ich hätte ihm zu Ehren mein Leben nicht aufs Spiel gesetzt – (hier log mein Bruder Ernst) – und ihr zu Liebe braucht' ich's nicht, mein Dasein war ihr werter als das Urteil der Leute.

»Ist es, weil du dich vor deinen Eltern schämst?« fragte ich sie eines Tages, während wir auf einem Ausflug waren.

»Ja, vielleicht« – sie lächelte kindlich; ihre tausend Sommersprossen schillerten. Dann machte sie ihr Schlangengesicht, als wollte sie das Wort verschlucken; und gleich drauf lachte sie wie eine Bachantin.

Wir gingen durch mein Lieblingsdorf, ein Krondorf aus der Zeit des großen Friedrich. Es war ein Karfreitag. Zu Ostern wollte sie in ihre Heimat reisen; der Frühling am Rhein war ihr das Paradies. Wenn sie davon sprach, erschien sie mir wie die leibhaftige Jungfrau Maria; ihre nachtbraunen Augen verklärten sich.

Die Kastanienknospen standen schon ganz dick und grün; manche machten schon die Finger auf. Die Ahornblüten glänzten goldgelb durch den blauen

Abend. »Daraus mach' ich mir ein Feenszepter«, sagte sie, »wenn ich mit meinem Vater durch die Berge reite.«

Ich sah sie an – »Es giebt auch böse Feen, Du« – und wollte sie küssen. Zwischen die schwarzen Brauen trat ein queres, zuckendes Fältchen, wie immer wenn sie sich mir überlegen fühlte. Die üppige Nase zuckte mit. Ich küßte nicht.

Plötzlich wurden ihre Pupillen lüstern groß. »Sieh, wie unheimlich!« flüsterte sie und zeigte über die Straße. Alle ihre Sommersprossen, selbst auf den Lippen, schienen verschwunden. Der schwellende Mund wurde dunkler. Das war ihr Hexengesicht; das sechste, das ich an ihr kannte.

Ich ging mit ihr hinüber. Auf einem künstlichen Hügel stand ein seltsames Häuschen hinter dem Zaun. Es war stets unbewohnt, ich kannt'es schon. In der hellen Dämmerung sah es noch spukhafter aus.

Zwei riesige Platanen streckten ihre noch kahlen Aeste wie Leichenknochen über das flache Dach. Die Wände waren fahl und fleckig. Links wiegte ein verkrümmter Lebensbaum sein finstres Laub. Mitten aus der Vorderwand schob sich ein rundes Spitztürmchen vor, das an chinesische Hüte erinnerte; die Thür war verschlossen. Um die kleinen Bogenfenster krochen Borten aus gothischem Schnörkelwerk; die Scheiben waren so schwarz wie die Pupillen meiner Begleiterin. Zwischen der rechten Ecke des Hauses und dem Stamm der einen Platane ging die gelbrote Sonne unter.

»Hier möcht' ich manchmal wohnen«, sagte die schöne Frau. In diesem Augenblick kam langsam über den Hügelrücken, grade wie aus der Sonne heraus, eine große gelbrote Katze und setzte sich vor die verschlossene Thür.

Das Bild verstimmte mich, so tief voll Stimmung es war. Die schwarzbraunen Augen des Viehes erinnerten mich unbestimmt an eine Kindesmörderin aus einem Wachsfigurenkabinett. Die Sonne war verschwunden; das Fell sah nun noch gelber aus, fast seidig. Sie starrte blinzelnd herunter auf uns; mich fröstelte. Ich klatschte in die Hände; sie lief weg.

Die schöne Frau war zusammengefahren und sah mich unwillig an. »Ich liebe Hauskatzen nicht«, sagte ich rauh. Sie nickte stumm und nahm hingebend meinen Arm. Wir wandten uns zur Heimkehr, aber der böse Eindruck verließ mich nicht. Je zärtlicher sie mit mir sprach, umso verstimmter wurde ich. Ich schob es auf den Karfreitag. Immerfort durch unser Geflüster hörte ich Jesu Trostwort an den gekreuzigten Mörder: Heute noch wirst du mit mir im Paradiese sein.

Fast verlegen küßt' ich sie zum Abschied, und sagte lachend: »Auf Wiedersehen, Magdalena«. Sie machte ihr Jungfraungesicht.

Die Nacht drauf träumte mir – (mein Bruder Ernst hielt nämlich Träume gleichfalls für Erlebnisse) – ich sähe aus dem Fenster und schräg mir gegenüber stünde das seltsame Häuschen. In den schwarzen Scheiben glomm das Sternlicht. Plötzlich wurden sie blendend hell, das ganze Haus stand erleuchtet bis in den löchrigen Schornstein hinauf, Fenster und Thürflügel klappten auf, und aus Allem was offen war, Luken und Löchern, vom Dach herab und von den Wänden, sprangen unzählige schwarze Katzen und stoben lautlos in die vier Winde. Zuletzt kam langsam eine große gelbe aus der Thür, starrte blinzelnd nach mir her, und verlor sich gleichfalls in die Finsternis. Dann schloß das Haus sich ebenso lautlos und war mit Einem Schlage wieder dunkel.

Der Morgen kam. Ich saß mit meiner Frau beim Kaffee; wir besprachen unsre Trennung. »Wenn du mit Bestimmtheit fühlst«, sagte sie mit ihrer treuen Stimme, »daß die Andre für dein Glück geschaffener ist als ich, darf ich dich nicht halten« – da ging die Flurglocke.

Das Dienstmädchen meldete, ein fremdes Fräulein wünsche mich zu sprechen; ich ging ins Nebenzimmer. Eine große junge Dame trat mir entgegen; ich erschrak. Sie war ganz in gelbe Seide gekleidet, ihr schwarzes Haar bedeckte ein Strohhut mit einem Zweig von künstlichen Ahornblüten; sie hatte alle Züge der schönen Frau, nur nicht so sarazenisch, gleichsam zahmer. Ich stand sprachlos.

War sie's doch vielleicht? Nein! Gestern war sie verreist. Und jeder Zug war mir doch fremd. Und eine Schwester hatte sie nicht.

Die Dame lächelte kindlich; ihre tausend Sommersprossen schillerten. »Sie kennen mich wohl nicht«, fragte sie leise; ich verneinte beklommen. »Ich bin die gelbe Katze«, sagte sie schnurrig; mich fröstelte. Dann fiel mir ein: vielleicht ein Scherz der schönen Frau – sie hatte Bekanntschaft in Bühnenkreisen. Die Dame blinzelte und zwischen ihre Brauen trat ein queres Fältchen; »ich soll Sie abholen«, flüsterte sie.

Aus ihren Augen sah ein schlangenhafter Glanz, der mich bestrickte. »Gleich?« fragte ich. »Gleich!« Wir gingen.

Wir gingen schweigsam die Treppen hinunter; vor der Thür stand ein Wagen. Wir fuhren durch zahllose Straßen, ebenso schweigsam; sie schien mich garnicht zu beachten. Die Straßen wurden enger, die Häuser immer höher, die Gegend mir unbekannt. Einmal nickte sie flüchtig; da sah ich eine schwarze Katze durch einen Thorweg huschen. Einmal strich sie sich ihr wirres Haar mit ihrem gelben Handschuh glatt. Endlich hielt der Wagen; ich folgte ihr willenlos.

Wir gingen durch einen dumpfigen Hof, dann mehrere eiserne Stiegen empor, und durch viele halbdunkle Gänge. Ein wahres Labyrinth von Haus; die Luft roch modrig. Vor einer pechschwarzen Flurthür machte sie Halt und drückte auf ein Unsichtbares. Die Thür sprang auf, ich stand geblendet. Eine stechende Lichtpracht schlug mir, wie von tausend Kronleuchtern, entgegen.

Als ich zu mir kam, stand ich in einem Saal, der unabsehbar schien; vor mir, hinter mir, nach allen Seiten Spiegelwände. Und mitten durch den Saal, der Länge nach, von allen Seiten wiedergespiegelt, stand eine endlose Reihe von lautlos sich drehenden schwarzgekleideten Damen und lautlos hopsenden mausegrauen Herren, wie nach dem Rhythmus einer übersinnlichen Tanzmusik.

Keine der Damen – (hieraus entnahm ich, daß mein Bruder Ernst noch immer träumte) – hatte bloß einen Herrn, die meisten zwei manche auch drei; einige schienen ein Dutzend zu haben, falls mich die Spiegel nicht täuschten. Alle trugen sie, so lustbar sie sich drehten, einen sonderbar hilflosen Trübsinn zur Schau, fast wie Automaten; die mittelste hielt ein weinendes Kind im Arm.

Immer wenn sich Eine der Damen dem Einen ihrer Herren etwas tiefer hinbog, that Der einen besonders hohen Hops, sodaß die mausegrauen Frackschöße, die sonst bis auf den Boden schlappten, die Luft durchschwänzelten. Dann warfen ihm die andern Herren, zumal die dicken, wütende Blicke zu;

aber die Dame lächelte kindlich, dann wurden selbst die dicksten wieder sanft.

Mir fing an schwindlig zu werden; ich sah mich um nach meiner gelben Führerin. Ein Schauder beschlich mich: alle ihre Sommersprossen waren verschwunden. Die Pupillen hexenhaft groß, stand sie wie die Fürstin dieses Tanzspiels da und schüttelte die bachantischen Locken. Ihr Haar war aufgegangen, der Strohhut lag am Boden. In der Rechten hatte sie den falschen Ahornblütenzweig und schwang ihn wie ein Szepter. Das Gesicht war dunkelbraun, die schwungvolle Nase schien eingebogen. Sie nickte mir zu.

In diesem Augenblick sprang hinter ihr die Spiegelthür von Neuem auf; und stumm herein, in mausegrauem Frack, die Schöße zwischen den Fingerspitzen, grade auf mich los, kam der Gatte der schönen Frau gehopst. Ich wollte laut hell auflachen, da seh ich in der Spiegelthür, die langsam wieder zugeht, entsetzt mich selbst im mausegrauen Frack, und plötzlich fang' ich auch mit an zu hopsen.

Ich ringe verzweifelt nach Stillstand. Ich werfe der schönen Frau die ernstesten Blicke zu. Vergebens. Je tiefer sie mir in die Augen blinzelt, umso höher hopse ich.

Ich suche dem Gatten näher zu kommen. Ich will ihn zwingen mich festzuhalten. Er sieht mich spöttisch an und hopst.

Ich will ihm beweisen – ich hopse. Ich will ihm zeigen – er hopst. Ich will ihn ermorden – wir hopsen.

Ich will der schönen Frau zu Füßen stürzen. Ich will sie beschwören gnädig zu sein, ich kann nicht: ihre braune Haut wird häßlich gelb, ihr Haar scheint mähnenhaft gesträubt und tiefer in die Stirn gewachsen, ihr Blick wird stechend, der Ausdruck des üppigen Mundes hilflos: sie hat ihr Dienstmädchengesicht.

Ich schreie schmerzhaft auf – ich bin wach.

Neben mir am Bett stand meine Frau mit unserm Töchterchen und strich mir durchs Haar. »Vater«, sagte die Kleine, »du hast so furchtbar komisch ausgesehn.« Ich küßte Beiden die Hände …

Seit diesem Morgen – so schloß mein Bruder Ernst sein seltsames Schreiben – ist mir die gelbe Katze nicht mehr gefährlich. Bald darauf starb er in einem Duell, trotzdem er sehr gut schoß. Nichts wirkt bestimmender als das Unbestimmte.

Erinnerung

Heinrich Heine

Erinnerung

Dem einen die Perle dem andern die Truhe,
O Wilhelm Wisetzki, du starbest so fruhe –
Doch die Katze, die Katz' ist gerettet.

Der Balken brach, worauf er geklommen,
Da ist er im Wasser umgekommen –
Doch die Katze, die Katz' ist gerettet.

Wir folgten der Leiche, dem lieblichen Knaben,
Sie haben ihn unter Maiblumen begraben –
Doch die Katze, die Katz' ist gerettet.

Bist klug gewesen, du bist entronnen
Den Stürmen, hast früh ein Obdach gewonnen –
Doch die Katze, die Katz' ist gerettet.

Bist früh entronnen, bist klug gewesen,
Noch eh du erkranktest, bist du genesen –
Doch die Katze, die Katz' ist gerettet.

Seit langen Jahren, wie oft, o Kleiner,
Mit Neid und Wehmut gedenk ich deiner –
Doch die Katze, die Katz' ist gerettet.

Der Letzte seines Stammes

Mitten in dem einsamen Bergwalde liegt ein tiefer Erdfall. Jäh stürzen die grauweißen, zerborstenen Gipsfelsen an seinen Steilwänden ab. Eine Fichtendickung, ein schwarzer, verfilzter Klumpen, umringt ihn zur Hälfte. Ihr gegenüber am anderen Rande ragt aus weichem, leuchtendem Moose eine steinerne Säule empor, ein grober, ungeschlachter Block. Die Inschrift, die das Denkmal trug, ist nicht mehr zu deuten. Schwach hebt sich aus der grauen Flechtenkruste ein kunstloses Kreuz ab, roh in den Stein gemeißelt, und ebenso grob hineingehauen ist das gestielte Dreieck daneben. Es soll ein Beil vorstellen.

Kein Mensch weiß, zu wessen Gedenken der Blutstein gesetzt wurde. Aber er machte den Wald unheimlich. Kein Bauer, kein Holzarbeiter geht gern allein hier vorbei. Es geht da um. Man hört es rascheln und sieht nicht, was da geht. Man hört es schreien und weiß nicht, von wem. In der Dämmerung tanzen grüne Lichter um den Stein. Der alte Waldwart hat sie oft gesehen.

Auch heute, an diesem hellen Maienmorgen, sieht er unhold aus, der graue Block. Unheimlich sind die Blumen, die um seinen Sockel blühen: blasser gedunsener Aronstab, menschenhautfarbiger Schuppenwurz, der Vogelnestwurz, wachsgelbe Blütengespenster, der Nachtviole leichenfarbene Blumen. Das Reh, das am Rande des Erdloches entlang zieht, verhofft jäh, äugt nach dem Mordsteine, windet, tritt hin und her und flüchtet laut schreckend von dannen. Eine Märzdrossel, die mit einer bunten Schnecke im Schnabel auf einem Felsbrocken einfällt, läßt ihre Beute fallen und stiebt mit Gezeter ab. Der Rotspecht, der vorüberschnurrt, hebt sich höher und schreit entsetzt auf. Der Holzschreier wendet jäh seinen Flug und kreischt voller Angst. Auch das Rotkehlchen flattert mit Furchtgeschrille davon.

Der graue Felsblock am Sockel des Mordsteins, schwarz gestreift von den Schlagschatten der Eschenzweige, gelb gefleckt von einfallendem Lichte, hat Leben bekommen. Er reckt sich, streckt sich, läßt eine grau und schwarz geringelte Schlange sich winden und drehen, rundet sich, dehnt sich und bläht sich, wird lang und dünn und kurz und dick, läßt zwei grüngelbe Lichter aufblitzen, eine rote Flamme aufleuchten, duckt sich, schnellt sich empor und bildet plötzlich eine seltsame Bekrönung des unheimlichen Steins.

Sie haben alle recht, die da sagen, bei dem Warloche gehe es um, da schleiche unhörbar ein Gespenst, da schreie ein unsichtbarer Kobold, da blitzten grüne Augen. Has' und Reh, Eichhorn und Haselmaus, Drossel und Rotbrüstchen, sie kennen es allzugut, das graue Gespenst, das leise heranschleicht und lautlos zufaßt mit unfehlbarem Griffe und sicherem Biß. Die letzte Wildkatze des Tales ist es, die im alten Mutterbau auf dem Grunde des Warloches haust, ein Kuder, so stark wie ein alter Fuchsrüde.

Oben auf dem Denkmale bleibt er eine Weile sitzen, den Sonnenstrahl genießend, der durch das Eschenlaub auf seinen Rücken fällt. Dann stellt er sich aufrecht, reckt die Lunte steif empor, rundet den Rücken, macht ihn lang, reckt sich und gähnt, setzt sich, wäscht und putzt sich und ist im Nu wieder am Boden, wo der alte Holunderbusch den schiefen Stamm über das Erdloch schiebt. Der Kuder reibt, wohlig schnurrend, den Rücken an dem rauhen Stamm, dann fährt er zurück, springt vor, versetzt der Rinde einen Prankenhieb, zieht die Krallen durch die Rinde, ganz schnell viele Male und dann wieder ganz sacht, bis die Rinde wund ist und stechender, dumpfer Duft ihr entströmt. Und da wirft sich der Waldkater schnurrend und murrend und knurrend gegen sie, streichelt sie zärtlich, drückt die Nüstern an sie, versetzt ihr grausame Krallenhiebe, reißt Bastfetzen herunter, wirft sich auf den Rücken und zerfetzt das starkriechende Laub mit langsamen Griffen und schnellt plötzlich auf alle vier Läufe, zu Stein erstarrt, die Gehöre steil aufgerichtet, und lautlos gleitet er an der Gipswand hinab.

Es knickte ein dürrer Stengel, es knitterte ein trockenes Blatt, leise, ganz leise, aber doch nicht so leise, daß des Katers scharfes Gehör das Geräusch nicht richtig deutete. Das war nicht Reh und nicht Has' und war nicht Vogel und war nicht Maus, das war nicht Bauer und war nicht Magd, das war die seltsam riechende Sohle, die seit dem letzten Vollmond den Wald durchschleicht.

Tief unter der Erde, hinter der steilen Gipswand, da liegt der Kater in sicherer Ruh. Kein Grabscheit stört ihn dort, kein Rauch erreicht ihn da, kein Hund kann zu ihm heran. Da sind Gänge, die der Dachs grub, den der Fuchs vertrieb, der die Fluchtröhren scharrte. Da sind jähe Spalten und steile Kanten, und hinter ihnen verrotten die Gerippe der Teckel, die an Dachs und Fuchs und Katze jagten und niemals wieder zutage kamen. Dort ist so weich der Mulm und so trocken der Lößboden, warm ist es da zur Winterszeit und sommertags so kühl. Dort ist der heimliche Jäger in guter Hut und kann den Tag verschlafen und träumen, soviel er mag.

Er schläft und träumt. Die Rutenspitze zuckt, die Krallen schlüpfen aus dem Sammet der Pranken heraus, greifen in die Luft und verkriechen sich wieder. Alte Bilder brachte der Traum. Von jener Zeit, als der Kater noch ein Kätzchen war, das mit seiner Mutter buschiger Lunte spielte, als das erste der drei Geschwister, das den Wert der Krallen erkannte. Er hatte als erster die Maus an sich gerissen, die die Kätzin zu Bau trug, zuerst den Siebenschläfer geknickt, die flügge Drossel gewürgt, den Junghasen totgequält, ehe die Geschwister es sich trauten. Und als erster hatte er geweidwerkt, sich an das Eichkätzchen herangepirscht, als es Pfifferlinge suchte, es im Sprunge gerissen und stolz zum Warloche geschleppt.

Er erwacht, blinzelt um sich, reckt sich und steigt bedachtsam über die Kanten und Spalten. Mitten in der kleinen Lichtung und Fichtendichtung mündet das Notrohr, das der Fuchs sich scharrte. Kein Jäger findet es; ein breitverzweigter Fichtenast spreizt sich darüber hin. Immer ist es dort überwindig und trocken, und es kommt Sonne genug dahin. Und so weich ist das rote Nadelwerk und das seidene Moos. Da träumt es sich noch besser als unter Tage von heimlichen Pirschgängen in lauen Sommernächten, von Fischweid im Februar am Klippenufer des Baches, wenn die Forelle laichdumm ist und sich so bequem am Ufer angeln läßt.

Über Minnefahrten läßt sich dort nachsinnen. Weit weg führen sie in rauher Berge schwarze Fichtenwälder, denn ringsumher lebt keiner mehr vom Geschlechte der freien Katzen. Als die alte Kätzin todwund zu Bau gefahren kam, mit zersplitterten Knochen, als sie kalt war und die Witterung verlor, da hatten sich die drei Geschwister zerstreut. Sie fanden sich nicht wieder zusammen, trotz des Ältesten allnächtlichen Sehnsuchtsrufes einen ganzen Hornung hindurch. Da war er fortgezogen, hatte tagsüber in Felslöchern und Dachsbauen geschlafen, zwei Zehen in einem Eisen gelassen, sich mit einem schnellen Hunde gebalgt, Schrote hatten seine Keulen geschrammt und eine Kugel ihm Felssplitter um den Kopf gesprengt. Da zog es ihn wieder in das heimatliche Tal zurück.

Im Februar aber trieb es ihn, wenn er in Busch und Klippe Nacht für Nacht umhergestrichen war, kläglich nach Minnelohn jammernd, hinaus in die Fremde, über kahle Felder, in unbekannte Wälder, wo er seinesgleichen antraf. Grimmige Gefechte hatte er bestehen müssen mit freien Katern, zerrissen war oft sein Balg und rot seine Pranken, aber immer hatte er obgesiegt und seine Lust büßen dürfen. Aber allzu gefahrvoll wurden ihm die Minnefahrten, und so strich er nachts an dem Dorfe entlang, trieb die unfreien Kater vor sich her und jagte ihnen ihre Bräute ab, und die Bauern fanden es verwunderlich, daß die jungen Katzen in ihren Ställen von Jahr zu Jahr grauer wurden und dickere Köpfe, rauheres Haar und kürzere Schwänze bekamen. Als aber der Jäger, der jeden Juli hier auf den roten Bock weidwerkte, ihnen sagte, in den Katzen stecke wildes Blut, da lachten sie und sagten, die letzten Wildkatzen in der Gegend hätte der Förster vor sechs Jahren im Eisen gefangen und an die Schule der Kreisstadt gegeben.

Der Jäger aber spürte nach jedem Regen alle Wege ab, und er sah sich jeden alten, geschundenen Holunderbusch an und strich um jeden Bau und lauerte an allen Uferstellen, wo er die Reste von Forellen fand, und saß stundenlang vom Abend bis tief in die Nacht auf dem Hochsitz, bei unsicherem Mondlicht in den Wald spähend, und ließ sich auslachen von dem Förster und von den Holzarbeitern, weil es ihm dieses Jahr mit den Böcken nicht glücken wollte, denn er hatte sich gelobt, nicht eher wieder den Finger auf einen Bock krumm zu machen, bis daß das Kitz gerächt sei, das er im Busche fand, mit den Krallennarben an der Kehle und dem säuberlich benagten Blatt. Denn daß das der Fuchs nicht gewesen war, das stand für ihn fest.

Und so hatte er vorgestern und gestern, wie die Tage vorher, vor Tau und Tag die Krone der alten Samenbuche erstiegen, die oberhalb des Warloches an dem Zwangspasse zwischen den grauen Klippen steht, sich im Frühwind vor Frost geschüttelt, in der Mittagsglut vor Hitze geseufzt und sich nicht gerührt und geregt und immer nur auf die Sohle des Erdfalles, nach dem schwarzen Flecke an der Wand, der grauen Gipswand, gestarrt. Und einmal, als ihm der Schlaf Sand in die Augen warf und er fester in den Riemen hineinsank, mit dem er sich an den Stamm geschnürt hatte, da hatte er geträumt, die Wildkatze stände unter ihm, und war wach geworden. Und als er sich die

Augen rieb, da stand sie auf dem Blutsteine und verschwand, ehe er den Dreilauf von dem Astzacken nehmen, scharf machen und anbacken konnte, wie ein Schemen, wie ein Traumgesicht.

Wie er dann, müde und verärgert, jeden Fleck um die Fichtendichtung abspürte, da fand er die starke Katzenspur, und jeden Raum zwischen den jung Fichten absuchend, stieß er auf das Notrohr und überlegte nicht lange und verwitterte es nach Jägerart in gröblicher Weise, um den Kater zu zwingen, dort aufzutauchen, wo er ihm sichtig kommen mußte. Und jeden Tag verwitterte er das Notrohr von neuem, und alle dicken schwarzen Käfer und alle fetten blauen Fliegen wußten das bald und brummten und summten nach der Dickung hin, und nun auch an diesem Spätnachmittage war dort ein großes Gebrummse und Gesummse.

Der alte Kater will dort den Abend erwarten. Langsam schiebt er sich in dem Notrohr entlang. Schon von weitem vernimmt er das Summen und Brummen, und die üble Witterung fällt ihm ziemlich auf die Nerven. Er reckt sich, schiebt sich vor und starrt nach der Lichtung. Dann fährt er zurück und schleicht über die Felszacken, springt über die Spalten und bleibt lange nachdenklich auf seinem Schlafplatze sitzen. Endlich schiebt er sich voran, Zoll um Zoll, bis er sich der Mündung des Hauptrohres nähert. Da verhofft er lange Zeit, windet und äugt, bis Mausepfiff und Jungvogelgepiepe seinem Magen heftiger zusetzen. Da steckt er den dicken Kopf aus dem schwarzen Loche und äugt an den Gipswänden entlang.

Kein Blatt rührt sich, es regt sich kein Halm. Fern pfeifen die jungen Käuze, im Stangenort ruft ein Kitz nach der Ricke, Mäuse schrillen, die Fledermaus zwitschert, Rotkehlchen singt sein letztes Lied. Lautlos schleicht der Kater an der Schattenseite des Felskessels entlang, unhörbar schnürt er an der Wand empor, unter dem Holunderbusch verharrt er lange reglos, den Kopf hin und her wendend, jedes Abendfalters Schwingenschlag, jedes Käfers Gekrabbel vernehmend. Und nun steht er auf dem Mordsteine, setzt sich und äugt ringsumher.

Ein ganz leises Kratzen in der alten Buche reißt seinen Kopf herum. Aber oben aus den Kronen der Bäume kam noch nie ein falscher Laut, eine gefährliche Witterung. Lange starren seine grünen Seher in den breiten Wipfel. Es lebt und webt da etwas. Vielleicht der Siebenschläfer oder eine Taube, die sich im Schlafe rührt, ein Häher oder die Eule.

Ein roter Blitz zerreißt die Dämmerung, ein Hagelgeprassel zerschmettert den Holunderbusch, ein Donner fällt in die Ruhe des Waldes, Stinknebel tanzt blau um den Silberstamm der Buche; die Taube prasselt durch das Laubwerk, der Hase rauscht durch das Gekräut, der Berg wirft den Donner zurück und trägt der Rehe Schrecken heran.

In der alten Buche raschelt und knistert es. Etwas Großes, Graues klettert in ihrem Astwerk, steigt langsam herab, fällt dumpf zu Boden. Ein Lichtchen brennt auf, fährt hinter ein Glas, eine Flamme leuchtet, tanzt nach dem Blutsteine und schwebt um ihn herum, den Stein beleuchtend und ein braunes Mannesgesicht rot färbend.

Die Augen des Jägers leuchten auf. Rote Flecken findet er auf dem grauen Stein und ein graues Büschel an einem roten, nassen Fetzen, der zwischen den zerschossenen Flechten hängt. Und weiter nichts, gar nichts. Auch nicht an den Wänden des schwarzen Schlundes, auch nicht auf dem Schotter der Sohle des Erdfalles, auch nicht in der Mündung des Baues. Er führt einen belaubten Zweig hinein und zieht ihn heraus, jedes Blatt ableuchtend. Nichts! Doch, hier ein winziges Fleckchen Schweiß.

Der Jäger wirft sich lang hin, schiebt sich vor den Bau, legt das Ohr vor das Rohr, hält den Atem an und lauscht. Schwach, als wäre es unendlich weit, ertönt ein einziger dünner kläglicher Laut, einmal nur, und dann nicht mehr.

Der Holunderbusch wird keinen Krallenhieb mehr spüren, kein Kitz klagt mehr unter dem Prankengriff, keine Forelle fliegt mehr im Bogen auf den Uferschotter.

Der Letzte von der Sippe der freien Katzen weit und breit ist nicht mehr.

Der Selbstmord eines Katers

O Mensch, sei lieb
Nicht nur zu dir:
Was stieß und trieb
Das arme Tier,
Den kleinen, schwarzen Kater fort?
Im Leben hilft nur selige Tat,
Zu spät wird Reue Wort.

Seine Eltern hab ich nicht gekannt. Auf unserm Hof ist er nicht aufgewachsen. Es muß ihm aber jedenfalls hundeschlecht gegangen sein, denn gewöhnlich verlassen Katzen das Haus ihrer Jugend absolut nicht. Der arme, schwarze Teufel kam zu mir, rieb sich an meinen Füßen und bat mich inständig um meine Protektion. Daß er zu mir kam, ist ein Wunder. Fremde Kater sind sonst sehr scheu. Er war total verhungert und räudig. Da nahm ich ihn auf. Denn auch ich war räudig. Ich hatte bei der Matura nicht geahnt, daß man zur Füllung von Thermometern außer Weingeist und Quecksilber auch Toluol verwenden kann. Und ich wußte noch eine Menge derartiger Toluole nicht. Nachprüfung. Ich bin allein und zähl die Blätter, die von den Bäumen fallen. Ich laß das Fenster offen: es wär mir ein Erlebnis, wenn mich eine Gelse stechen wollte.

Wie gesagt, brachte er ein schwarzes Fell über sich. Beim Gesinde hieß er deswegen Zigeuner: Zsigan. Ich nannte ihn Kerouen. Thomas Kerouen. Die zwei Namen dürfen nicht befremden. Meine Kater haben immer Vor- und Zunamen. Ich füll sogar einen Meldezettel für sie aus. Die Polizei wünscht es.

Er war noch jung, etwa ein Jahr alt. Oft spielte er mit einem kleinen, braunen Hund namens Libor.

Tagsüber war er im Bureau – auf den Fruchtböden gab es Legionen von Mäusen, die ihn nicht zu Atem kommen ließen. Er blieb bei ausgezeichneter Verköstigung so schlank, so mager wie zuvor. Man wird fragen, viele Leute wird es interessieren, was Kerouen gegessen hat? Nun, so opulent wie bei hanseatischen Mahlzeiten ging es nicht her. Es galt für ihn die gewöhnliche, auf Milch, Milchbrei, einfache Mehlspeisen, Suppen, Grünzeug, Fleischabfälle, Hühnerknochen beschränkte Katzendiät. Aber wenn er nach erfolgreicher Jagd durchs offene Fenster zu mir aufs Sofa sprang, zu spinnen begann und die dürren, staubbedeckten Flanken an mir zu reiben versuchte, dann konnt ich ihn unmöglich mit dieser ordinären Hausmannskost abspeisen.

Ich hätt nicht so gut zu ihm sein sollen. Das wär für uns beide besser gewesen. Bei Licht schien er ein alltäglicher Gesell, in der Nacht wirkte er leicht unheimlich. Ich mußt ihn einige Zeit durch bei mir im Kabinett übernachten lassen. Er fing die Mäus weg, gut – doch wenn ich aus schweren Alpträumen erwachte, saß der schwarze Dämon mit grün glitzernden Augen auf meiner Brust und schnurrte irgendeinen Siegeshymnus. Ich ließ ihn nicht mehr ins Kabinett. Aber damit er nicht glaube, ich gönn ihm etwa die darin befindlichen Mäus nicht, stellt ich Fallen auf. Fing sich ein Tierchen, ging ich mit der Falle zum Brunnen, ersäufte die Maus und wartete mit ihr dem Kater auf. Kerouen hatte sonderbarerweise keine Abneigung gegen Mausfallen, es fiel ihm nicht ein, die Konkurrenz zu zertrümmern, er lebte offenbar in der Idee, das seien in seinen Diensten stehende Vorrichtungen, tributäre Instrumente, die ihm aus irgendwelchen Gründen Nahrung zu liefern hätten. Andererseits brachte er sie mit mir in Beziehung, er ließ sich nichts schenken, revanchierte sich regelmäßig: ab und zu, wenn er eine besonders fette Maus erwischt hatte, schleppte er sie zu mir, legte sie vor meinen Füßen nieder und sah mich an. Um ihn nicht zu beleidigen, mußt ich die Maus annehmen.

Wenn es besonders heiß war, pflegt ich nach Tisch im Schatten der Mauern auf einer Wiese zu schlafen, die hart am Hinterhaus lag. Hie und da besuchte mich Kerouen. Er staunte über die Flugsprünge der Heuschrecken, hüpfte in drolligen Schwüngen hinter ihnen her, und manchmal gelang es ihm sogar, eine zu haschen. Die grätenartigen Beine biß er weg, das übrige behagte ihm. Seine Besuche waren also nicht ganz uneigennützig. Ich fühlte mich dadurch nicht gekränkt, sondern ging noch einen Schritt weiter: ich machte ihn auf die Frösche aufmerksam. Aber er verschmähte selbst die jüngsten, zartesten, behendesten, ließ sie unbehelligt ihren Weg ziehen zu den seligen Sümpfen. Ich bin überzeugt: manche Katzen haben dieselbe Abneigung gegen Froschschenkel, wie wir sie gegen Hundefleisch besitzen.

Ich hab eine aufregende Bekanntschaft gemacht. Sie heißt Miaulina, trägt ein blaues Seidenschleiferl um den Hals und beschäftigt drei Kater. Kerouen ist einer von ihnen. Miaulina und Kerouen geben sich hie und da auf der Wiese ein Rendezvous. Es ist ihm also gar nicht eingefallen, meinetwegen die Wiese zu besuchen! So ein Schlankel!

Auch wir haben eine neue Wirtschafterin bekommen. So sehr ich mich gegen aufdringliche Parallelismen sträube: Kerouen und ich scheinen Schicksalsgenossen zu sein. Sie heißt gräßlicherweise Sabine, trägt einen Rosenkranz um den Hals und beschäftigt, soviel ich sehen kann, nur zwei Kater. Ich hätt also das Recht, zu Kerouen »Etsch!« zu sagen. Wenn ich's unterlaß, liegt das daran, daß der eine Kater für zwei ausgibt. Es erhöht die Freude des Wettbewerbs, so der Konkurrent ein Cousin ist. Kompliziert und gefährlich wird die Sache erst dann, wenn der Betreffende nicht nur Cousin, sondern auch Hauslehrer ist. Ich hab mich ja der neuen Wirtschafterin noch nicht entschieden genähert, es wär mir aber sehr peinlich, falls mich Robert einmal bei ihr träfe und sagte: »Albrecht! Wo sind wir stehengeblieben? Geh lieber Physik lernen.« Als ob das nicht die wahre Physik wäre.

Ich sah Zeichnungen von Rops durch, als Sabine in mein Kabinett trat. Schnell klappt ich die Mappe zu, damit sie mich frage, warum ich die Mappe so schnell zugeklappt hab. Natürlich fiel sie hinein. Ich verweigerte die Auskunft. Sie sagte: »Sie werden mir's schon zeigen, Herr Wodianer!« Ich zweifelte nicht daran.

Robert hat einen größeren Schnurrbart. Er ist auch drei Jahre älter und bald Kadettoffizierstellvertreter. Zwischen seinem und meinem Kabinett liegt Sabines Schlafzimmer. Sie schläft nicht allein, zu ihren Füßen: auf einem Strohsack schnarcht das Küchenmädchen. In der Nacht begann der Trampel zu schreien: Ich eilte ins Schlafzimmer, da hörte die Neidische auf zu brüllen: sie wies auf Sabines Bett – es war leer. »Der Herr Robert hat sie zu sich ins Kabinett getragen!« heulte die Magd.

Auch Kerouen ging es nicht gut. Seinen Geschmack billigte ich nicht. Miaulina war eine Allerweltskatze und zog ihm einen mächtigen, graugestreiften Angorilla und einen einäugigen Kater vor, der einen lichtbraunen, grobkarierten Anzug trug.

Sie lief ihnen schnurrend und spinnend entgegen, warf sich auf dem Rücken hin und her, als wär ihr Rückgrat gebrochen, bot ihnen werbend den Bauch, wälzte sich wollüstig und schrie abscheulich. Der schmächtige Kerouen siegte nicht immer in den Kämpfen, und dann geschah es oft, daß sich ein fremder Kater im Hinterhof breitmachte und die ganze Nacht hindurch in der Brunst wie ein Schwein grunzte, wie ein Hund murrte, wie ein Kind klagte. Kerouen hatte das Seinige getan, der faulen Miaulina oft eine Riesenmaus gebracht, aber Mäuse sind in der Liebe nicht das einzig Ausschlaggebende. Und nach so einer Nacht, die von dem frechen Miauen, von dem unverschämten Gewinsel des graugestreiften Katers erfüllt gewesen, war der besiegte und verschmähte Kerouen immer sehr melancholisch gestimmt: er kam wieder zu mir. Ich wußte, daß unglückliche Liebe vernichtet, und trachtete, ihm nach Kräften zu helfen.

Kaum Nacht über die Erde gefallen war, ob nun Regenschauer uns anprusteten oder aus blauhinhallendem Himmel der Mond uns sein kalkweißes Licht ins Gesicht schlug, Kerouen und ich zogen zu Felde, gingen nach dem Hinterhof. Er lief murrend einige Schritte voraus, ließ mich nicht nahkommen; ich schlich bewaffnet hinterdrein. Irgendwo im Dunkel ruhte gewöhnlich Miaulina und eilte Kerouen entgegen. Sie hatte für jeden Liebhaber dieselben Formalitäten, das Weitere allerdings mußten die Kater untereinander ausmachen. Im Hinterhalt lagen handliche Jauche- oder Wasserkübel, aber weder meine intelligenten Güsse noch Steinwürfe, durch welche die armen Kerle mit unbarmherziger Sicherheit von ihren Dächern weggefegt wurden, konnten die fremden Konkurrenten auf die Dauer verscheuchen. Miaulina besaß irgendwelche, für mich nicht sichtbaren Reize: für jeden Kater, der, aus seiner Höhe gestürzt, mit gebrochenen Rippen ausschied, fanden sich schnellstens zwei Surrogate ein. Und gelang es einmal meiner strategischen Umsicht, die ganze Katerherde zu eliminieren, dann war regelmäßig auch Miaulina verschollen. Ihr in Feindes Land zu folgen, iniquo loco mit den Nebenbuhlern zu kämpfen, wagte Kerouen nicht recht, er war ja noch klein, erst ein Jahr alt, und bei einer derartigen Gelegenheit hatte einst ein Gourmand, ein alter, weiser Kater, untersucht, wie ein Ohr Kerouens schmecke. Die Leiden des jungen Kerouen konnte ich also auf diese Art nicht lindern. »Käterchen«, sagte ich, »siehst du, mir geht es auch nicht besser. In vierzehn Tagen aber wird Robert zur Waffenübung einrücken, dann werd ich wohl Sabine Rops zeigen können. Übrigens besitz ich große Konnexionen. Jetzt soll die zweijährige Dienstzeit eingeführt werden. Vielleicht läßt es sich unter Einem durchführen, daß auch die ältern Kater zur militärischen Dienstleistung einberufen werden. Ich will dem Kriegsminister einen diesbezüglichen Vorschlag unterbreiten.«

Man glaube nicht, ich hätte mich etwa aus Selbstlosigkeit Kerouen angeschlossen. Ich lud ihn ein, wieder bei mir im Kabinett zu schlafen, damit ich mir nicht ganz einsam und verlassen vorkomme. Er nahm an, und Punkt zehn Uhr gingen wir täglich zur Ruh. Wenn ich die Tür öffnete, gestattete ich ihm immer den Vortritt, denn er war mein Gast. Mäuse ließ ich ihn nicht mehr fangen, dies wäre mir wie Eigennutz und Entwürdigung der Freundschaft erschienen. Übrigens war ja nicht mehr die alte Wirtschafterin da, die streng darauf achtete, daß die Katzen ihr Futter verdienten. Die Alte hatte sich sehr vor den Mäusen gefürchtet. Als ob so eine arme Maus sich nichts Besseres wüßte, als ihr zwischen die Beine zu geraten.

Wie gesagt: es paßte mir nicht, daß mein Freund arbeiten sollte wie ein gewöhnlicher Mausfänger. Da er aber doch Sachverständiger war, ernannte ich ihn zum Inspektor. Um ihn aufzuheitern, schaffte ich neuartige Fallensysteme an und demonstrierte sie ihm. Er sah sehr intelligent zu und schlug en passant die Krallen ins Drahtgeflecht, wie um dessen Stärke zu prüfen. In der Folge brachte er weder mir noch Miaulina Mäuse: er war ja Industrieller.

Im übrigen benahm er sich jedoch keineswegs wie ein Parvenü. Es fiel ihm längst nicht mehr ein, nachts auf meiner Brust zu hocken, sondern er saß bescheiden und manierlich zu meinen Füßen auf der Decke. Er wurde zutraulich und lief mir den ganzen Tag nach. In der Wohnung. Denn mir auf die Gasse zu folgen – das vermochte ich bei ihm nicht durchzusetzen. Wenn ich ihn gewaltsam hinaustrug, begann er zu kratzen. Ebensowenig wollte er mir im Hof Gesellschaft leisten. Sein Grundsatz schien: im Haus dien ich, außer Haus bin ich mein eigener Herr. Nicht etwa, daß er mich ignoriert hätte; es waren Reste von Wildheit, jener unbändigen Freiheitsliebe der katzenartigen Raubtiere, die in seinem Benehmen zutage traten. Die spitzfindigsten Versuche, ihn durch Delikatessen außer Haus an mich zu ziehn, nützten nichts; er verzehrte das Gebotene und war dann nicht mehr für mich zu sprechen, verschwand. In mir aber lag der Wunsch und Trieb, alles zu knechten. Ich wollt ihn nicht brechen, aber ins Unendliche biegen, seine Seele aus ihrem Reich jagen, sie über all ihre Grenzen hinaus an mich bringen.

Ich hab meinen besten Freund verraten. Es war nicht der erste Verrat, den ich beging, und ich verriet auch nicht das Gute um des Bessern willen. Feigheit und Eigensucht, die schamvolle Furcht, vom Freund besiegt zu werden an Größe der Ergebenheit, mit einem Wort: mein niedriges Trachten trieb mich zum Mord. Geschah mir was, vergriff sich jemand an mir, wurde mir irgendein geringfügiges Leid getan, schrie ich Zeter und Mordio, erzählte Fremden, Gleichgültigen und Übelwollern meine Qualen. War aber ich der Herr und hatte die dominierende Position, drängte sich da ein liebesdurstiges Herz an mich, sich an mir zu wärmen, und war es selbst ein Herz, um das ich inbrünstig geworben hatte – ich vergaß nie, ich konnte es nicht verzeihn, daß ich so lang ohnmächtig unten hatte werben, dienen müssen, und beförderte das Herz, das Freundesherz, mein eigenes Herz mit einem Fußtritt auf den Düngerhaufen.

Durchs Dorf zum nahen Steinbruch zieht täglich ein Mordskerl, ein berüchtigter Raufbold, mit seinem wilden Riesenroß. Der Brandfuchs heißt »Teufel«. Der grausame Knecht reizt ihn unaufhörlich, dann wird das Pferd ungebärdig, schlägt aus, beißt, läßt niemanden nahekommen. Wenn das rote Ungetüm besonders stark tobt, schwingt der Lümmel seine Nagelpeitsche, reißt an dem Stachelzaum, bis der gebändigte Hengst das Bäumen aufgibt, mit blutig aufgerissenem Rücken, blutendem Maul stillsteht. Dann brüllt, lacht, grinst, höhnt der Bauernkerl triumphierend: »Halloh! der Oberteufel bin i!«

Mir stand kein höllisches Pferd, nur ein armer, kleiner, magerer Kater zur Verfügung, nichtsdestoweniger könnt ich mit größerer Berechtigung in die Welt schreien: »Halloh der Oberteufel bin i!« Ich hab mich nicht geschämt, das kleine Tier zuschanden zu reiten.

Sonnenuntergang. Im Nachbarhaus ließ ein junger Slowak seine Schwermut in eine Harmonika strömen. Zu tun gab es nichts. Ich stand mitten im Hof und lauschte. Erst in drei Tagen sollte Robert einrücken. Mittlerweile war nichts zu machen. Ich dachte daran, auf achtundvierzig Stunden wegzufahren, nach Bruckenthal oder nach Sarmingstein, mir belanglose Dinge anzusehen, den Zusammenfluß zweier Ströme etwa, den Flug der Kiebitze über die Sümpfe hin, vielleicht auch waren einige Wildenten zu schießen. Sogar ein Ausflug auf unsere aussichtsvollsten Berge (den Großwolkner und den Hochnebel – nebst regenfreudiger Einkehr beim Wetterpechbauern) war projektiert. Da kam Sabine auf mich zu. Und gleich darauf, von einer anderen Seite her, hier einer provokanten Gluckhenne, dort mit großem Satz einer Kotlache ausweichend: Kerouen. Es war das erste Mal, das er mich im Hof aufsuchte. Mir galt es, nicht der Miaulina, nicht den Heuschrecken, jetzt galt es mir. Aber es war nicht Liebe. Es war Eifersucht. Etwas Weiches schmiegte sich werbend an meine Füße. Ah, auf einmal schien es ihm pressant, zu mir zu kommen! Aber ich stellte nicht vor, ich sagte nicht: »Dies ist Kerouen. Thomas Kerouen. Der Kater meiner Seele, der einzige Kater, der existiert.« Ich schämte mich meines Freundes, wollte die kindliche Gefühlsweichheit meiner Seele verstecken wie eine geflickte Stelle im Gewand. Ich tat hart und tyrannisch. Und er war zu mir gekommen!

Ein Fußtritt – etwas Schwarzes überschlug sich in der Luft, wirbelte einen Augenblick zappelnd über dem Düngerhaufen und fiel dann auf einen psychisch minderwertigen weißen Hahn nieder, der empört »Kotkotkodutot« schrie.

»Halloh! der Oberteufel bin i!«

Der Arbeiter Janku auf dem Fruchtboden droben sah zu und grinste meiner Roheit Beifall. Der Kater, vergeltungsweise auch einmal von Jauche über und über bedeckt, lag zunächst ganz still, schrie nicht wie jener Pariahahn und war auf einmal verschwunden. Sabine besaß die übertriebene Freundlichkeit, mir mitzuteilen, Robert habe einen längeren Aufschub seiner Waffenübung erwirkt.

Ich verneigte mich und ging – ging in der Richtung, die Kerouen eingeschlagen hatte. Aber er war nicht mehr zu erblicken, hatte sich mit seinem Leid verkrochen. Mein Opfer war vergeblich gewesen, und nun wollte auch er mich nicht sehn. Und ich hätt ihm doch so gern die ganze Sache erklärt! Diese meine Untat war nicht die erste. Die Kindheit und Jugend von Verbrechern muß Dinge enthalten, die den spätern Befriedigungen irgendwie analog sind. Und sie enthält sie auch. Ich habe schon früher Katzen umgebracht. Als Kind hab ich uralte oder ganz junge Katzen, mit denen ich einige Zeit gut Freund gewesen, plötzlich gepackt und aus der Höhe von Stiegen und Böden in die Tiefe geschleudert – um zu kontrollieren, ob sie auch richtig auf die Füße fallen. Man nenne das nicht kindlich-grausame Experimentiersucht, die früh der Gottheit: dem Lesebuch den Glauben kündigt. Bei Katzen, die im kräftigsten Alter standen, unterließ ich derartige Proben: ich ahnte, sie könnten sie bestehn.

Es wär übrigens ein Irrtum, anzunehmen, ich hätt Kerouen durch jenen Fußtritt getötet. Er erfreute sich auch fernerhin der besten Gesundheit. Ich hab ausdrücklich hervorgehoben, daß Kerouen sich nicht über schlechte oder wenig reichhaltige Kost zu beklagen hatte. Als Knabe liebte ich einst ein schwarzes Hähnchen, es starb – und dies war teilweise meine Schuld – jung und ohne Leibeserben zu hinterlassen. Nichtsdestoweniger dürfte mich jeder verstehn, wenn ich sage, ich hätte Kerouen gewissermaßen mit den Knochen und Überresten dieses Hähnchen gemästet, indem ich ihn oft mit Hühnerbraten traktierte. Jede junge Freundschaft wird von den Resten der alten, in Feindschaft verwandelten ernährt. Zumal, wenn sie bereits wieder brüchig zu werden droht. Also lebte Thomas – ich war taktlos genug, jetzt intimer zu werden und Kerouen beim Vornamen zu rufen – er lebte wie ein Grandseigneur, es ging ihm nichts ab. Kein Kater der Welt dürfte so viel Mausfallen besessen haben wie er. Und gar an dem Tag, wo er zum Kommerzialrat ernannt wurde, ging es hoch her. Aber er wollte nicht mehr, er war meiner und dieser Welt müde.

Denn sonst hätt er nie tun können, was er mir tat. Kerouen hatte es doch wahrlich nicht nötig, und auch das Verbotene konnte ihn nicht reizen, dazu stand er ethisch zu hoch: er war überfüttert. Ich hatte mich endlich doch entschlossen, hatte gepackt und war weggefahren, nach Bruckenthal oder nach Sarmingstein, mir endlich belanglose Dinge anzusehn, den Wetterpechbauern oder einen Flug der Kiebitze über die Sümpfe hin – aber bevor ich noch daran gehn konnte, kam die Nachricht: »Kerouen schwer erkrankt!«

Es griffen die Keren nach Kerouen.

Was war ihm Wurst und Speck! Es ist nicht denkbar, daß er nach derlei Dingen gegiert hätte. Gut: er hatte dem Arbeiter Janku täglich aus dem abgelegten Rock Frühstückswurst und Mittagsspeck gestiebitzt. Aber doch nicht, um diese unsäglich gemeinen Sachen zu verzehren. Vulgär war sein Geschmack nie. Nicht einmal aus Freude am Metier, an diesem männlichen Metier, brach er ein, nein! er stahl, um dafür halbtot, tot geprügelt zu werden. Er hatte mir noch immer nicht den Fußtritt vergeben. Der Freund hatte ihn verlassen, da verließ er den Freund. Er machte sich meine Abwesenheit zunutz, sich zu entfernen.

Es sah wie ein Zufall aus, der Arbeiter Janku spielte

dabei die lächerliche Rolle eines Werkzeugs. Kerouen hatte bemerkt, wie Janku den Fußtritt beifällig begrinst hatte. Früher hätte Janku sich nicht unterstanden, über Kerouen auch nur despektierlich zu denken. Aber er hatte zugesehn, als ich den Kater mißhandelte – und Kerouen seinerseits hatte ihn dabei gesehn, lief zu dem Arbeiter und stahl ihm die Wurst. Zu andern Zeiten hätte Janku Schadenersatz verlangt und nicht selbst den Richter gespielt. Nun aber besaß er ein neues Erlebnis, faßte meinen längst zurückgenommenen Fußtritt als Aufforderung und Erlaubnis auf, dem Kater den Rest zu geben. Den komplizierten Windungen unseres Benehmens nachzuirren, war er nicht geschaffen, er gehorchte einem Weltgesetz: Wen der Herr tritt, erschlägt der Knecht. Nein, Janku trug nicht schuld, und dann war er schon dreißig Jahr im Haus, ihn konnte man nicht entlassen. Sicherlich hatte er geglaubt, mir einen Dienst zu leisten. Warum auch, sagte er, war der faule Zsigan nicht lieber nach den Mäusen der Welt gelaufen, statt ihm den Speck zu stehlen?

Das Bild des toten Katers weicht nicht aus meinem Kopf. Ein Steinwurf hatte dem armen Kerouen den Schädel zerschmettert, den Leichnam auf ein Stoppelfeld geschleudert. Er lag unweit einer Mauer – wie die Kater, die ich seinetwegen von den Dächern herabgeholt hatte. An seinem dünnen »Es ist erreicht«-Schnurrbart klebten spärliche Tropfen geronnenen

Blutes. Das Rot seines Blutes war ein anderes als das des Ziegels, von dem er sich töten ließ. Er war nicht aus der Welt geschlichen – aufrecht, überlegen war er aus der Welt gegangen, mich ließ er höhnisch zurück in der Mausfalle des Lebens. Die Pfoten hatte er ein für alle Mal dezidiert von sich gestreckt, ein Rabe aber bekannte sich zu ihm, flog vom Weingebirg heran auf seinen Leichenschwingen, stieg hernieder, krächzte ruhmredig und verkündete die Annexion. Kerouen sollte also noch jemandem zugute kommen. Möge er, dachte ich, möge ihn der Rabe zu sich nehmen, vielleicht kann er damit wieder einen Propheten in der Wüste ausspeisen.

Aber für den Zweck stank mein Frevel wohl schon allzusehr zum Himmel, der Rabe erhob sich Rache krächzend und überließ mich wieder meinem Opfer. In der Selbstmörderecke des Bauernfriedhofs, wo die Wanderer und Zigeuner ruhn, wollte ich Zsigan nicht beerdigen lassen Wo sein Grab liegt, darf nur ich wissen. Er hinterließ – wie gewöhnlich – nur wenig, und hatte es vorher schon anstandshalber zugescharrt. (Wenn er stark gejaust hatte, eilte er zu einem Sandhaufen, begann zu scharren, machte mit gequälter Miene einen Buckel, seine Vorderfüße kamen fast zwischen die Hinterbeine zu stehen, und das Resultat verscharrte der Schatzgräber sorgfältig.) Soweit ich die Menschheit kenne, wird sie sich um diesen Nachlaß nicht kümmern.

Der Nachbar hat mich auf Schadenersatz verklagt. Ich habe Miaulina mit einem Flobertgewehr erschossen. Sie soll nicht triumphierend des Lebens genießen, während Kerouen verwesen muß. Der Sabine habe ich gekündigt, nicht ohne ihr vorher Rops gezeigt zu haben. Dies alles war Rache für Thomas Kerouen. Doch was konnten die armen Katzen dafür? Sie ahnten nicht, was sie verbrachen. Sie konnten nicht anders. Aber ich, ich! Wie kann ich mich züchtigen?

Er hat es eilig gehabt, er hat sich auf und davon gemacht, ohne sich auch nur Zeit zu nehmen, seinen Schnurrbart zu putzen: vom Blut zu reinigen. Aber ich will mich vom Blut reinigen, ich will meine Tat sühnen. Eine Zeitlang hockte wohl nachts auf meiner Decke ein schwarzes Gespenst, verwaiste Mausfallen begannen zu rasseln – Kerouen drohte mich zu ersticken, mir die Kehle durchzubeißen.

Ich fahr auf, aber dann ist ja alles wieder verschwunden, und der Schlaf kehrt zurück. Klein, außer allem Verhältnis zur Schuld ist die Strafe, und groß sind die Gewissensbisse. Wenn ich den Kater wenigstens eigenhändig umgebracht hätte! Doch er hat mich umgebracht, und ich habe mich unsterblich blamiert. Und kann mich nicht rächen: ein armseliges Tier übertraf mich an Seelengröße, vollzog geschickt das Harakiri, und mir ließ es das Leben!

Im Keltischen heißen Burgruinen: Kerouen. Aber

nicht er war in Trümmer gefallen. Ich blieb als Ruine zurück. Kerouen, Kerouen!

Ich hab mich dem Kommissariat gestellt. »An meinen Händen klebt Blut«, sagte ich, »ich hab meinen Kater erschlagen.« »Sie waren doch der Herr«, behauptete der Polizist, »Sie durften machen, was Sie wollten.« Dann fiel es ihn an, ich sei nicht recht bei Trost, und er rief den Beamten. Ich blieb bei meiner Anzeige. »Derart feine Rechtsbegriffe machen Ihnen alle Ehre, Herr Wodianer, aber wohin käm man da!« »Das wär auf dieser Erde nur logisch«, erlaubt ich mir einzuwerfen. Da geriet der Beamte in Rage. »Sie sind reif fürs Irrenhaus!« Ich brauch also die Nachprüfung nicht zu machen. (Hier ging es ohne Toluol.)

Mir bleibt nichts übrig, als vor Leuten zu warnen, die ein Tagebuch führen. Wenn ihnen ein Freund erschlagen wird, wissen sie, daß das Rot seines Bluts ein anderes ist als das des Ziegelsteins, der ihn entfernte. Ich war niederträchtig genug, diese Geschichte zu schreiben, die Leute werden sie ausgezeichnet finden, man wird nicht den Verkehr mit mir abbrechen, man wird weder mir noch sich ins Gesicht spucken. Alle Menschen sind wie ich. Ich stelle die Menschheit dem Kommissariat.

Der Tod der kleinen Sophie und der Katze

Neben dem Trödelladen wohnte eine Frau, die sich durch eine Semmel- und Obstbude vor der Tür der Bürgerschule erhielt. Ihr Name tut nichts zur Sache; aber sie hatte eine Tochter von ungefähr acht Jahren, und das kleine Mädchen hatte eine Katze. Das Kind starb zuerst, dann starb die Katze; die Obsthändlerin ist heute auch längst tot, – sie haben keine unausfüllbare Lücke in der Welt gelassen, aber die kleine Sophie war doch Hans Unwirrschs erste Liebe.

In Abwesenheit der Mutter saß das Kind in der Obstbude an der Bürgerschule, und neben ihm saß die Katze. Beide blickten unbeschreiblich ernsthaft und verständig über die Haufen rotbäckiger Äpfel und Birnen, die Körbe mit den Pfefferkuchen und Semmeln und die Glaskästen voll verlockenden Zuckerwerks. Sich selber ließen sie niemals durch die ausgelegten Schätze verlocken. Pflichtgetreu saßen sie da, warteten auf die Kunden und besorgten den Handel ebensogut, wie die Inhaberin der Firma.

Zuerst wurde Hans natürlich durch das Obst, die Pfefferkuchen und Semmeln zu der Bude gezogen; dann übte die Katze eine bedeutende Anziehungskraft auf ihn aus; die kleine Sophie würdigte er seiner

Aufmerksamkeit zuletzt, und es dauerte eine ziemliche Zeit, ehe das Verhältnis sich umkehrte. Letzeres trat erst dann ein, als der ritterliche Hans auch hier als Beschützer aufgetreten war, und dazu mangelte die Gelegenheit nicht.

Nicht Hans allein richtete seine Aufmerksamkeit auf die Katze in der Semmelbude. Auch andere jugendliche Gemüter nahmen teil an ihrem Wohl, aber noch viel mehr an ihrem Wehe. Die offenen oder geheimen Angriffe auf das ehrbare, gesittete Tier nahmen nie ein Ende, und die kleine Herrin wußte, im Kampf mit allen finsteren Mächten, ihrem Jammer oft keinen Rat. An jedem Abend trug sie ihre vierbeinige Freundin auf den Armen nach Haus, und dann war auch die rechte Zeit der Wegelagerer gekommen. An jeder Straßenecke hatten Kind und Katze Leid zu bestehen, und immer neue Verfolger schlossen sich zur Begleitung an.

Bei solcher Gelegenheit zeigte sich Hans wieder als ein edles Gemüt und nahm sich der duldenden Unschuld nach Kräften an. Er trug zwar wiederum einige Beulen und blaue Flecke davon; aber das stolze Gefühl, mit welchem er die kleine Sophie sicher bis zur Kröppelstraße geleitete, war doch auch nicht zu verachten. Die Bekanntschaft war angeknüpft, und gegenseitige innige Zuneigung entstand daraus. An jedem Abend fand sich Hans an der Obstbude ein, um seine beiden Schutzbefohlenen abzuholen. Moses Freudenstein war bald der Vierte im Bunde.

Durch einen Lenz, einen Sommer und einen Winter verkehrten die Kinder so miteinander. Sie trieben alle Kinderspiele zusammen; mit seinen schönsten Blüten überschüttete sie der Frühling, der Sommer gab alle Freuden, welche er dem jungen Menschen zu geben hat. Holdselig war dies Jahr, keine Blüte, keine Frucht blieb aus. In den Herzen der Greise regten sich die ältesten fröhlichen Erinnerungen; die Schatten der Toten, welche der Base Schlotterbeck in den Gassen begegneten, schienen sich, nach den Aussagen der Base, mit den Lebendigen zu freuen. Die Jünglinge und Jungfrauen lebten ein doppeltes Leben in einer schönen Gegenwart und einer schönen, hoffnungsreichen Zukunft. Sorgenvolle Väter und Mütter warfen wenigstens auf Augenblicke die Not des Tages von sich; aber die Glücklichsten waren doch die Kinder, die vom Alter, vom Tod, von der Hoffnung und von der Sorge noch nichts wußten. Ihnen gehörte die Lust des Jahres ganz und gar, und größtes Unrecht war es, in ihr Reich allzuverständig mit kalter Hand einzugreifen.

Zu Wald und Feld führte Hans die kleine Sophie. Sie verloren sich freilich nicht weiter in die grüne Freiheit, als der Schall der Glocken der kleinen Stadt reichte; aber welch eine Unendlichkeit war ihnen darin gegeben! Der Inbegriff aller Dinge, die Welt, die absolute Totalität eröffnet dem Forscher nicht weitere und nicht geheimnisvollere Räume, als dem Kinde die engbegrenzte Wiese und das Stückchen Himmelblau darüber bieten.

Mit dem Hunger nach der Unendlichkeit wird der Mensch geboren; er spürt ihn früh, aber wenn er in die Jahre des Verstandes kommt, erstickt er ihn meistens leicht und schnell. Es gibt so viel angenehme und nahrhafte Sachen auf der Erde, es gibt so vieles, was man gern in den Mund oder in die Tasche schiebt. Hans Unwirrsch war jetzt in dem Alter, wo die ersten Klange der Weltenharfe leise, leise das aufhorchende Ohr berühren; wo man im Gras sich wälzt oder still liegt und den Wind in den Blättern hört, die Wolken in der Luft schwimmen sieht und nach den fernen Bergen hinüber staunt; wo man läuft, um die Stelle zu finden, an welcher der Regenbogen auf der Erde steht, wo man mit Gras und Baum, mit dem lieben Gott, mit jedem Vogel, jeder bunten Mücke, jedem glänzenden Käfer auf du und du steht; wo man Pantheist in der lautersten Bedeutung des Wortes ist.

Ernsthaft wie in der Holzbude vor der Schule saß das kleine Mädchen am Rande des Waldes oder in der Blumenfülle der Wiese. Ihre Hände waren nie unbeschäftigt, ihre Augen waren stets für alles weit geöffnet; aber sie sprach seltener als andere Kinder, und was sie sagte, war viel vernünftiger, als anderer Kinder Worte. Die Nachbarn in der Kröppelstraße schüttelten oft den Kopf über sie und nannten sie altklug; allein das war sie nicht. Ihre Gedanken über das Rauschen im grünen Baum, über den Sonnenschein, über die weiße und über die rosige Wolke, über den stillen, blauen Himmel waren echte Kindergedanken trotz aller Vernünftigkeit. Mit ihren großen Augen sah sie fest und tief in die schöne Welt und schloß sie dann geraume Zeit, als wolle sie versuchen, wieviel sie von all der Pracht und Lieblichkeit mit sich hineinnehmen könne in die Dunkelheit, den Winter – das Grab.

Sie starb in dem Winter an einer Kinderkrankheit, die kleine Sophie. Wenn wir auf das anmutige Bild hauchen, so ist es verschwunden, als sei es nimmer dagewesen.

Auf der obersten Stufe der steilen Treppe, die zu der Wohnung der Obsthökerin führte, saßen dicht aneinander gedrängt Hans Unwirrsch und Moses Freudenstein, und die Katze Sophiens saß eine Stufe niedriger auf der Treppe. Hinter der Tür lag das kleine Mädchen, von welchem gesagt wurde, daß es noch an dem nämlichen Tage sterben müsse.

Durch ein einziges morsches und schmutziges Fenster wurde der enge Vorplatz erhellt; der Regen schlug an die Scheiben, und der Wind rüttelte daran. Mehr als einmal hatte man den Versuch gemacht, die beiden Knaben von ihrem Platze zu vertreiben; doch Hans wich weder der Gewalt, noch der Überredung, und Moses, der gern fortgeschlichen wäre, mußte seinetwegen bleiben. Die Katze miauzte von Zeit zu Zeit leise und klagend; wenn die Knaben zueinander sprachen, so geschah das auch leise und ängstlich. Sie sahen die Katze an, und die Katze sah sie an; der Tod aber lag auf der Lauer wie damals, als der Lehrer Silberlöffel so krank war; – ein lautes Wort durfte nicht gesprochen werden, der Tod konnte es nicht leiden.

Der Jude wie der Christ fühlten gleicherweise die Schwere der Stunde; jeder jedoch machte auf seine Weise seine Bemerkungen darüber.

»Hast du gehört, was der Doktor sagte zur Jungfer Schlotterbeck?« fragte Moses. »Sie macht's nun nicht lange mehr, hat er gesagt, und er hat den Kopf geschüttelt – so.«

Moses Freudenstein schüttelte den Kopf, wie ihn der Doktor geschüttelt hatte, und Hans sah die Katze an und streichelte sie und schluchzte:

»Sie macht's nun nicht lang mehr!«

Die Katze aber wimmerte, als wollte auch sie sagen:

»Ja, sie macht's nun nicht lang mehr, und niemand weiß das besser als ich.«

»Wohin wird sie nun gehen, wenn sie tot ist?« fragte der Jude, ohne seinen Freund dabei anzusehen. Moses schien für sich allein tief darüber nachzugrübeln, und das Grübeln schien das Gefühl in den Hintergrund zu drängen.

»In den blauen Himmel, zu den Engeln, zu dem lieben Gott geht sie!« flüsterte Hans, den Finger auf den Mund legend.

Aber Moses legte den klugen Kopf auf die Seite und blickte nach dem klirrenden Fenster, an welchem der Regen in Strömen herniederfloß.

»Nein, sie wird einen bösen Weg haben! wird sie doch sehr frieren auf dem Weg.«

Hans Unwirrsch sah ebenfalls nach dem trostlosen Fenster und zog die blauroten Hände so tief als möglich in die Ärmel seiner Jacke, aus welcher er der Base und der Mutter wieder einmal ganz unbemerkt herausgewachsen war. Er konnte über das, was hinter der dunklen Tür vorging, nicht solche Fragen aufwerfen, wie der kleine semitische Dialektiker ihm zur Seite; er war zu unglücklich dazu und fror zu sehr körperlich und geistig. Er hatte mit dunkleren, verworreneren, aber auch schmerzvolleren Gefühlen zu kämpfen, als Moses Freudenstein. Der Tod der Spielgefährtin machte einen noch viel schärfern Eindruck auf ihn, als der des Lehrers; zum erstenmal fühlte Hans Unwirrsch, daß er ein Stück von seinem Leben verliere.

Aber der schaurige Gast, der Tod, hinter der Tür, achtete weder auf Grübeln noch auf Gefühl. Mit einem Satz schoß die Katze von ihrem Platze auf der Treppenstufe gegen die Tür, sie fing an, heftig daran zu kratzen, ihr Haar sträubte sich, sie schrie kläglicher als je. Jemand öffnete die Tür, um das Tier zu verscheuchen, aber blitzschnell schoß es in die Spalte, und dann – dann durfte auch Hans eintreten – die kleine Sophie verlangte nach ihm.

Das Kind wußte ganz klar, daß es sterben müsse. Die großen, ernsthaften Augen hatten einen Glanz bekommen, der nicht mehr von dieser Welt war. Sophie wehrte sich nicht gegen den Tod; sie lag ganz still und sprach auch nicht viel mehr. Mit ihren Augen nahm sie Abschied von ihrem Gespielen, und als Hans laut und bitterlich weinte, schüttelte sie nur ganz leise den Kopf und flüsterte:

»Ich habe sie gesehen – gestern – in der Nacht – die schöne große Wiese! O, Hans, wie die Sonne darauf schien – das glänzte! – und so viele, viele, viele Blumen! O, mir fehlt gar nichts mehr, morgen bin ich ganz gesund. So schöne goldene Äpfel in den grünen, grünen Bäumen. Wenn der Wind geht, fallen sie wie ein Regen von Gold herunter. Morgen bin ich auf der schönen, schönen, großen, großen Wiese – gute Nacht, Hans, lieber Hans!«

Sie schloß die Augen und schlief ein, und im Schlaf ging sie hinüber in die Ewigkeit, wo die goldenen Äpfel im grünen Gezweig hingen – all der liebliche Glanz, nach welchem der Armenschullehrer hier auf Erden so großen Hunger gehabt hatte, den er so vergeblich hier auf Erden zu ergreifen gesucht hatte.

Die Katze war auf die Bettdecke der Kranken gesprungen, hatte sich ihr zu Füßen in einen Knäuel gerollt und schnurrte behaglich. Man ließ das arme Tier, wo es war; aber den weinenden Hans führte die Base Schlotterbeck fort; er sah seine Spielgefährtin nicht eher wieder, als bis sie im Sarge lag.

Als das Kind gestorben war, wollte man die Katze wegnehmen von der Decke; sie gebürdete sich jedoch wie toll, biß und kratzte und spuckte und sprang dann freiwillig herab, als die winzige Leiche aus der Bettstelle gehoben wurde. Als der Sarg geschlossen worden war und auf zwei Stühlen in der Mitte der Stube stand, legte sich das Tier unter den Sarg und wollte auch von dieser Stelle nicht weichen. Als der Sarg aus dem Hause getragen wurde, folgte ihm die Katze bis zur Haustür und sah ihm nach. Dann schoß sie wieder die Treppe hinauf und fing an zu suchen in allen Winkeln und Ecken und wollte dies Suchen nicht aufgeben, trotz allem, was man tat, um sie davon abzubringen. Tagelang, nächtelang wimmerte sie umher, daß das roheste Gemüt im Haus und in der Nachbarschaft ein Grauen und eine Wehmut darüber ankam. Vergeblich bot man dem armen Geschöpf die besten Bissen – es nahm sie nicht an. Niemand hatte das Herz, es roh und rauh anzufassen; aber man fürchtete sich vor ihm, und jeder atmete auf, als es nach acht Tagen allmählich still wurde. Es hatte ein altes Kleidchen der Toten gefunden, darauf wickelte es sich in einem Winkel zusammen und starb vor Gram und vor Hunger. Hans Unwirrsch und Moses Freudenstein begruben es, und der Vater Samuel gab aus seinem Trödelvorrat eine bunte Schachtel zum Sarge her.

Der Tod der kleinen Sophie und der Katze machte, wie gesagt, einen viel größeren Eindruck auf Hans, als der Tod des Lehrers Silberlöffel. Mit einem andern Mädchen schloß er fürs erste keine Freundschaft; aber der Trödelladen gewann von jetzt an einen immer größeren Einfluß auf ihn. Die Base Schlotterbeck und die Mutter Christine hätten Grund gehabt, recht eifersüchtig auf den Nachbar Samuel Freudenstein zu sein.

Die rote Katze

Ich muss immer an diesen roten Teufel von einer Katze denken, und ich weiß nicht, ob das richtig war, was ich getan hab. Es hat damit angefangen, dass ich auf dem Steinhaufen neben dem Bombentrichter in unserm Garten saß. Der Steinhaufen ist die größere Hälfte von unserm Haus. Die kleinere steht noch, und da wohnen wir, ich und die Mutter und Peter und Leni, das sind meine kleinen Geschwister.

Also, ich sitz da auf den Steinen, da wächst überall schon Gras und Brennnesseln und anderes Grünes. Ich halt ein Stück Brot in der Hand, das ist schon hart, aber meine Mutter sagt, altes Brot ist gesünder als frisches. In Wirklichkeit ist es deswegen, weil sie meint, am alten Brot muss man länger kauen und dann wird man von weniger satt. Bei mir stimmt das nicht. Plötzlich fällt mir ein Brocken herunter. Ich bück mich, aber im nämlichen Augenblick fährt eine rote Pfote aus den Brennnesseln und angelt sich das Brot. Ich hab nur dumm schauen können, so schnell ist es gegangen. Und da seh ich, dass in den Brennnesseln eine Katze hockt, rot wie ein Fuchs und ganz mager. »Verdammtes Biest«, sag ich und werf einen Stein nach ihr. Ich hab sie gar nicht treffen wollen, nur verscheuchen. Aber ich muss sie doch getroffen haben, denn sie hat geschrien, nur ein einziges Mal, aber so wie ein Kind. Fortgelaufen ist sie nicht. Da hat es mir leid getan, dass ich nach ihr geworfen hab, und ich hab sie gelockt. Aber sie ist nicht aus den Nesseln rausgegangen. Sie hat ganz schnell geatmet. Ich hab gesehen, wie ihr rotes Fell über dem Bauch auf und ab gegangen ist. Sie hat mich immerfort angeschaut mit ihren grünen Augen. Da hab ich sie gefragt: »Was willst du eigentlich?« Das war verrückt, denn sie ist doch kein Mensch, mit dem man reden kann. Dann bin ich ärgerlich geworden über sie und auch über mich, und ich hab einfach nicht mehr hingeschaut und hab ganz schnell mein Brot hinuntergewürgt. Den letzten Bissen, das war noch ein großes Stück, den hab ich ihr hingeworfen und bin ganz zornig fortgegangen. Im Vorgarten, da waren Peter und Leni und haben Bohnen geschnitten. Sie haben sich die grünen Bohnen in den Mund gestopft, dass es nur so geknirscht hat, und Leni hat ganz leise gefragt, ob ich nicht noch ein Stückchen Brot hab.

»Na«, hab ich gesagt, »du hast doch genau so ein großes Stück bekommen wie ich und du bist erst neun, und ich bin dreizehn. Größere brauchen mehr.« –

»Ja«, hat sie gesagt, sonst nichts. Da hat Peter gesagt: »Weil sie ihr Brot doch der Katze gegeben hat.« –

»Was für einer Katze?« hab ich gefragt. »Ach«, sagt Leni, »da ist so eine Katze gekommen, eine rote, wie so ein kleiner Fuchs und so schrecklich mager. Die hat mich immer angeschaut, wie ich mein Brot hab essen wollen.« –

»Dummkopf«, hab ich ärgerlich gesagt, »wo wir doch selber nichts zu essen haben.« Aber sie hat nur mit den Achseln gezuckt und ganz schnell zu Peter hingeschaut, der hat einen roten Kopf gehabt, und ich bin sicher, er hat sein Brot auch der Katze gegeben. Da bin ich wirklich ärgerlich gewesen und hab ganz schnell weggehen müssen.

Wie ich auf die Hauptstraße komm, steht da ein amerikanisches Auto, so ein großer langer Wagen, ein Buick, glaub ich, und da fragt mich der Fahrer nach dem Rathaus. Auf englisch hat er gefragt, und ich kann doch ein bisschen Englisch. »The next street«, hab ich gesagt, »and then left and then« – geradeaus hab ich nicht gewusst auf englisch, das hab ich mit dem Arm gezeigt, und er hat mich schon verstanden. – »And behind the Church is the marketplace with the Rathaus.«

Ich glaub, das war ein ganz gutes Amerikanisch, und die Frau im Auto hat mir ein paar Schnitten Weißbrot gegeben, ganz weißes, und wie ich's aufklapp, ist Wurst dazwischen, ganz dick. Da bin ich gleich heimgerannt mit dem Brot. Wie ich in die Küche komm, da verstecken die zwei Kleinen schnell was unterm Sofa, aber ich hab es doch gesehen. Es ist die rote Katze gewesen. Und auf dem Boden war ein bisschen Milch verschüttet, und da hab ich alles gewusst. »Ihr seid wohl verrückt«, hab ich geschrien, »wo wir doch nur einen halben Liter Magermilch haben im Tag, für vier Personen.« Und ich hab die Katze unterm Sofa herausgezogen und hab sie zum Fenster hinausgeworfen. Die beiden Kleinen haben kein Wort gesagt. Dann hab ich das amerikanische Weißbrot in vier Teile geschnitten und den Teil für die Mutter im Küchenschrank versteckt. »Woher hast du das?« haben sie gefragt und ganz ängstlich geschaut.

»Gestohlen«, hab ich gesagt und bin hinausgegangen. Ich hab nur schnell nachsehn wollen, ob auf der Straße keine Kohlen liegen, weil nämlich ein Kohlenauto vorbeigefahren war, und die verlieren manchmal was. Da sitzt im Vorgarten die rote Katze und schaut so an mir rauf. »Geh weg«, hab ich gesagt und mit dem Fuß nach ihr gestoßen. Aber sie ist nicht weggegangen. Sie hat bloß ihr kleines Maul aufgemacht und gesagt: »Miau.« Sie hat nicht geschrien wie andere Katzen, sie hat es einfach so gesagt, ich kann das nicht erklären. Dabei hat sie mich ganz starr angeschaut mit den grünen Augen. Da hab ich ihr voll Zorn einen Brocken von dem amerikanischen Weißbrot hingeworfen. Nachher hat's mich gereut. Wie ich auf die Straße komm, da sind schon zwei andere da, Größere, die haben die Kohlen aufgehoben. Da bin ich einfach vorbeigegangen. Sie haben einen ganzen Eimer voll gehabt. Ich hab schnell hineingespuckt. Wär das mit der Katze nicht gewesen, hätte ich sie alle allein gekriegt. Und wir hätten ein ganzes Abendessen damit kochen können. Es waren so schöne glänzende Dinger. Nachher hab ich dafür einen Wagen mit Frühkartoffeln getroffen, da bin ich ein bisschen drangestoßen, und da sind ein paar runtergekollert und noch ein paar. Ich hab sie in die Taschen gesteckt und in die Mütze. Wie der Fuhrmann umgeschaut hat, hab ich gesagt: »Sie verlieren Ihre Kartoffeln.« Dann bin ich schnell heimgegangen. Die Mutter war allein daheim, und auf ihrem Schoß, da war die rote Katze.

»Himmeldonnerwetter«, hab ich gesagt, »ist das Biest schon wieder da?« – »Red doch nicht so grob«, hat die Mutter gesagt, »das ist eine herrenlose Katze, und wer weiß, wie lange sie nichts mehr gefressen hat. Schau nur, wie mager sie ist.« – »Wir sind auch mager«, hab ich gesagt. »Ich hab ihr ein bisschen was von meinem Brot gegeben«, hat sie gesagt und mich schief angeschaut. Ich hab an unsere Brote gedacht und an die Milch und an das Weißbrot, aber gesagt hab ich nichts. Dann haben wir die Kartoffeln gekocht, und die Mutter war froh. Aber woher ich sie hab, hat sie nicht gefragt. Meinetwegen hätte sie schon fragen können. Nachher hat die Mutter ihren

Kaffee schwarz getrunken, und sie haben alle zugeschaut, wie das rote Biest die Milch ausgesoffen hat. Dann ist sie endlich durchs Fenster hinausgesprungen. Ich hab schnell zugemacht und richtig aufgeatmet.

Am Morgen, um sechs, hab ich mich für Gemüse angestellt. Wie ich um acht Uhr heimkomm, sitzen die Kleinen beim Frühstück, und auf dem Stuhl dazwischen hockt das Vieh und frisst eingeweichtes Brot aus Lenis Untertasse. Nach ein paar Minuten kommt die Mutter zurück, die ist seit halb sechs beim Metzger angestanden. Die Katze springt gleich zu ihr hin, und wie die Mutter denkt, ich geb nicht acht, lässt sie ein Stück Wurst fallen. Es war zwar markenfreie Wurst, so graues Zeug, aber wir hätten sie uns auch gern aufs Brot gestrichen, das hätte Mutter doch wissen müssen. Ich verschluck meinen Zorn, nehm die Mütze und geh.

Ich hab das alte Rad aus dem Keller geholt und bin vor die Stadt gefahren. Da ist ein Teich, in dem gibts Fische. Ich hab keine Angel, nur so einen Stecken mit zwei spitzen Nägeln drin, mit dem stech ich nach den Fischen. Ich hab schon oft Glück gehabt und diesmal auch. Es ist noch nicht zehn Uhr, da hab ich zwei ganz nette Dinger, genug für ein Mittagessen. Ich fahr heim, so schnell ich kann, und daheim leg ich die Fische auf den Küchentisch. Ich geh nur rasch in den Keller und sags der Mutter, die hat Waschtag. Sie kommt auch gleich mit herauf. Aber da ist nur mehr ein Fisch da und ausgerechnet der kleinere. Und auf dem Fensterbrett, da sitzt der rote Teufel und frisst den letzten Bissen. Da krieg ich aber die Wut und werf ein Stück Holz nach ihr, und ich treff sie auch. Sie kollert vom Fensterbrett, und ich hör sie wie einen Sack im Garten aufplumpsen. »So«, sag ich, »die hat genug.« Aber da krieg ich von der Mutter eine Ohrfeige, dass es nur so klatscht. Ich bin dreizehn und hab sicher seit fünf Jahren keine mehr gekriegt. »Tierquäler«, schreit die Mutter und ist ganz blass vor Zorn über mich. Ich hab nichts anderes tun können als fortgehen. Mittags hat es dann doch Fischsalat gegeben mit mehr Kartoffeln als Fisch.

Jedenfalls sind wir das rote Biest los gewesen. Aber glaub ja keiner, dass das besser gewesen ist. Die Kleinen sind durch die Gärten gelaufen und haben immer nach der Katze gerufen, und die Mutter hat jeden Abend ein Schälchen mit Milch vor die Tür gestellt, und sie hat mich vorwurfsvoll angeschaut. Und da hab ich selber angefangen, in allen Winkeln nach dem Vieh zu suchen, es hätte ja irgendwo krank oder tot liegen können.

Aber nach drei Tagen war die Katze wieder da. Sie hat gehinkt und hat eine Wunde am Bein gehabt, am rechten Vorderbein, das war von meinem Scheit. Die Mutter hat sie verbunden, und sie hat ihr auch was zu fressen gegeben. Von da an ist sie jeden Tag gekommen. Es hat keine Mahlzeit gegeben ohne das rote Vieh, und keiner von uns hat irgendwas vor ihm verheimlichen können. Kaum hat man was gegessen, so ist sie schon dagesessen und hat einen angestarrt. Und alle haben wir ihr gegeben, was sie hat haben wollen, ich auch. Obwohl ich wütend war. Sie ist immer fetter geworden und eigentlich war es eine schöne Katze, glaub ich.

Und dann ist der Winter sechsundvierzig auf siebenundvierzig gekommen. Da haben wir wirklich kaum mehr was zu essen gehabt. Es hat ein paar Wochen lang kein Gramm Fleisch gegeben und nur gefrorene Kartoffeln, und die Kleider haben nur so geschlottert an uns. Und einmal hat Leni ein Stück Brot gestohlen beim Bäcker vor Hunger. Aber das weiß nur ich. Und Anfang Februar, da hab ich zur Mutter gesagt: »Jetzt schlachten wir das Vieh.« – »Was für ein Vieh?« hat sie gefragt und hat mich scharf angeschaut. »Die Katze halt«, hab ich gesagt und hab gleichgültig getan, aber ich hab schon gewusst, was kommt. Sie sind alle über mich hergefallen. »Was? Unsere Katze? Schämst du dich nicht?« – »Nein«, hab ich gesagt, »ich schäm mich nicht. Wir haben sie von unserm Essen gemästet, und sie ist fett wie ein Spanferkel, jung ist sie auch noch, also?« Aber Leni hat angefangen zu heulen, und Peter hat mir unterm Tisch einen Fußtritt gegeben, und Mutter hat traurig gesagt: »dass du so ein böses Herz hast, hab ich nicht geglaubt.« Die Katze ist auf dem Herd gesessen und hat geschlafen. Sie war wirklich ganz rund und sie war so faul, dass sie kaum mehr aus dem Haus zu jagen war. Wie es dann im April keine Kartoffeln mehr gegeben hat, da haben wir nicht mehr gewusst, was wir essen sollen. Eines Tages, ich war schon ganz verrückt, da hab ich sie mir vorgenommen und hab gesagt: »Also hör mal, wir haben nichts mehr, siehst du das nicht ein?« Und ich hab ihr die leere Kartoffelkiste gezeigt und den leeren Brotkasten. »Geh fort«, hab ich ihr gesagt, »du siehst ja, wie's bei uns ist.« Aber sie hat nur geblinzelt und sich auf dem Herd herumgedreht. Da hab ich vor Zorn geheult und auf den Küchentisch geschlagen. Aber sie hat sich nicht darum gekümmert. Da hab ich sie gepackt und untern Arm genommen. Es war schon ein bisschen dunkel draußen, und die Kleinen waren mit der Mutter fort, Kohlen am Bahndamm zusammensuchen. Das rote Vieh war so faul, dass es sich einfach forttragen hat lassen. Ich bin an den Fluss gegangen. Auf einmal ist mir ein Mann begegnet, der hat gefragt, ob ich die Katze verkauf. »Ja«, hab ich gesagt und hab mich schon gefreut. Aber er hat nur gelacht und ist weitergegangen. Und dann war ich auf einmal am Fluss. Da war Treibeis und Nebel und kalt war es. Da hat sich die Katze ganz nah an mich gekuschelt, und dann hab ich sie gestreichelt und mit ihr geredet. »Ich kann das nicht mehr sehen«, hab ich ihr gesagt, »es geht nicht, dass meine Geschwister hungern, und du bist fett, ich kann das einfach nicht mehr mit ansehen.«

Und auf einmal hab ich ganz laut geschrien, und dann hab ich das rote Vieh an den Hinterläufen genommen und habs an einen Baumstamm geschlagen. Aber sie hat bloß geschrien. Tot war sie noch lange nicht. Da hab ich sie an eine Eisscholle gehaut, aber davon hat sie nur ein Loch im Kopf bekommen, und da ist das Blut herausgeflossen, und überall im Schnee waren dunkle Flecken. Sie hat geschrien wie ein Kind. Ich hätt gern aufgehört, aber jetzt hab ich's schon fertig tun müssen. Ich hab sie immer wieder an die Eisscholle geschlagen, es hat gekracht, ich weiß nicht, ob es ihre Knochen waren oder das Eis, und sie war immer noch nicht tot. Eine Katze hat sieben Leben, sagen die Leute, aber die hat mehr gehabt. Bei jedem Schlag hat sie laut geschrien, und auf einmal hab ich auch geschrien, und ich war ganz nass vor Schweiß bei aller Kälte. Aber einmal war sie dann doch tot. Da hab ich sie in den Fluss geworfen und hab mir meine Hände im Schnee gewaschen, und wie ich noch einmal nach dem Vieh schau, da schwimmt es schon weit draußen mitten unter den Eisschollen, dann war es im Nebel verschwunden. Dann hat mich gefroren, aber ich hab noch nicht heimgehen mögen. Ich bin noch in der Stadt herumgelaufen, aber dann bin ich doch heimgegangen.

»Was hast du denn?« hat die Mutter gefragt, »du bist ja käsweiß. Und was ist das für Blut an deiner Jacke?« – »Ich hab Nasenbluten gehabt«, hab ich gesagt. Sie hat mich nicht angeschaut und ist an den Herd gegangen und hat mir Pfefferminztee gemacht. Auf einmal ist mir schlecht geworden, da hab ich schnell hinausgehen müssen, dann bin ich gleich ins Bett gegangen. Später ist die Mutter gekommen und hat ganz ruhig gesagt: »Ich versteh dich schon. Denk nimmer dran.« Aber nachher hab ich Peter und Leni die halbe Nacht unterm Kissen heulen hören. Und jetzt weiß ich nicht, ob es richtig war, dass ich das rote Biest umgebracht hab. Eigentlich frisst so ein Tier doch gar nicht viel.

ALFRED KERR

Der Kater Miezislaus

I.

Ostereier im Garten sind schön – wenn ein kleiner liebenswerter Kater mit weißer Pfote danach langt, sie davonkugelt, sich in fünf Schritt Entfernung platt zu Erde duckt … und darauf einen Sprung tut, hinter dem jeder noch so achtenswerte Hase zurückbleibt

II.

Sommer. Kein Regen. Kein Hauch. Die Luft erstickend.

Der Kater Miezislaus streckt alle Viere von sich; sein weißes Fell hat er auf den durchwärmten Steinboden des großen Söllers oder: Luftbads hingefläzt; wie ein Erschossner liegt er da.

Diese Tiere haben die feinsten Nerven. Der feine Schnurrgesell dient als Thermometer. Habe kein andres. Sobald er sich behagzärtlich anschmiegt, auf meinen Knien wie eine Orgel schnarcht: – dann weiß ich, daß etliche Grad (es brauchen nur zwei zu sein) weniger sind.

III.

Bei dieser Abneigung vor dem Frösteln sollte man glauben, daß er Hitze vertragen kann, denn die Angorareihe seiner Mütter stammt aus Asien. Ist ein Trugschluß; Hitze scheint ihm so unangenehm wie uns.

Da stirbt sein Hang zur Geselligkeit – und wenn man ihm neckend mit dem Zeigefinger an der zarten Gurgel entlang fährt, lächelt er zwar, schnurrt aber nicht.

(»Ich will mei' Ruh' ham!«)

IV.

(Kranken-Tagebuch)

Mein kleiner schneeweißer Kater ist in den Garten hinuntergefallen, vom zweiten Stock. Ein Mitmensch, dessen Vorderbein zum Arm noch nicht entwickelt ist. Wenn er die Nacht auf seinem Kissen, mit ulkig gekniffenen Augen (kleiner Bogenstrich), die Ohren steif, zusammengerollt, in Atemzügen durchpennt hat; wenn er sich beim Aufwachen reckt wie ein Kind, gähnt wie ein Erwachsener, die Voderpfoten hoch an mein Knie legt ...

V.

Als ich ihn für eine Katze ansah, hieß er Miezl. Als deutlich wurde, daß er ein Kater sei, hab ich ihn folgerichtig Miezislaus genannt.

Rennt außen an Fenstersimsen entlang, springt bald in irgendein Zimmer, rast über Teppiche (man sieht einen weißen Fleck huschen, schnellen, kauern, schleichen, schwinden, vortoben) – Bin längst hier Nebenperson. Einer ist Herr: der junge Miezislaus.

VI.

Abgestürzt, weil er an die festen Weinranken gewöhnt war, welche das Haus beklettern, und eine morsch wird. Katzen sollen stets auf die Beine fallen. Aber nirgends gesagt, daß beim Sturz keine inneren Verletzungen. Der arme Lümmel. Heraufgebracht. Fiebernd auf einem Sofa. Nach Ärzten telephoniert. »Sprechstunde.« Verpackt. Von der Schaffnerin Eurykleia hingefahren. Hüfte eingerenkt – die nie ausgerenkt war. Patient wehrt sich wie ein halbes Dutzend Männer. (Habe dann festgestellt, daß er, wenn man das wirklich erkrankte Glied verbindet oder bestreicht, still hält wie ein junges Mädchen, dankbar aussieht, gewissermaßen die Zähne zusammenbeißt.)

Beckenknickung; der kleine Mann ist fünf Monat.

Fliegt nicht mehr über Teppiche, täglich schwächer. So schwach, daß eine plötzliche Sanftmut in ihm ausbricht. Legt sich auf den Rücken, verschränkt Vorderpfoten, wie leidende Dame. Dankbarkeit, fast Zärtlichkeit. Bekommt weiche Eier zu fressen – wofür er sich sehr ins Zeug legt.

VII.

Man spricht vom selbstverständlichen Maßhalten der Tiere, sie seien vernünftiger als wir. Ist aber nicht wahr. Maßhalten hieße: mit geknicktem Becken keine Sprünge machen. Aber die Katzennatur so stark, daß er den Zustand vergißt – nach ungeheuren Sätzen, Klettereien, Seiltanzversuchen schwere Rückfälle bekommt, erschöpft liegen bleibt. Der angeblich sichere Instinkt hat ihn mitnichten gewarnt.

Muß Patienten in ein Zimmer ohne jede Klettergelegenheit schaffen. Bald lieblich, froh, gesund.

Mit seinem Instinkt wär' er verblutet.

VIII.

Ein Hund ist um der Treue willen treu. Andre Tiere sind Selbstlinge. Miezislaus gewiß. Stiftet jedoch Gutes auf einem Umweg: durch unsterbliche Schönheit possierlichen Reizes; durch das Gehab.

(Die zwei Seiten der Ethik.)

Wenn Miezislaus eine Gesichtshälfte, nachher die andre mit geleckter Pfote wäscht; wenn die Ohren drankommen, über die er huschend hinfährt. Wenn das weiße Katzentier, auf den Sand gegangen, Spuren sorgsam durch Scharren mit der Pfote deckt. Wenn er über einen Schreibtisch flitzt, worauf ein Tintenfaß, ein Leuchter, Blumen in letzter Unordnung stehn, und alles ganz bleibt – kraft einer geniehaft-geschickten Anmut solcher leisen, wachen, flinken, blitzklugen, edlen, scharfen, sachten Tiere … Er mag ein Selbstling sein. Er hat sein Ethos im Hupfen.

IX.

Wenn er den rosa Rachen aufsperrt, die rosa Nase zur Decke hebt, wenn er die Lippen bezüngelt … Wenn er auf dem Diwan liegt, er zu schnurren anfängt, er einem zuguckt (»Nöch?«) …

Der junge Mann sieht, wenn er im Einschlafen ist, wie ein venezianisch uralter Patrizier aus … Manchmal, wenn er im Wachen den Kopf auf die Brust vorschiebt, die Vorderpfoten ganz rund macht … dann wieder hebt er die Nase hoch empor, sieht großäugig ins Licht – das ist etwas …

Kleiner, himmlischer Kerl, ahnungslos in der Welt …

Ausgeliefert; preisgegeben. Ich bin das Schicksal. Ich kann ihn mit Pflanzen beköstigen (und sanft sein lassen) – oder mit Fleisch (und scharf). Soll ich ihm eine Kätzin bringen … oder ihm das für Lebenszeit unterschlagen? Soll ich ihn abrichten, hoch über alle Kater? Soll ich ihn Baldrian riechen lassen, daß er irrsinnig vor Glück und Betrunkenheit wird? Oder soll ich in sein Futter etwas tun, daß er morgen nicht mehr aufwacht? Ich kann es … Stehst denn Du dort? Ich selber stehe dort – vor mir mein Besitzer (oder sind es mehrere?), die mich füttern und glücklich machen und wild und sanft, und mich töten.

Ich heiße Miezislaus, und wer ist mein Herr?
(Ende des Kranken-Tagebuchs)

X.

Die Schaffnerin Eurykleia hat im Krieg den Plan gefaßt, die Ihren auf dem Lande zu besuchen. Nach acht Tagen noch nicht zurück. Ich bin allein. Ha, Schlange! Einen Fuß will sie (Postkarte) sich verstaucht haben. Sie sitzt in der Heimat und ißt sich an. Unsereiner kann ja sehn, wie er fertig wird. Schlange! Boa constrictor.

Dabei hat sie ihren Karnalljenvogel zurückgelassen, neben ihm eine Tüte – und einen Zettel, auf dem sie ersucht, ihm täglich Futter zu geben. (Unten steht: »Bitte auch das Näpfchen immer mit frisch Wasser fillen!«) Ich tue das knirschend jeden Morgen. Als Menageriewärter angestellt.

Das Gelbvögelein benimmt sich wie ein Geisteskranker, sobald ich in die Nähe komme. Dann, wenn er sein Futter im »Näpfgen« hat (denn ich tu's hinein) – fängt er nach einer Weile zu tirilieren an, als ob er für die Stunde bezahlt kriegt.

Ich erfasse dann das Tuch, das ich zur Nacht über ihn hängen soll, und mache, bei Tag, wie man in Preußen sagt, »Zappen duster«.

XI.

Nie darf beim Weggehn vergessen sein, das holde Vögelein von dem Kater zu trennen. Halb hat sich zwar ein Auskommen gebildet – wenigstens mangelnde Angriffslust; was gewiß auf die Pflanzenkost zurückzuführen ist.

XII.

Der Kater setzt sich vor das Gehäuse, guckt friedlich dösend auf den Zwitscherich und senkt den Kopf etwas nach der Seite. Der Kleine verstummt einen Augenblick. Manchmal schmettert er unvermittelt und rollt, so daß der Kater einen Schreck bekommt und rückwärts geht. Er tut ihm nichts.

Nur wenn die Dämmerung naht und der Kanari schlummrig und still wird, gehn die Ohren des weißen Betrachters hoch, während er den Kopf ein bißchen einzieht und jede Atembewegung des Vogels verfolgt. Er sitzt wie in Erz gegossen, und plötzlich …

Plötzlich hebt er eine Pfote zur Höhe seines eignen Kopfs, bleibt so, starr, gespannt und absichtsvoll, – aber noch zögernd: Es zieht ihn mächtig hin … Ich mache jetzt am Schreibtisch ein kleines Geräusch, er guckt mich an, läßt die Pfote sinken und zieht sich mit schlechtem Gewissen zurück. Aber herrlich, kindhaft und machtvoll gucken dabei die schönen Augen. Der Vogel schnarcht weiter; in Abrahams Schoß –.

XIII.

Die Welt steht in Waffen – doch wer nach Lankwitz, zwischen Berlin und Lichterfelde, kommt, findet staunend, daß wir in dieser mörderischen Zeit für Tiere sorgen.

Dort liegt das Tierheim – und wer ein liebes, weißes Katertier in seiner Abwesenheit gut aufgehoben wissen will, der bringt es dorthin. Die Katzenabteilung ist wohnlich. Hier wird der Kleine nun angesiedelt, für ein paar Sommerwochen. Er hat's gut. Einen Käfig für sich allein. (Angorahalbblut! Verwöhnt!)

Der Käfig hat einen Ausweg – auf den Tummelplatz. Ja, jedes Tier besitzt einen eignen umzäunten Spiel- und Tummelplatz. Hier sind Gegenstände zum Klettern – durch den Zaun kann er mit Nachbarn rechts und links (wenn er in Stimmung ist) Gespräche führen … Hier wird er glücklich sein, das merkt man – auch wenn meine Hand ihm ein paar Wochen hindurch nicht am Fell entlangfährt.

Ich schreibe das heut nachdenklich ins Katzentagebuch.

XIV.

Der kleine weiße Kerl ist im Tierheim an gehacktes Roßfleisch gewöhnt worden. Daneben gab es Fische; wie der Hüter gestern erzählt hat, als ich ihn, den Weichen, Weißen abholte.

Mehr als zwei Monat' war er in Pflege dort … Von dem Glück, das Tiere beim Wiedersehn nach so langer Zeit empfinden, bekam ich staunend einen Beweis: als der Wärter mit mir vor die Käfige ging, wo in langer Reihe neben- und übereinander schnurrende Geschöpfe mit sachten Pfoten, rosa Ohren untergebracht sind.

Mein Miezislaus befand sich grade draußen in seinem Gartenteil: in dem für ihn allein bestimmten Tummelplatz. Durch ein Loch in der Mauer können die Tiere hinauf in den Käfig schlüpfen, wenn sie schlafen wollen; oder wenn's regnet.

Ich stand in dem kleinen Raubtierhaus, ließ ganz leise den Merkpfiff ertönen – da jagte rasend ein weißer Fleck durch das Loch, in aufgeregtem Husch-Husch bis an das Käfiggitter, wo ich stand … er wollte mit dem süßen kleinen Kopf durch das Drahtgeflecht. Er gab einen Ton von sich, das war kein Miauen, sondern mehr ein Gebell. Er ruhte nicht, bis man durch den Zaun mit dem Finger den hingestreckten Kopf berührte.

Als dann das Pförtlein geöffnet war, sprang er mit einem lautlosen Schwung auf meine Schulter, blieb in Wonne dort sitzen und kutschierte mich reitend aus der Anstalt hinaus.

XV.

Wir fuhren heim, – ich dachte: Der Bursche zerplatzt vor Glück. Überall sah er nach, ob in der Wohnung noch alles da ist. Schon als er die Treppe hinaufging, sich auf jedem Absatz nach mir umguckte, war er selig. Dann, bevor nach dem Klingeln geöffnet wurde, saß er wartend, verzückt-gespannt vor der Tür. Ich hätte nie für möglich gehalten, daß auch Katzengeschöpfe so ihren Dank, ihr Verbundensein, ja den Jubel des Zusammengehörens äußern könnten.

Wo ich saß, sprang er auf mich. Sobald ich den Platz wechselte, kam er, bohrte wie ein Bock den Kopf gegen mich – das ist bei ihm ein Zeichen hoher Zärtlichkeit.

Nicht zu bändigen vor Liebe. Mit der edelsten Feinheit einer holden Kreatur. Groß und stark geworden, blendend weiß (dort gab es keine Dachrinne, wo man sich wälzen kann); prachtvoll war für ihn gesorgt. Die schönen Augen leuchteten, auch wenn er sie einkniff. Und sofern Tiere seiner Gattung die Gabe der Musik verliehen wäre, – Arien hätt' er gesungen.

(Braucht nicht zu singen! Wenn er schnurrt, ist es Musik. Er schnurrt jetzt, wenn er mir auf den Knien lagert, wie ein Teekessel: »Heimg'funden!«)

XVI.

Windsbraut der Revolution … Warum, alle guten Geister, will diese Menschheit nicht zur Ruhe kommen. Warum immer Krawall und Gefauch und Gekratz?

Einer, den ich kenne, freilich kein Mensch, sondern ein liebes seidenweiches, weißes Tier, das kam zur Ruhe. Es kratzt und faucht nicht mehr. Fünf und ein halbes Jahr hat es mir Gesellschaft geleistet. Miezislaus war sein Name. Kein Zahn kann ihm heute noch weh tun. Er hatte nur einen kurzen Schmerz zu überstehn – mehr einen Schreck als einen Schmerz.

XVII.

In dem vergangenen Herbst (um die Zeit, als Du, Inge, starbest) war es nicht möglich, ihn länger in der Wohnung zu haben. Er kam zu den Pförtnersleuten. Da gefiel es ihm nicht. Aristokrat vom Scheitel zur Sohle; vielmehr vom weißrosa Spitzohr bis zum rosa Krallenpolster.

Manchmal kam er die Treppen hinauf und saß stundenlang vor der Tür. Wenn ein Briefträger klingelte, hui, ist er gleich hineingeflitzt, stürzte sich auf seine alten Stätten, auf den Diwan im Arbeitszimmer, auf die Stelle des Futternapfs in der Diele, auf den weichen Morgenlandsteppich, wo er sich über Gebühr gern geräkelt hat, auf die Bank im Bauernzimmer, wo er mir beim Essen einst allemal auf die

Schultern sprang, um von oben in meinen Teller zu gucken.

(Dann hob er sacht eine Pfote, verlängerte sich, tupfte leis auf den Rücken meiner rechten Hand; das war die Mahnung: »Ich bin auch noch da! vergiß mich nicht!«)

XVIII.

Er mußte wieder nach unten gebracht werden. Es ging nicht anders.

Ich wollte schließlich nicht mit einem Tier leben.

XIX.

Der Plan einer Übersiedlung des lieben Kerlchens scheiterte. Wir hatten an dem Bergsee in Bayern eine sächsische Baronin getroffen, die zwei Töchter, zugleich sechzehn Katzen und Hunde besaß. Hier war die Möglichkeit, daß der wonnevolle Miezislaus heitere Liebe (vielleicht auch einen geselligen Wirkungskreis) finden würde. Doch die Verhältnisse damals, auch eine innere Hemmung hinderten es …

Ich beschloß wiederum, ein Ende zu machen –: so daß er auf dem Gipfel des Daseins in Schönheit, würdig, schmerzlos davonginge. Das war im Herbst.

Meine Bulldoggen, mein Seehund hatten auch durch den Tierarzt geendet. (Und in allen Schmerz um sie floß immer eine leise Genugtuung: wieder unabhängig zu sein.)

XX.

Der Tierarzt kam. Wie vereinbart, mit einem Fläschchen Chloroform. Er fragte: »Wollen Sie dabei sein?« – »Gewiß.« – Der Tod eines Tieres läßt sich schon ertragen.

Er bat um ein großes Tuch. Darein wurde Miezislaus gehüllt, wie in einen Mantel; (bloß der weiße, liebliche Kopf guckte vor).

Der Arzt goß von der Flüssigkeit etwas auf ein Taschentuch; legte das Tuch auf das Gesicht des erstaunten Miezislaus.

Der bekam von dem ersten fremdartigen Duft eine Art Staunen, eine Art Nervenstoß, – biß den Arzt herzhaft in den Finger, unternahm den Versuch wegzulaufen, blieb jedoch betäubt und schlummerig am Ort, schien einmal noch zu erwachen … und zeigte dann, wie seltsam, ein lächelndes Antlitz. Tiere tun das im Sterben.

(Ich hab's auch an Hunden beobachtet. Es kommt wohl daher, daß der Mund ausgedehnt wird, als ob sie lachten).

XXI.

Schlummernd für ewig lag Miezislaus im Badezimmer auf der Birkenkommode.

Nachmittags fuhr Eurykleia mit ihm in eine Waffenhandlung, welche Tiere künstlich auszustopfen unternimmt.

Ich gab an, welche Stellung meines alten, süßen, süßen Gefährten ich verewigt haben wollte. Das ist gemacht worden …

XXII.

Jetzt sitzt er unter den Seehunden – nein 's ist ein Mittelding zwischen Sitzen und Liegen; die Pfötchen hat er ganz klein gerollt, er lauscht nach vorn … Seine himmlische Beweglichkeit, seine hohe flinke Anmut waren im Leben stärker, – aber auch jetzt erinnert Etliches daran … Vor allem: Es kann ihm nichts mehr geschehen. Er ist gefriedet. Und wenn ich dies Zimmer betrete, mal sein ausgestopftes Fell streichle, oder ihm, wie so oft, das »Goderl kraue«, so nennt man es in Süddeutschland, – dann fühlt er es gewiß nicht. Aber ich; aber ich.

Und er macht sich keine Gedanken über das absonderliche Verwehen dieses Daseins. (Aber ich.)

Die Katze läßt das Mausen nicht

Die Katze und die beiden Sperlinge

Dem Herrn Herzog von Burgund

Ein Kater, noch ganz jung, und ein gleich alter Spatz
Hatten einander nah von jeher ihren Platz,
Ein Zimmer war dem Paar zum Aufenthalt geboten.
Oft neckten spielend sich die beiden, Spatz und Katz,
Der mit dem Schnabel fix und *diese* mit den Pfoten.
Der Kater schont den Freund, er macht ihm niemals Schmerz,
Nur halb erwidernd seinen Scherz;
Nicht brächt er's über sein Gewissen,
Hätt er gekratzt ihn und gebissen.
Der Spatz, nicht so vorsichtig, schlug
Ihn mit dem Schnabel oft genug.
Als Mann von Welt entschuldigt' immer
Herr Miez das Spiel höchst nachsichtsvoll:
Aufkommen lassen soll man unter Freunden nimmer,
Selbst wenn man recht hat, ernsten Groll.
Da beid einander längst bekannt und wohlgewogen,
So lebten friedlich sie und in Gemütlichkeit;
Bei ihrem losen Spiel kam's nie zu ernstem Streit.
Einst kam ein Nachbarspatz geflogen,
Sie zu besuchen, und alsbald gesellt er sich

Zu unsrem Spätzchen und dem Kätzchen
freundschaftlich.
Zwischen den Vögeln war's gar bald zum Zank
gekommen;
Der Kater mischt sich drein und spricht:
»Der fremde Herr, fürwahr, hat hier sich schön
benommen!
Beleidigt meinen Freund! Der Wicht
Will meinen Spatz wohl gar zu töten sich vermessen?
Bei allen Katzen, nein!« – Er mengt sich in den
Strauß
Und würgt den Fremden. »Ei!« – ruft Miez
verwundert aus –
»Spatzen sind gut! Fürwahr, ein auserlesner
Schmaus!« –
Diese Bemerkung ließ ihn auch den andern fressen.
Welche Moral ich wohl aus diesem Falle zieh?
Denn keine Fabel ist vollständig ohne sie.
Oft glaub ich sie zu sehn, doch leicht trügt falscher
Schimmer.
Mein Prinz, ich wette drauf, daß Du sogleich sie
weißt;
Dein Scharfsinn trifft das Ziel, doch meine Muse
nimmer –
Die Schwestern alle neun haben nicht Deinen Geist.

Von einem Hasen und einem Vogel

»›Ich hatte einst‹, sprach der Rabe« – so erzählte der weise Ratgeber des Rabenköniges – »zu den aufhorchend um ihn versammelten Vögeln: ›einen guten Freund, auch einen Vogel; sein Name gehört nicht zur Sache. Derselbe hatte die Gewohnheit, wenn er sein Nest verließ, das in der Nachbarschaft des meinen in einer Felskluft sich befand, oft sehr lange wegzubleiben, so daß ich manchesmal glaubte, er sei in der Fremde verunglückt oder gestorben, oder gefangen, oder habe sich anderswo häuslich niedergelassen. Da geschah es, daß ein Hase jene Felskluft fand, und in ihr das weiche warme Vogelnest, und sich hinein bettete. Ich hielt nicht für weise, mich in fremde Angelegenheiten zu mischen, und gedachte bei mir, weshalb solltest du dem Hasen die Wohnung wehren, da doch vielleicht der Vogel nicht wiederkehrt? Auf einmal vernahm ich ein Gezänk unter mir, denn der Baum, welcher mein Nest trug, stand dicht neben dem Felsen. Mein Nachbar, der Vogel, war wieder da, saß außen vor dem Felsloche und kreischte: ›Das ist mein Nest! Packe dich gleich heraus!‹ Drinnen aber saß der Hase und rief: ›Ich bin im Besitze dieser Wohnung und schon eine geraume

Zeit. Da könnte jeder kommen, dem sie anstünde, und könnte sagen: Ziehe aus!‹ –

›Du bist ein ehrvergessener, schlechter Hase!‹ schrie der Vogel. ›Ein Räuber bist du! Das Nest ist mein und du wirst es räumen!‹

›Nein – ich werde es nicht räumen!‹ erwiderte der Hase. ›Schimpfe und schwätze du so viel du willst! Glaubst du eine gerechte Sache zu haben, so verklage mich! Vor dem Richter will ich dir Rede stehen, hier aber nicht.‹

Hierauf verwahrte der Hase seine Türe und zog sich in das Innere der Felskluft zurück.

Eine Zeit darauf kam der Vogel wieder, und sagte zum Hasen: ›Ich weiß einen frommen, redlichen Alten, der soll Recht sprechen zwischen dir und mir! Folge mir zu ihm.‹ ›Wer ist es? Wie heißt er?‹ fragte der Hase. – ›Ich habe ihn noch nicht gesprochen‹, antwortete der Vogel. ›Er lebt noch nicht lange in dieser Gegend, er ist ein frommer Einsiedler, welcher den ganzen Tag fastet und betet, und voll ehrbaren Wesens sich zeigt. Er soll früher ein Maushund gewesen sein, hat sich aber längst der Katzennatur abgetan, und aller Üppigkeit der Welt, allen schnöden Mäusefraßes. Er vergießt kein Blut, nährt sich von Wurzeln, Gras und Kräutern, sein Getränk ist nur klares Wasser. Er wird ganz gewiß unparteiisch über uns Urtheil sprechen.‹

›Eine Katze? Ein alter Maushund?‹ fragte mißtrausch der Hase. ›Dem traue ich nicht sonderlich. Das Sprichwort sagt: Die Katze läßt das Mausen nicht.‹

Aber der Vogel hörte nicht auf, in den Hasen zu dringen, bis dieser mit ihm ging. Ich folgte von ferne nach, zu sehen, wie das ablaufen werde. Die Katze, eigentlich ein großer wilder Kater, saß, wie ich von weitem sah, vor ihrer Wohnung und sonnte sich, dehnte sich behaglich aus, beleckte sich die Pfoten und strich den Bart, plötzlich, wie sie den Vogel und den Hasen kommen sah, huschte sie in ihr Gemach, und als die beiden Gefährten zu ihr eintraten, fanden sie dieselbe in ein härenes Büßergewand gehüllt, in betender Stellung auf den Knieen liegen. Da gewann auch der Hase Zutrauen, und freute sich, einen so heiligen Mann kennen zu lernen, und nun entschuldigten beide um die Wette die Störung in der Andacht, und baten, ihrem Anliegen ein geneigtes Ohr zu leihen.

›Lieben Freunde!‹ sprach der Maushund mit leiser und heiserer Stimme, indem er die Augen frömmelnd verdrehte: ›ich bin alt, meine Augen sind trübe und dunkel, um mein Gehör stehet es sehr übel, gehet nahe herzu, und redet recht laut, daß ich ja alles richtig vernehme.‹

Nun erzählten Vogel und Hase, wie sie miteinander ob des von einem verlassenen, vom andern in Besitz genommenen Nestes in Streit und Hader gekommen, und sich dahin vereinigt, sich seinem unparteiischen Urteilsspruche zu unterwerfen. Als sie beiderseits schwiegen, sprach der wilde Maushund wieder ganz heiser: ›Hab euch wohl verstanden, liebe Kinder, wohl verstanden. Ich will euch gut beraten und euch weisen die Wege der Gerechtigkeit. Oh, daß mich der Himmel erleuchte, ein rechtes und richtiges Urteil in dieser eurer so überaus wichtigen Sache zu fällen, und in diesem schwierigen Falle die Wahrheit zu finden! Denn besser ist es, eine Sache geht verloren durch die Beleuchtung mit der Fackel der Wahrheit, als daß sie durch Lug und Trug und Unwahrheit fälschlich gewonnen werde. Ach – ach! Was haben wir denn hienieden? Keine bleibende Stätte! Nur das eine nehmen wir mit hinüber in die zukünftige Welt, die Werke, die wir vollbracht haben zu unserer Seelen Heil oder zur Verdammnis. Gönnte doch ein jeglicher seinem Nächsten hienieden Gutes! Tretet getrost näher, liebe Kinder, und ruhet euch aus, derweil ich im Gebet um Erleuchtung in eurer Sache flehe.‹

›Hase und Vogel vertrauten diesen heuchlerischen Worten des falschen heimtückischen wilden Katers, ich aber, der ich nahe geflogen war, und jedes Wort vernommen hatte, hörte nur noch, wie die Katze ihre Türe zuwarf, und wie der Vogel drinnen jämmerlich schrie. Das ungetreue Tier hatte Vogel und Hasen erwürgt, verspeiste beide, und bezog dann jene verlassene Wohnung, welche besser gelegen und eingerichtet war, als die armselige des Maushundes, worauf ich alsbald von dort auswanderte. –

Sehet hier ein Beispiel wie blindes Vertrauen, das man auf unbekannte Leute setzt, die sich, gleich den Adlern, uns durch ihre Arglist und Bosheit nähern, sich bestraft. Der Adler ist unter den Vögeln gerade das, was der Wolf unter den vierfüßigen Tieren. Und ich bleibe dabei, und wiederhole es euch dringend und warnend, ja warnend: wählt nimmer den Adler zum König!‹« –

»Mit erhobener Stimme«, fuhr der alte Geheimerat Rabe dem Könige, seinem Herrn, zu erzählen fort: »endete der gewandte Volksredner seinen Vortrag, und was war die Folge? Kein Vogel wollte nun den Adler zum Könige haben, es wurde nichts aus der ganzen Königswahl, die Rednergabe des Raben feierte einen glänzenden Sieg, wenig fehlte, so hätte man *ihn* zum Könige ausgerufen.«

Eine fortschrittliche Katze

Die Ratte wusste, was sie aufs Spiel setzte. Alles Mögliche konnte passieren: Die Katze konnte von ihrem Spaziergang zurückkommen oder die Frau des Scheichs von ihrem Einkaufsbummel. Daher konnte sich die Ratte einfach nicht entscheiden. Dort stand die Falle, aber sie schien ungefährlich.

Hinter ihrem Haken erstreckte sich ein Feld von Leckereien: reifer Käse, saftiger Schinken und Früchte, die sich in der feuchten Luft langsam braun färbten. Die Ratte nagte vorsichtig an einem Stückchen Käse und löste ein wenig Haut von einer Traube, die sie als Seil benutzen wollte, um die riesigen Kugeln in ihr Versteck zu schleifen. »Wie kann ich sie nur alle dahin bringen?« dachte die Ratte und versuchte angestrengt, alles so schnell wie möglich aus der Falle herauszubekommen. Schließlich waren die Bemühungen der Ratte von Erfolg gekrönt und sie und ihre fünfzehn Kinder konnten sich wochenlang satt essen.

Was die Ratte nicht wusste, war, dass eine dicke schwarze Katze die ganze Szene gemeinsam mit einer Freundin beobachtet hatte: »Warum hast du die Chance nicht genutzt?«, fragte sie. »Ich bin trächtig«, antwortete die schwarze Katze. »Warum sollte ich mich mit einer mickrigen Maus zufrieden geben? Dort drinnen mästet sich eine ganze Familie.« Die Freundin war beeindruckt. »Du bist sehr schlau«, sagte sie bewundernd. Darauf antwortete die schwarze Katze: »Nun, das ist halt Familienplanung.«

Blanche

Jung,
Auf dem Sprung,
Nicht bös,
Graziös.

Auch ein weibliches Wesen ist um mich her, das in meinem Haushalt die Ergänzung zu Rasumofsky bildet. Es ist, um mich in Rückertschen Anklängen zu bewegen, eine feine Reine, schlanke Kleine, die ich mit Rücksicht auf ihre Erscheinung *Blanche* getauft habe. Sie ist ganz weiß, und nur auf der Stirne, als Zeichen edelster Abstammung, hat sie einen braunen und schwarzen Tigerstreifen. Sie ist noch ganz Kind, ganz unbefangen, faßt das Leben von der heiteren und Vergnügungsseite auf und betrachtet sich selbst als bloßes Ornament des Daseins. Sie kennt keine andere Pflicht als die, sich zu putzen und sich streicheln zu lassen; sie könnte nach allem eine Engländerin sein. Nur ihrer Grazie nach ist sie Französin.

Ich engagierte sie zunächst aus bloßen Nützlichkeitsrücksichten und erwartete von ihr, wie jetzt das Modewort lautet, einen »guerre d'extermination« gegen den Erbfeind; aber niemals ist eine Erwartung gründlicher getäuscht worden. Sie scheint kaum zu wissen, daß es Feinde gibt, geschweige Erbfeinde; sie führt ihren Exterminationskrieg gegen Gardinenkanten, gegen alles, was Puschel oder Quaste heißt; über Nacht aber, wenn der Feind seine Vorposten schickt, horcht sie auf, spinnt dann einen Augenblick vergnüglich und schläft wieder ein. Dennoch – dies Anerkenntnis bin ich ihr schuldig – übt sie einen gewissen Einfluß, aber freilich ohne die geringste Ahnung davon; sie wirkt wie das *Bild* des Tigers, das die Chinesen, zum Schrecken für den Feind, an die Außenwand des Hauses stellen.

Sie ist ganz Spielzeug, und ich habe es längst aufgegeben, Ernsteres von ihr zu erwarten. Es liegt nicht in ihr. Sie ist mir Schauspiel, Augenweide, Zirkusschönheit, im Hoch- und Weitsprung gleich ausgezeichnet, und den Tag über an der Klingelschnur zu Hause. Sie behandelt dieselbe als Trapez, was sie ungehindert kann, da die betreffende, aus Bast geflochtene Korde das Schicksal der meisten ihrer Schwestern teilt, eine bloße höchst fragwürdige Stubendekoration zu sein.

Blanche, wie gesagt, ist die Ergänzung zu Rasumofsky; was jener meinem Geiste ist, ist diese meinen Sinnen. Wenn ich mit dem erstern, in jener Simplizität, die alles Große begleitet, die Tagesangelegenheiten behandle, also in rascher Reihenfolge die Fragen stelle: Wie ist das Wetter? Was macht Paris? Nichts von Frieden? – so gehört mein *Auge* ganz der kleinen Weißen, die wie ein alabasterner Briefbeschwerer auf meinem Schreibtisch neben mir liegt. Nun erhebt sie sich, um zwischen Uhr, Teetasse und Tintenfaß jene Spaziergänge auszuführen, die eben nur jenem Geschlechte möglich sind, dem Blanche angehört. Werde ich endlich ungeduldig, so weiß sie diese Ungeduld zu sänftigen. Der Tisch hat einen Aufsatz von sechs Fächern, jedes nur so groß, um eine Hand hinein zu legen. In alle sechs Fächer duckt sie sich der Reihe nach hinein und blickt mich aus dieser Umrahmung schelmisch an. Das sind die letzten Mittel, denen nicht zu widerstehen ist.

Um 8 Uhr, nachdem wir unsern Tee genommen, für den sie eine distinguierte Vorliebe zeigt, gehen wir zu Bett; sie ist aber noch nicht müde und unterhält mich eine Viertelstunde lang durch die wunderbarsten Kapriolen. Um halb neun endlich, wo abwechselnd ein Trompeter von den Schleswiger Husaren und den Gardeulanen auf den Kasernenhof tritt, um die preußischen Kavalleriesignale zu blasen, wird Blanche stiller und schiebt sich, wie zu einer letzten Liebkosung, an meinen Hals zwischen Kopf und Schulter. So vergehen Minuten. Eine Viertelstunde später tritt aus dem Kasernenflügel gegenüber ein *französischer* Trompeter auf den Hof hinaus und antwortet dem Preußen oder besiegelt den Appell.

Nun weiß Blanche, daß es Zeit ist. Sie erhebt sich summend und spinnend und legt sich am Fußende des Bettes auf die vierfach zusammengefaltete Reisedecke.

Das Feuer im Kamin erlischt. So schlafen wir, bis die Reveille uns weckt.

August Heinrich Hoffmann von Fallersleben

Spatz und Katze

Wo wirst du denn den Winter bleiben?
Sprach zum Spätzchen das Kätzchen.
»Hier und dorten, aller Orten,«
Sprach gleich wieder das Spätzchen.

Wo wirst du denn zu Mittag essen?
Sprach zum Spätzchen das Kätzchen.
»Auf den Tennen mit den Hennen.«
Sprach gleich wieder das Spätzchen.

Wo wirst du denn die Nachtruh halten?
Sprach zum Spätzchen das Kätzchen.
»Laß dein Fragen, will's nicht sagen,«
Sprach gleich wieder das Spätzchen.

Ei, sag' mir's doch, du liebes Spätzchen!
Sprach zum Spätzchen das Kätzchen.
»Willst mich holen – Gott befohlen!«
Fort flog eilig das Spätzchen.

Klickeradoms! – von Medici!

Die fromme Helene

Ratsam ist und bleibt es immer
Für ein junges Frauenzimmer,
Einen Mann sich zu erwählen
Und womöglich zu vermählen.

Erstens: will es so der Brauch.
Zweitens: will man's selber auch.
Drittens: man bedarf der Leitung
Und der männlichen Begleitung;

Weil bekanntlich manche Sachen,
Welche große Freude machen,
Mädchen nicht allein verstehn;
Als da ist: ins Wirtshaus gehn. –

Freilich oft, wenn man auch möchte,
Findet sich nicht gleich der Rechte.
Und derweil man so allein,
Sucht man sonst sich zu zerstreun.

Lene hat zu diesem Zwecke
Zwei Kanari in der Hecke,

Welche Niep und Piep genannt.
Zierlich fraßen aus der Hand
Diese goldignetten Mätzchen.

Aber Mienzi hieß das Kätzchen. –
Einstens kam auch auf Besuch
Kater Munzel, frech und klug.

Alsobald so ist man einig. –
Festentschlossen, still und schleunig

Ziehen sie voll Mörderdrang
Niep und Piep die Hälse lang.

Drauf so schreiten sie ganz heiter
Zu dem Kaffeetische weiter. –
Mienzi mit dem sanften Tätzchen
Nimmt die guten Zuckerplätzchen.

Aber Munzels dicker Kopf
Quält sich in den Sahnetopf.

Grad kommt Lene, welche drüben
Eben einen Brief geschrieben,
Mit dem Licht und Siegellack
Und bemerkt das Lumpenpack.

Mienzi kann noch schnell enteilen,
Aber Munzel muß verweilen;

Denn es sitzt an Munzels Kopf
Festgeschmiegt der Sahnetopf.

Blindlings stürzt er sich zur Erd.
Klacks! – Der Topf ist nichts mehr wert.

Aufs Büfett geht es jetzunder.
Flaschen, Gläser – alles runter!

Sehr in Ängsten sieht man ihn
Aufwärts sausen am Kamin.

Ach! – Die Venus ist perdü –
Klickeradoms! – von Medici!

Weh! Mit einem Satze ist er
Vom Kamine an dem Lüster;

Und da geht es Klingelingelings!
Unten liegt das teure Dings.

Schnell sucht Munzel zu entrinnen,
Doch er kann nicht mehr von hinnen. –

Wehe, Munzel! – Lene kriegt
Tute, Siegellack und Licht.

Allererst tut man die Tute
An des Schweifs behaarte Rute;

Dann das Lack, nachdem's erhitzt,
Auf die Tute, bis sie sitzt.

Drauf hält man das Licht daran,
Daß die Tute brennen kann.

Jetzt läßt man den Munzel los –
Mau! – Wie ist die Hitze groß!

Vor der Schallplatte eine Katze

Können Töne kratzen?
Können Kratzer tönen?

Frage doch die schönen
Katzen.

Hörtest sonderbares
Kinderweinen in der Nacht.
Hast das Fenster aufgemacht.
Und? – – Die Katze war es.

Kann das Ohr sich täuschen
Wie der Blick.

Plötzlich: Aus Geräuschen
Wird Musik.

Welche Laute stören?
Welche siegen unbedingt?
Was wohl Katzen hören,
Wenn Caruso singt?

Über kurz od über lang
Werden sie sich finden,
Künstlerisch verbinden:
Katzmiau und Menschensang.

Es sitzt ein Vogel auf dem Leim,
Er flattert sehr und kann nicht heim.
Ein schwarzer Kater schleicht herzu,
Die Krallen scharf, die Augen gluh.
Am Baum hinauf und immer höher
Kommt er dem armen Vogel näher.

Der Vogel denkt: Weil das so ist
Und weil mich doch der Kater frißt,
So will ich keine Zeit verlieren,
Will noch ein wenig quinquilieren
Und lustig pfeifen wie zuvor.
Der Vogel, scheint mir, hat Humor.

Jung-Katerverein für Poesie-Musik

Der philharmonische Katerverein
War auf dem Dache versammelt
Heut nacht – doch nicht aus Sinnenbrunst;
Da ward nicht gebuhlt und gerammelt.

Es paßt kein Sommernachthochzeitstraum,
Es passen nicht Lieder der Minne
Zur Winterjahrzeit, zu Frost und Schnee;
Gefroren war jede Rinne.

Auch hat überhaupt ein neuer Geist
Der Katzenschaft sich bemeistert;
Die Jugend zumal, der Jung-Kater ist
Für höheren Ernst begeistert.

Die alte frivole Generation
Verröchelt; ein neues Bestreben,
Ein Katzenfrühling der Poesie
Regt sich in Kunst und Leben.

Der philharmonische Katerverein,
Er kehrt zur primitiven
Kunstlosen Tonkunst jetzt zurück,
Zum schnauzenwüchsig Naiven.

Er will die Poesiemusik,
Rouladen ohne Triller,
Die Instrumental- und Vokalpoesie,
Die keine Musik ist, will er.

Er will die Herrschaft des Genies,
Das freilich manchmal stümpert,
Doch in der Kunst oft unbewußt
Die höchste Staffel erklimpert.

Er huldigt dem Genie, das sich
Nicht von der Natur entfernt hat,
Sich nicht mit Gelehrsamkeit brüsten will
Und wirklich auch nichts gelernt hat.

Dies ist das Programm des Katervereins,
Und voll von diesem Streben
Hat er sein erstes Winterkonzert
Heut nacht auf dem Dache gegeben.

Doch schrecklich war die Exekution
Der großen Idee, der pompösen –
Häng dich, mein teurer Berlioz,
Daß du nicht dabei gewesen!

Das war ein Charivari, als ob
Einen Kuhschwanzhopsaschleifer
Plötzlich aufspielten, branntweinberauscht,
Drei Dutzend Dudelsackpfeifer.

Das war ein Tauhu-Wauhu, als ob
In der Arche Noä anfingen
Sämtliche Tiere unisono
Die Sündflut zu besingen.

O, welch ein Krächzen und Heulen und Knurrn,
Welch ein Miaun und Gegröhle!
Die alten Schornsteine stimmten ein
Und schnauften Kirchenchoräle.

Zumeist vernehmbar war eine Stimm,
Die kreischend zugleich und matte
Wie einst die Stimme der Sontag war,
Als sie keine Stimme mehr hatte.

Das tolle Konzert! Ich glaube, es ward
Ein großes Tedeum gesungen,
Zur Feier des Siegs, den über Vernunft
Der frechste Wahnsinn errungen.

Vielleicht auch ward vom Katerverein
Die große Oper probieret,
Die Ungarns größter Pianist
Für Charenton komponieret.

Es hat bei Tagesanbruch erst
Der Sabbat ein Ende genommen;
Eine schwangere Köchin ist dadurch
Zu früh in die Wochen gekommen.

Die sinnebetörte Wöchnerin
Hat ganz das Gedächtnis verloren;
Sie weiß nicht mehr, wer der Vater ist
Des Kindes, das sie geboren.

War es der Peter? War es der Paul?
Sag, Lise, wer ist der Vater?
Die Lise lächelt verklärt und spricht:
O Liszt! du himmlischer Kater!

Wolkenspiele

I

Eine große schwarze Katze
schleicht über den Himmel.
Zuweilen
krümmt sie sich zornig auf.
Dann wieder
streckt sie sich lang,
lauernd,
sprungharrend.
Ob ihr die Sonne wohl,
die fern im West
langsam sich fortstiehlt,
ein bunter Vogel dünkt?
Ein purpurner Kolibri,
oder gar
ein schimmernder Papagei?
Lüstern dehnt sie sich
lang und länger,
und Phosphorgeleucht
zuckt breit
über das dunkle Fell
der gierzitternden Katze.

Hund und Katze

Miezel, eine schlaue Katze,
Molly, ein begabter Hund,
Wohnhaft an demselben Platze,
Hassten sich aus Herzensgrund.

Schon der Ausdruck ihrer Mienen,
Bei gesträubter Haarfrisur,
Zeigt es deutlich: Zwischen ihnen
Ist von Liebe keine Spur.

Doch wenn Miezel in dem Baume,
Wo sie meistens hin entwich,
Friedlich dasitzt wie im Traume,
Dann ist Molly außer sich.

Beide lebten in der Scheune,
Die gefüllt mit frischem Heu.
Alle beide hatten Kleine,
Molly zwei und Miezel drei.

Einst zur Jagd ging Miezel wieder
Auf das Feld. Da geht es bumm.
Der Herr Förster schoss sie nieder.
Ihre Lebenszeit ist um.

Oh, wie jämmerlich miauen
Die drei Kinderchen daheim.
Molly eilt, sie zu beschauen,
Und ihr Herz geht aus dem Leim.

Und sie trägt sie kurz entschlossen
Zu der eignen Lagerstatt,
Wo sie nunmehr fünf Genossen
An der Brust zu Gaste hat.

Mensch mit traurigem Gesichte,
Sprich nicht nur von Leid und Streit.
Selbst in Brehms Naturgeschichte
Findet sich Barmherzigkeit.

ALFRED BREHM

Unsere Hauskatze

»Die Katze« (Felis maniculata domestica), sagt *Ebers* in seiner ›Ägyptischen Königstochter‹, einem Romane, welcher nach dem Urteil der maßgebenden Altertumsforscher das Leben und Treiben der Bewohner Altägyptens in unübertrefflicher Weise schildert, »war wohl das heiligste von den vielen heiligen Tieren, welche die Ägypter verehrten. Während andere Tiere nur beziehungsweise vergöttert wurden, war die Katze allen Untertanen der Pharaonen heilig. *Herodot* erzählt, daß die Ägypter, wenn ein Haus brenne, nicht eher ans Löschen dächten, bis ihre Katze gerettet sei, und daß sie die Haare als Zeichen der Trauer sich abschören, wenn ihnen eine Katze stürbe. Wer eines der Tiere tötete, verfiel, mochte er mit Wollen oder aus Versehen der Mörder desselben geworden sein, unerbittlich dem Tode. *Diodor* war Augenzeuge, als die Ägypter einen unglücklichen römischen Bürger, welcher eine Katze getötet hatte, des Lebens beraubten, obgleich, um der gefürchteten Römer willen, von seiten der Behörden alles mögliche geschah, um das Volk zu beruhigen. Die Leichen der Katzen wurden kunstvoll mumisiert und beigesetzt; von den vielen einbalsamierten Tieren wurden keine häufiger gefunden als die sorgfältig mit Leinenbinden umwickelten mumisierten Katzen«.

Während diese Katze bei den alten Ägyptern als heiliges Geschöpf angesehen wurde, erschien sie (oder richtiger die Wildkatze beziehentlich der Luchs) den alten Deutschen als das Tier der Freia, deren Wagen sie durch die Wolken zieht, und ging in der späteren Zeit, nachdem die nüchternen Verkündiger des Christentums die dichterischen Göttersagen unserer Vorfahren verwischt oder zu wüstem Spuk umgestaltet hatten, allgemach in ein mehr oder weniger gespenstiges Wesen über, welches heutzutage noch im Aberglauben fortlebt. Die Katze ist, laut *Wuttke*, wahrsagend und hat Zauberkraft. Eine dreifarbige Katze schützt das Haus vor Feuer und anderem Unglück, die Menschen vor dem Fieber, löscht auch das Feuer, wenn man sie in dasselbe wirft und heißt deshalb »Feuerkatze«. Wer sie ertränkt, hat kein Glück mehr oder ist sieben Jahre lang unglücklich; wer sie totschlägt, hat ebenfalls fernerhin kein Glück; wer sie schlägt, muß es von hinten tun. Die Katze zieht Krankheiten an sich; ihre Leiche dagegen, unter jemandes Türschwelle vergraben, bringt dem Hause Unglück. Katzenfleisch ist gut gegen die Schwindsucht; wer aber ein Katzenhaar verschluckt, bekommt diese, und wenn es ein kleines Kind tut, wächst es nicht mehr. Schwarze Katzen dienen zum Geldzauber und zum Unsichtbarmachen, zum Schutze des Feldes und des Gartens, zur Heilung der Fallsucht und der Bräune, schwarze Kater insbesondere zu unheimlichem Zauber. Erreichen sie das Alter von sieben oder neun Jahren, so werden sie selbst zu Hexenwesen und gehen am Walpurgistage zur Hexenversammlung oder bewachen unterirdische Schätze. Wenn die Katze sich putzt oder einen krummen Buckel macht, bedeutet es Gäste:

»Wie die Katz auf dem Tritte des Tisches
Schnurrt und das Pfötchen sich leckt, auch Bart und Nacken sich putzet,
Das bedeutet ja Fremde nach aller Vernünftigen Urteil«

singt *Voß.* Fährt sie sich mit den Pfoten über die Ohren, so kommt vornehmer Besuch; macht sie die Hinterbeine lang, so kommt jemand mit einem Stecken; wen sie aber ansieht, während sie sich wäscht, hat an demselben Tage noch eine Tracht Prügel zu gewärtigen. Wenn eine Katze vor dem Hause schreit, gibt es in demselben bald Zank oder Unheil, selbst Tod; wenn die Katzen in einer Freitagsnacht sich zanken, geht es bald darauf auch im Hause unfriedlich zu; wenn vor der Trauung eine Katze auf dem Altar sitzt, wird die Ehe unglücklich. Die weiße Gespenstkatze, welche außen am Fenster schnurrt, zeigt einen binnen zwei Stunden eintretenden Todesfall an. Nur hier und da urteilt man milder über das zierliche Geschöpf, so in Süddeutschland und in den Rheinlanden, wo man den Aberglauben hegt, daß ein Mädchen, welches eine glückliche Ehe haben will, die Katze, das Tier der Freia oder Holda, gut füttern müsse, – eine Vorschrift, welche auch ich allen Mädchen und Hausfrauen bestens empfohlen haben will.

Auch im Sprichworte spielt die Katze eine bedeutende Rolle: »Falsch wie die Katze; einen Katzenbuckel machen; eine Katzenwäsche halten; zusammenleben wie Hund und Katze; Katzen und Hexen fallen immer auf die Füße; wie die Katze gehen um den heißen Brei; die Katze in dem Sacke kaufen« usw., sind Belege dafür.

Gegenwärtig findet sich die Katze mit Ausnahme des höchsten Nordens und, laut *Tschudi,* des höchsten Gürtels der Andes fast in allen Ländern, in denen der Mensch feste Wohnsitze hat. In Europa trifft man sie überall; in Amerika wurde sie schon bald nach Entdeckung dieses Erdteils verbreitet. Auch in Asien und in Australien ist sie ziemlich häufig, weniger jedoch in Afrika, zumal im Innern des Erdteils, wo sie in einzelnen Ländern gänzlich fehlen soll. Je höher ein Volk steht, je bestimmter es sich seßhaft gemacht hat, um so verbreiteter ist die Katze. In Europa wird sie von Deutschen, Engländern und Franzosen am meisten geschätzt und am besten gepflegt; in ganz Indien, China und Japan, auch auf Java gehört sie zu den gewöhnlichen Haustieren; in China dient sie, laut *Huc,* hier und da als Uhr, indem man nach der Enge ihres Augensternes die Nähe des Mittags beurteilt; in Ägypten genießt sie als Lieblingstier des Propheten große Achtung, nimmt teil an Aufzügen, wird in Kairo auch öffentlich verpflegt, da Vermächtnisse bestehen, deren Zinsen man zu ihrer Fütterung verwendet; in Südamerika fehlt sie in dem höchsten Gürtel der Andes, weil sie Kälte und dünne Luft nicht verträgt, verkümmert auch, laut *Hensel,* hier und da »wie jedes Haustier unter der Pflege des Brasilianers, welcher, ebenso wie der Südamerikaner spanischer Abkunft, von Hause aus kein Tierfreund ist und außerdem noch durch eine unüberwindliche Trägheit von jeder Bemühung im Gebiet der Tierzucht abgehalten wird«, gedeiht aber in Städten, wo es, wie in Frankreich, Sitte ist, sie in den Läden als Feind der Ratten oder zum Staate zu halten, vortrefflich; auf Neuseeland ist sie verwildert und wird gegenwärtig von den Ansiedlern mit demselben Ingrimm gejagt wie ihre wildlebenden Verwandten. Wo man sie in ihrem wahren Wert erkannt hat, verbreitet man sie mehr und mehr. Manche Völkerschaften Asiens, z. B. die Mandschu, treiben noch einen ziemlich bedeutenden Handel mit ihr. Sie geben den Giljaken junge Kater, niemals aber Miezen, erhalten sich somit immer ihre alten Absatzquellen offen. Die Käufer tauschen solche Katzen mit Zobelfellen ein, und beide

Teile machen ein sehr gutes Geschäft. Heutzutage hat, laut *Radde,* die Bevölkerung des Amurlandes den Mandschu neue Absatzquellen eröffnet, da die Menge der Ratten und Feldmäuse in Häusern und Speichern den neuen Ansiedlern die Gegenwart der Katze wünschenswert macht. Bei den wandernden und jagdtreibenden Hirtenvölkern des südlichen Teils von Ostsibirien hat diese sich noch nicht eingebürgert, fehlt auch im Lande der Urjänchen am Kossogol und in dem der Darchaten an den Quellen des Jenissei. Erst dort, wo die getauften Burjäten und Tungusen der cis- und transbaikalischen Gaue nach und nach an einen beständigen Wohnplatz sich gewöhnen und Ackerwirtschaft betreiben, wird sie ein gewöhnliches Haustier. Den Priestern der Buddhalehre, welche abwärts am mittleren Onon ihre Ansiedlungen haben, ist sie ein lieber, wohlgepflegter Hausgenosse. Ebenso begegnet man ihr in der Aginskischen Steppe, wo das feste Haus meist an die Stelle der leichtbeweglichen Jurte getreten ist, in den russisch-transbaikalischen Besitzungen, soweit dieselben von einer festsitzenden Bevölkerung bewohnt werden. Von den Dörfern im Quellenlande des Amur gelangte sie in den Jahren 1857 und 1858 in die Ansiedlungen im oberen und mittleren Lauf dieses Stromes, während sie an der Mündung desselben, von der See aus eingeführt, schon seit 1853 vorhanden war. Im Winter des Jahres 1858 fehlte sie im Burejagebirge noch gänzlich, hielt jedoch bereits am oberen Ende ihren Einzug. Auf Grönland kam sie mit den dänischen Frauen an und verbreitete sich mit ihnen nach Süden und Norden hin, so daß sie schon zu Zeiten des Naturforschers *Fabricius,* Ende des vorigen Jahrhunderts, in allen Ansiedlungen gefunden wurde. So hat sie nach und nach Heimrecht fast auf der ganzen Erde sich erworben und erscheint überall als ein lebendes Zeugnis des menschlichen Fortschritts, der Seßhaftigkeit, der beginnenden Gesittung. Der Hund ist wahllos Allerwelts- und Allermenschentier, die Katze Haustier im besten Sinne des Wortes; jener hat sich von dem Zelte aus das feststehende Haus erobert, sie erst in diesem sich eingebürgert und dem gesitteten Menschen angeschlossen.

Gleichwohl bewahrt sie sich unter allen Umständen bis zu einem gewissen Grade ihre Selbständigkeit und unterwirft sich dem Menschen nur insoweit, als sie für gut befindet. Je mehr dieser sich mit ihr beschäftigt, um so treuere Anhänglichkeit gewinnt sie an die Familie, je mehr man aber eine Katze sich selbst überläßt, um so größer wird ihre Anhänglichkeit an das *Haus,* in welchem sie geboren wurde. Der Mensch bestimmt immer den Grad der Zähmung und der Häuslichkeit einer Katze. Wo sie sich selbst überlassen wird, kommt es nicht selten vor, daß sie zur Zeit des Sommers ganz dem Hause entläuft und in die Wälder sich begibt, in denen sie unter Umständen vollständig verwildern kann. Bei Eintritt des Winters kehrt sie gewöhnlich in ihre frühere Wohnung zurück und bringt dahin auch ihre Jungen, welche sie während ihres Sommeraufenthaltes zur Welt gebracht hat; doch kommt es, zumal in warmen Ländern, häufig genug vor, daß sie, auch wenn sie zurückgekehrt ist, fast gar nicht mehr um den Menschen sich kümmert.

Unsere Hauskatze eignet sich vortrefflich, ihre ganze Familie kennenzulernen, eben weil jedermann sie beobachten kann. Sie ist ein außerordentlich schmuckes, reinliches, zierliches und anmutiges Geschöpf, jede ihrer Bewegungen nett und angenehm, und ihre Gewandtheit wahrhaft bewunderungswürdig. Sie geht gemessen und tritt mit ihren Sammetpfötchen, deren Krallen sorgfältig eingezogen sind, so leise auf, daß ihr Gang für den Menschen vollkommen unhörbar wird. Bei jedem Schritt zeigt sich die Beweglichkeit, welche ihr eigentümlich ist, verbunden mit größter Anmut und Zierlichkeit. Nur wenn sie von einem anderen Tier verfolgt oder plötzlich erschreckt wird, beschleunigt sie ihren Gang zu einem Lauf in schnell hintereinander folgenden Sätzen oder Sprüngen, welche sie ziemlich rasch fördern und fast regelmäßig vor dem Verfolger retten, weil sie klug jeden Schlupfwinkel zu benutzen oder jede Höhe zu gewinnen weiß. Sie klettert durch Einhäkeln ihrer Krallen leicht und geschickt an Bäumen und rauhen oder weichen Mauern empor und ist imstande, mit einem einzigen Satz eine Höhe von zwei bis drei Metern zu gewinnen. Im freien Feld läuft sie nicht eben rasch, wenigstens wird sie dort von jedem Hunde eingeholt. Ihre große Gewandtheit zeigt sich namentlich bei Sprüngen, welche sie freiwillig oder gezwungen ausführen muß. Sie mag fallen wie sie will, immer wird sie mit den Beinen den Boden erreichen und verhältnismäßig sanft auf die weichen Ballen der Füße fallen. Das Schwimmen versteht sie auch, macht aber von dieser Fertigkeit bloß dann Gebrauch, wenn sie in die unangenehme Lage kommt, aus dem Wasser sich retten zu müssen. Freiwillig geht sie niemals in das Wasser, meidet sogar den Regen mit förmlicher Ängstlichkeit. Sie sitzt, wie der Hund, auf dem Hinterteil und stützt sich vorn mit beiden Füßen; im Schlaf rollt sie sich zusammen und legt sich auf eine Seite. Dabei sucht sie gern eine weiche und warme Unterlage auf, kann es aber nur selten vertragen, wenn sie auch bedeckt wird. Vor allem andern benutzt sie das Heu zum Pfühl, wahrscheinlich weil sie den Duft desselben gut leiden mag.

Bemerkenswert ist die Biegsamkeit der an und für sich rauhen Stimme unserer Hauskatze. »Mauwend auff mancherley weyß, anderst so sy etwas häuschend, anders so sy liebkosend, anderst so sy sich zu streyt oder kampff stellend«, sagt schon *Geßner* sehr richtig. Der Hund ist nicht entfernt so ausdrucksfähig wie die

Katze. Ihr »Miau« ändert in der verschiedensten Weise ab, wird bald kurz, bald lang, bald gedehnt, bald abgebrochen hervorgestoßen und damit bittend, klagend, verlangend, drohend; zu dem »Miau« treten aber auch noch andere Laute unnennbarer Art hinzu, welche unter Umständen sich vereinigen können zu einem Lied,

»... das Stein erweichen,
Menschen rasend machen kann«,

weil nicht bloß miauende, sondern auch knurrende, kreischende und dumpf brüllende Laute und das absonderliche, allen Katzen eigentümliche Fauchen in ihm abwechseln.

Unter den Sinnen der Katze sind Gefühl, Gesicht und Gehör die ausgezeichnetsten. Am schlechtesten ist wohl der Geruch, wie man sich leicht selbst überzeugen kann, wenn man einer Katze irgendwelche Lieblingsnahrung so vorlegt, daß sie dieselbe nur durch die Nase ermitteln kann. Sie naht sich dem Gegenstand und wendet, wenn sie in seine Nähe gekommen ist, den Kopf so vielfach hin und her, daß man gleich an diesen Bewegungen sieht, wie wenig Geruchsinn sie leitet. Ist sie endlich nahe gekommen, so benutzt sie ihre Schnurrhaare, welche vortreffliche Tastwerkzeuge sind, noch immer weit mehr als die Nase. Man muß ihr eine Maus, welche man in der

Handhöhlung versteckt, schon nahe vorhalten, ehe sie dieselbe riecht. Weit feiner ist ihr Gefühl. Die Schnurrhaare zeigen dies am besten; denn man darf bloß ein einziges ganz leise berühren, so wird man sehen, wie die Katze augenblicklich zurückzuckt. Auch in den weichen Pfoten besitzt sie Tastgefühl, obschon in untergeordnetem Grade. Ausgezeichnet ist das Gesicht. Sie sieht ebensogut bei Tage wie bei Nacht, ist fähig, bei verschiedenem Licht ihren Augenstern passend einzurichten, d. h. ihn bei großer Helligkeit so zu verkleinern und bei Dunkelheit so zu vergrößern, daß ihr das Sinneswerkzeug jederzeit vortreffliche Dienste leistet. Und doch steht unter allen Sinnen das Gehör obenan.

Das geistige Wesen der Katze wird gewöhnlich gänzlich verkannt. Man betrachtet sie als ein treuloses, falsches, hinterlistiges Tier und glaubt, ihr niemals trauen zu dürfen. Viele Leute haben einen unüberwindlichen Abscheu gegen sie und gebärden sich bei ihrem Anblick wie nervenschwache Weiber oder ungezogene Kinder. In der Regel vergleicht man sie mit dem Hund, mit welchem sie gar nicht verglichen werden darf, und gibt sich, weil man in ihr nicht gleich dessen Eigenschaften findet, nicht weiter mit ihr ab, sondern betrachtet sie schon von vornherein als ein Wesen, mit welchem überhaupt nichts zu machen ist. Ich habe die Katze von Jugend auf mit Liebe beobachtet, und mich viel mit ihr beschäftigt, deshalb neige ich mich der nachstehend wiedergegebenen Schilderung *Scheitlins* zu: »Die Katze ist ein Tier hoher Natur. Schon ihr Körperbau deutet auf Vortrefflichkeit. Sie ist ein kleiner, netter Löwe, ein Tiger im verjüngten Maßstabe. Alles an ihr ist einhellig gebaut, kein Teil zu groß oder zu klein; darum fällt auch schon die kleinste Regelwidrigkeit an ihr auf. Alles ist rund, am schönsten die Kopfform, was man auch am entblößten Schädel wahrnehmen kann: kein Tierkopf ist schöner geformt. Die Stirn hat den dichterischen Bogen, das ganze Gerippe ist schön und deutet auf eine außerordentliche Beweglichkeit und Gewandtheit zu wellenförmigen oder anmutigen Bewegungen. Ihre Biegungen geschehen nicht im Zickzack oder Spitzwinkel, und ihre Wendungen sind kaum sichtbar. Sie scheint keine Knochen zu haben und nur aus leichtem Teig gebaut zu sein. Auch ihre Sinnesfähigkeiten sind groß und passen ganz zum Körper. Wir schätzen die Katzen gewöhnlich viel zu niedrig, weil wir ihre Diebereien hassen, ihre Klauen fürchten, ihren Feind, den Hund, hochschätzen und keine Gegensätze, wenn wir sie nicht in einer Einheit auflösen, lieben können.

»Richten wir nun unsere Aufmerksamkeit auf ihre Haupteigenheiten. Zuvörderst fällt uns ihre Gewandtheit auf. Körper und Seele sind gewandt, beide aus einem Guß. Wie gewandt dreht sie sich in der Luft, wenn sie auch nur mit dem Rücken abwärts wenige Fuß tief fällt. Schon der geringe Widerstand der Luft vermittelt ihr, wie bei den Vögeln, die Möglichkeit der Drehung. Wie gewandt erhält sie sich auf schmalen Kanten und Baumzweigen, selbst wenn diese kräftig geschüttelt werden! Halb körperlich und halb geistig ist ihre Liebe zur Reinlichkeit; sie leckt und putzt sich immerdar. Alle ihre Härchen vom Kopf bis zur Schwanzspitze sollen in vollkommener Ordnung liegen; die Haare des Kopfes zu glätten und zu kämmen, beleckt sie die Pfoten und streicht dann diese über den Kopf; selbst die Schwanzspitze versäumt sie nicht. Den Unrat verbirgt sie, verscharrt ihn in selbstgegrabene Erdlöcher. Hat eine Katze, durch einen Hund erschreckt, ihre Haare gesträubt, so fängt sie an, sobald sie sich in Sicherheit weiß, dieselben am ganzen Leibe wieder in Ordnung zu bringen. Sie will auch das Fell rein haben. Sie leckt sich allen Schmutz ab; sie ist des Schweines Gegenteil.

»Sie hat körperlichen Höhesinn, welcher aber, weil er Schwindelfreiheit und tüchtige Nerven erfordert, mit dem geistigen verwandt ist. Sie kennt den Raum und die Entfernungen sowie die geraden, schiefen und senkrechten Flächen genau; sie schaut, wenn sie einen ungewohnten Sprung tun will, berechnend nach, vergleicht dann ihre Kraft und Geschicklichkeit und prüft sich selbst. Sie wagt ihn vielleicht lange nicht. Hat sie ihn einmal gemacht und ist er gelungen, so ist er auf immer gemacht; gelang er nicht, so versucht sie ihn später mit vorwärtsgeschrittener Kraft und Geschicklichkeit wieder. Minder gut beurteilt sie die Zeit. Daß sie die Mittagszeit kenne, weiß man wohl; denn sie kommt zur Stunde heim. Allein wegen ihres freien Lebens auf den Höhen und ihren Nachtaugen bedarf sie mehr Raum- und Ort- als Zeit- und Stundensinn. Es mangelt ihr nicht an Farbensinn, ihrem Gehör nicht an Tonsinn. Sie kennt den Menschen an seiner Kleidung und an seiner Stimme. Sie will zur Tür hinaus, wenn sie gerufen wird; sie hat ein vorzügliches Ortsgedächtnis und übt es. In der ganzen Nachbarschaft, in allen Häusern, Kammern, Kellern, unter allen Dächern, auf allen Holz- und Heuböden zieht sie herum. Sie ist ein völliges Ortstier, daher ihre bekannte Anhänglichkeit mehr ans Haus als an die Bewohner. Sie zieht entweder nicht mit aus oder läuft wieder in das alte Haus. Unbegreiflich ist es, daß sie, stundenweit in einem Sack getragen, ihr Haus, ihre Heimat wiederfinden kann.

»Außerordentlich ist ihr Mut, selbst gegen die allergrößten Hunde und Bullenbeißer, wie ungünstig ihr Verhältnis in bezug auf Größe und Stärke sei. Sobald sie einen Hund wahrnimmt, krümmt sie den Rücken in einem ganz bezeichnenden Bogen, dem Katzenbuckel. Ihre Augen glühen Zorn oder plötzlich aufwallenden Mut nebst einer Art Abscheu. Sie speit schon von fern gegen ihn; sie will vielleicht entweichen, fliehen; sie springt im Zimmer aufs Gesimse, auf den Ofen oder will zur Tür hinaus. Hat sie aber Junge, so stürzt sie, wenn er dem Neste nahekommt, gräßlich auf ihn los, ist mit einem Satz auf seinem Kopf und zerkratzt ihm die Augen, das Gesicht gar jämmerlich. Geht unter dieser Zeit ein Hund sie an, so hebt sie die Tatzen mit hervorgestreckten Klauen und weicht nicht. Hat sie noch den Rücken frei, so ist sie getrost; denn die Seiten kann sie mit ihren Hieben sichern; sie kann die Tatzen wie Hände gebrauchen. Es können fünf und noch mehr Hunde kommen, sie ordentlich belagern und gegen sie prallen, sie weicht nicht. Sie könnte mit einem Satz weit über sie hinausspringen, aber sie weiß, daß sie alsdann verloren wäre; denn der Hund holt sie ein. Zieht dieser, ohne sie angegriffen zu haben, endlich sich zurück, so bleibt sie oft ganz ruhig sitzen, erwartet, wenn die Hunde wollen, noch zehn Angriffe und hält alle aus. Andere ersehen den Vorteil und erklettern schnell eine nahe Höhe. Dann sitzen sie droben und sehen, in sich gekauert und mit halbverschlossenem Auge, auf die Feinde, als wenn sie dächten, wer seinen sicheren Schatz im Herzen trage, der könne ins Spiel der niederen Welt ganz ruhig schauen. Sie weiß, daß der Hund nicht klettern und nicht so hoch springen kann. Will aber der Mensch sie erfassen, so klettert sie höher und entspringt; ihn fürchtet sie mehr.

»In freiem Felde verfolgte Katzen kehren, wenn sie sich stark fühlen, augenblicklich um und packen den Hund an. Erschrocken nimmt nun dieser die Flucht. Manche Katzen springen aus unbedingtem Hasse gegen alle Hunde, hängen sich am Kopf fest und fahren ihnen mit den Klauen immer in die Augen. Es gibt Katzen, welche nur in der Küche leben, nie in die Stube kommen. Diese lassen gewiß keinen Hund einen Augenblick lang in der Küche; in dieser wollen sie Herren sein!

»Zu ihrem Mute gehört ihre Rauflust, ihre große Neigung zu Balgereien unter sich. Es geht dies schon aus ihrem Hange zum Spielen und ihrem Mutwillen hervor: sie sind Nachtbuben. Zwar schlagen sie sich auch bei Tage auf dem Dache herum, zerzupfen einander gräßlich und rollen auch, mit einander sich windend und kugelnd, über das Dach und durch die Luft auf die Straße herunter, sich sogar in der Luft raufend; dennoch führen sie am meisten Krieg in der Nacht, die Kater unter sich um der Weiber willen. Mancher Kater kommt in gewissen Zeiten des Jahres beinahe alle Morgen mit blutigem Kopfe und zerzaustem Kleide heim; dann scheint er gewitzigt und daheim bleiben zu wollen, nicht lange aber; denn er vergißt seine Wunden, so schnell als sie heilen, und fällt dann in die alte Sünde zurück. Der Kater lebt oft wochenlang außer dem Hause in seiner grenzenlosen Freiheitssphäre; man hält ihn für verloren, unerwartet kommt er wieder zum Vorschein. Die Miez hat viel mehr Haussinn, Nestsinn, wie alle Tierarten. Nicht immer sind die Raufer die stärksten, und nicht allemal sind die Kater die ärgsten Raufbolde; es gibt auch weibliche Haudegen, wilde Weiber. Solche rennen allen Katzen ohne Unterschied nach, fürchten die stärksten Kater nicht, fordern alle mit Worten und Tadel heraus und machen sich allen der ganzen, langen Straße furchtbar, soweit man von Dach zu Dach, ohne die Straße überschreiten zu müssen, kommen kann.

»Mit ihrem Mut ist ihre Unerschrockenheit und Gegenwart des Geistes vorhanden. Man kann sie nicht, so wie den Hund oder das Pferd, erschrecken, sondern nur verscheuchen. Diese haben mehr Einsicht, die Katze hat mehr Mut; man kann sie nicht stutzig machen, nicht in Verwunderung setzen. Man spricht viel von ihrer Schlauheit und List: mit Recht; listig harrt sie totenstill vor dem Mauseloch, listig macht sie sich klein, harrt lange, schon funkeln – das Mäuschen ist erst halb heraus – ihre Augen und noch hält sie an. Sie ist Meister über sich, wie alle Listigen, und kennt den richtigen Augenblick.

»Gefühl, Stolz, Eitelkeit hat sie nur in schwachem Grade; sie ist ja kein Geselligkeits-, sondern ein Einsamkeitswesen; sie freut sich keines Sieges und schämt sich auch nie. Wenn sie sich einer Sünde bewußt ist, fürchtet sie einzig die Strafe. Ist sie derb ausgescholten und geprügelt worden, so schüttelt sie den Pelz und – kommt nach wenigen Minuten unbehelligt wieder. Doch fühlt sie sich nicht wenig geschmeichelt, wenn man sie nach ihrem ersten Jagdmusterstück auf eine Maus, die sie in die Stube bringt und vor die Augen der Leute legt, herzlich lobt. Sie kommt dann auch künftighin mit der Beute in die Stube und zeigt ihre große Kunst jedesmal an.

»Man spricht von ihrer Schmeichelei und Falschheit, wohl gar von Rachsucht, doch viel zu viel. Gefällt ihr jemand vorzugsweise, denn sie kann sehr lieben und sehr hassen, so drückt sie sich oft mit der Wange und den Flanken an Wange und Seiten desselben, kost auf jede Weise, springt am frühen Morgen auf sein Bett, legt sich ihm so nahe wie möglich und küßt ihn. Manchen Katzen ist freilich nicht immer ganz zu trauen. Sie beißen und kratzen oft, wenn man es sich gar nicht vermutet. Allein in den meisten Fällen beruht ein solches Betragen oft nur auf Notwehr, weil man sie ja doch auch gar oft falsch und hinterrücks plagt. Allerdings tut der Hund solches nicht, der Hund aber ist ein guter Narr. Wir dürfen die Ungutmütigen doch nicht geradezu falsch nennen. Eigentlich falsche Katzen sind seltene Ausnahmen, deren es auch unter den Hunden gibt, wennschon allerdings noch viel seltener. »Falscher Hund« ist doch für den Mann, wie »falsche Katz« für das Weib eine Art Sprichwort. Was den Menschen falsch macht, das macht auch die vollkommeneren Tiere falsch.

»Ihre Liebeszeit ist interessant. Der Kater ist alsdann wild, die Weiber, welche ihn aufsuchen, sitzen um ihn herum; er in der Mitte brummt seinen tiefen Baß hinzu, die Weiber singen Tenor, Alt, Diskant und alle möglichen Stimmen. Das Konzert wird immer wilder. Zwischeninnen schlagen sie einander die Fäuste ins Gesicht, und eben die Weiber, die ihn doch aufgesucht haben, wollen keineswegs, daß er sich ihnen nahe. Er muß alles erkämpfen. In mondhellen Nächten lärmen sie ärger als die wildesten Nachtbuben.«

Die Paarung der Hauskatze erfolgt gewöhnlich zweimal im Jahre, zuerst Ende Februar oder Anfang März, das zweite Mal zu Anfang Juni. Fünfundfünfzig Tage nach der Paarung wirft sie fünf bis sechs Junge, welche blind geboren werden und erst am neunten Tage sehen lernen. Gewöhnlich erfolgt der erste Wurf Ende April oder Anfang Mai, der zweite Anfang August. Die Mutter sucht vorher immer einen verborgenen Ort auf, meist den Heuboden oder nicht gebrauchte Betten, und hält ihre Jungen so lange als möglich verborgen, namentlich aber vor dem Kater, welcher dieselben auffrißt, wenn er sie entdeckt. Merkt sie Gefahr, so trägt sie die Tierchen im Maul nach einem anderen Ort; raubt man ihr die geliebten Kleinen, so sucht sie lange umher, in der

Hoffnung, sie wieder aufzufinden. »Einmal«, so schreibt mir ein Freund der Katze, »hatten wir alle Jungen unserer Mieze zu einem Tagelöhner gegeben, welcher wohl an tausend Schritte von unserem Hause entfernt wohnte. Am anderen Morgen befanden sich alle Jungen wieder auf dem alten Platz im Hause. Mieze war mit ihnen durch die oberen Fensterflügel des fremden Hauses auf die Straße gesprungen, hatte mit der Last im Maul den reißenden Bach überschritten und sich durch ein Fenster unseres Hauses Eingang zu verschaffen gewußt. So geschah es noch zweimal, obgleich wir die Jungen jedesmal an einen anderen Ort gebracht hatten.« Die jungen Kätzchen sind außerordentlich hübsche, schmucke Tierchen. »Ihre erste Stimme«, bemerkt *Scheitlin* noch, »ist auffallend zart; sie deutet auf sehr viel Kindisches. Sehr unruhig, wie sie sind, kriechen sie zuweilen noch blind aus dem Nest. Die Mutter holt sie wieder herein. Wenn nur ein Äuglein geöffnet ist, ist ihres Bleibens nicht mehr, und sie kriechen überall in der Nähe herum, immer miauend. Sogleich fangen sie mit allem Rollenden, Laufenden, Schleichenden, Flatternden zu tändeln an; es ist der erste Anfang des Triebes, Mäuse und Vögel zu fangen. Sie spielen mit dem stets wedelnden Schwanze der Mutter und mit ihrem eigenen, wenn er so lang gewachsen, daß die Vorderpfote sein Ende erreichen kann; sie beißen auch hinein und merken zuerst nicht, daß er auch noch zu ihrem Körper, auch noch zu ihnen gehöre, so wie das Menschenkind in die zum Munde heraufgehobenen Zehen beißt, weil es sie für etwas Fremdes hält. Sie machen die sonderbarsten Sprünge und die artigsten Wendungen. Ihr Tun und Spielen, in welchem sie sich wie Kinder und als Kinder selbst unaussprechlich wohlgefallen, kann sie und die ihnen wohlwollenden Menschen stundenlang beschäftigen. Sobald ihre Augen aufgetan sind, können sie auch Gutes und Böses, d.h. Freund und Feind, unterscheiden. Geht ein Hund sie bellend an, so machen sie schon einen Buckel und speien ihn an. Sie werden als kleine Löwen geboren.«

Der Mutter Liebe zu den Jungen ist großartig. Sie bereitet den noch Ungeborenen ein Nest und trägt sie augenblicklich von einem Ort zum andern, sowie sie Gefahr für sie fürchtet; dabei faßt sie zart nur mit den Lippen ihre Haut im Genick an und trägt sie so sanft dahin, daß die Miezchen davon kaum etwas merken. Während sie säugt, verläßt sie die Kinder bloß, um für sich und sie Nahrung zu holen. Wenn sich einer säugenden Katze ein fremder Hund oder eine andere Katze nähert, geht sie mit der größten Wut auf den Störenfried los, und selbst ihren Herrn läßt sie nicht gern ihre niedlichen Kinderchen berühren. Dagegen zeigt sie zu derselben Zeit gegen andere Tiere ein Mitleiden, welches ihr alle Ehre macht. Man kennt vielfache Beispiele, daß säugende Katzen kleine

Hündchen, Füchschen, Kaninchen, Häschen, Eichhörnchen, Ratten, ja sogar Mäuse säugten und großzogen, und ich selbst habe als Knabe mit meiner Katze derartige Versuche gemacht und bestätigt gefunden. Einer jung von mir aufgezogenen Katze brachte ich, als sie das erstemal Junge geworfen hatte, ein noch blindes Eichhörnchen, das einzig überlebende von dem ganzen Wurf, welchen wir hatten großziehen wollen. Die übrigen Geschwister des kleinen netten Nagers waren unter unserer Pflege gestorben, und deshalb beschlossen wir, zu versuchen, ob nicht unsere Katze sich der Waise annehmen werde. Und sie erfüllte das in sie gesetzte Vertrauen. Mit Zärtlichkeit nahm sie das fremde Kind unter ihre eigenen auf, nährte und wärmte es aufs beste und behandelte es gleich von Anfang an mit wahrhaft mütterlicher Hingebung. Das Eichhörnchen gedieh mit seinen Stiefbrüdern vortrefflich und blieb, nachdem diese schon weggegeben waren, noch bei seiner Pflegemutter. Nunmehr schien diese das Geschöpf mit doppelter Liebe anzusehen. Es bildete sich ein Verhältnis aus, so innig, als es nur immer sein konnte. Mutter und Pflegekind verstanden sich vollkommen, die Katze rief nach Katzenart, Eichhörnchen antwortete mit Knurren. Bald lief es seiner Pflegerin durch das ganze Haus und später auch in den Garten nach. Dem natürlichen Triebe folgend, erkletterte das Eichhörnchen leicht und gewandt einen Baum, die Katze blinzelte nach ihm empor, augenscheinlich höchst verwundert über die bereits so frühzeitig ausgebildete Geschicklichkeit des Grünschnabels und kratzte wohl auch schwerfällig hinter ihm drein. Beide Tiere spielten miteinander, und wenn auch Hörnchen sich etwas täppisch benahm, der gegenseitigen Zärtlichkeit tat dies keinen Eintrag, und die geduldige Mutter wurde nicht müde, immer von neuem wieder das Spiel zu beginnen. Leider verlor das Hörnchen durch einen unglücklichen Zufall bald sein Leben. Die Katze aber säugte später junge Kaninchen, Ratten, junge Hunde groß, und Nachkommen von ihr zeigten sich der trefflichen Mutter vollkommen würdig, indem sie ebenfalls zu Pflegerinnen anderer verwaister Geschöpfe sich hergaben. Wenn es, meine ich, ein Tier gibt, bei welchem sich das, was wir Mutterliebe nennen, in der unverkennbarsten Weise bekundet, so ist es die Katze.

Keine Menschenmutter kann mit größerer Zärtlichkeit und Hingebung der Pflege ihrer Kinderchen sich widmen als die Katze. In jeder Bewegung, in jedem Laut der Stimme, in dem ganzen Gebaren gibt sich Innigkeit, Sorgsamkeit, Liebe und Rücksichtnahme nicht allein auf die Bedürfnisse, sondern auch auf die Wünsche der Kinderchen kund. Solange diese klein und unbehilflich sind, beschäftigt sich die Alte hauptsächlich nur mit ihrer Ernährung und Reinigung. Behutsam nähert sie sich dem Lager, vorsichtig setzt sie ihre Füße zwischen die krabbelnde Gesellschaft, leckend holt sie eines der Kätzchen nach dem anderen herbei, um es an das Gesäuge zu bringen, ununterbrochen bestrebt sie sich, jedes Härchen glattzulegen, Augen und Ohren, selbst den After reinzuhalten. Noch äußert sich ihre Liebe ohne Laute: sie liegt stumm neben den Kleinen, spinnt höchstens dann und wann, gleichsam um sich die Zeit, welche sie den Kinderchen widmen muß, zu kürzen. Scheint es ihr nötig zu sein, das Lager zu wechseln, so faßt sie eines der Kätzchen mit zartester Behutsamkeit an dem faltigen Fell der Genickgegend, mehr mit den Lippen als mit den scharfen Zähnen zugreifend, und trägt es, ohne daß ihm auch nur Unbehagen erwächst, einem ihr sicherer dünkenden Orte zu, die Geschwister eilig nachholend. Ist sie sich der Freundlichkeit ihres Herrn bewußt, so läßt sie es gern geschehen, wenn dieser sie bei solcher Umlegung der Jungen unterstützt, fügt sich seinem Ermessen oder geht, bittend miauend, ihm voraus, um das ihr erwünschte Plätzchen zu zeigen. Die Jungen wachsen heran, und die Mutter ändert im vollsten Einklange mit dem fortschreitenden Wachstume allgemach ihr Benehmen gegen sie. Sobald die Äuglein der Kleinen sich geöffnet haben, beginnt der Unterricht. Noch starren diese Äuglein blöde ins Weite; aber bald richten sie sich entschieden auf einen Gegenstand: die ernährende Mutter. Sie beginnt jetzt mit ihren Sprößlingen zu reden. Ihre sonst nicht eben angenehm ins Ohr fallende

Stimme gewinnt einen Wohlklang, welchen man ihr nie zugetraut hätte; das »Miau« verwandelt sich in ein »Mie«, in welcher alle Zärtlichkeit, alle Hingebung, alle Liebe einer Mutter liegt; aus dem sonst Zufriedenheit und Wohlbehagen, oder auch Bitte ausdrückenden »Murr« wird ein Laut, so sanft, so sprechend, daß man ihn verstehen muß als den Ausdruck der innigsten Herzensliebe zu der Kinderschar. Bald auch lernt diese begreifen, was der sanfte Anruf sagen will: sie lauscht, sie achtet auf denselben und kommt schwerfällig, mehr humpelnd als gehend, herbeigekrochen, wenn die Mutter ihn vernehmen läßt. Die ungefügen Glieder werden gelenker, Muskeln, Sehnen und Knochen fügen sich allgemach dem erwachenden und rasch erstarkenden Willen: ein dritter Abschnitt des Kinderlebens, die Spielzeit der Katze, beginnt. Diese Spielseligkeit der Katze macht sich schon in frühester Jugend bemerklich, und die Alte tut ihrerseits alles, sie zu unterstützen. Sie wird zum Kinde mit Kindern, aus Liebe zu ihnen, genau ebenso, wie die Menschenmutter sich herbeiläßt, mit ihren Sprößlingen zu tändeln. Mit scheinbarem Ernste sitzt sie mitten unter den Kätzchen, bewegt aber bedeutsam den Schwanz. Die Kleinen verstehen zwar diese Sprache ohne Worte noch nicht, werden aber gereizt durch die Bewegung. Ihre Äuglein gewinnen Ausdruck, ihre Ohren strecken sich. Plump täppisch häkelt das eine und andere nach der sich bewegenden

Schwanzspitze; dieses kommt von vorn, jenes von hinten herbei, eines versucht über den Rücken wegzuklettern und schlägt einen Purzelbaum, ein anderes hat eine Bewegung der Ohren der Mutter erspäht und macht sich damit zu schaffen, ein fünftes liegt noch unachtsam am Gesäuge. Die gefällige Alte läßt, mit mancher Menschenmutter zu empfehlender Seelenruhe, alles über sich ergehen. Kein Laut des Unwillens, höchstens gemütliches Spinnen macht sich hörbar. Solange noch eines der Jungen saugt, wird es verständnisvoll bevorzugt; sobald aber auch dieses sich genügt hat, sucht sie selbst die kindischen Possen, zu denen bisher nur die sich bewegende Schwanzspitze aufforderte, nach Kräften zu unterstützen. Ihre wundervolle Beweglichkeit und Gewandtheit zugunsten der täppischen Kleinen beschränkend, ordnet und regelt nun sie das bis jetzt ziellos gewesene Spiel. Bald liegt sie auf dem Rücken und spielt mit Vorder- und Hinterfüßen, die jungen wie Fangbälle umherwerfend; bald sitzt sie mitten unter der sich balgenden Gesellschaft, stürzt mit einem Tatzenschlag das eine Junge um, häkelt das andere zu sich heran, und lehrt durch unfehlbare Griffe der trotz aller Unruhe achtsamen Kinderschar sachgemäßen Gebrauch der krallenbewehrten Pranken; bald wieder erhebt sie sich, rennt eiligen Laufes eine Strecke weit weg und lockt dadurch das Völkchen nach sich, offenbar in der Absicht, ihm Gelenkigkeit und

Behendigkeit beizubringen. Nach wenigen Lehrstunden haben die Kätzchen überraschende Fortschritte gemacht. Von ihren gespreizten Stellungen, ihrem wankenden Gange, ihren täppischen Bewegungen ist wenig mehr zu merken. Im Häkeln mit den Pfötchen, im Fangen sich bewegender Gegenstände bekunden sie bereits merkliches Geschick. Nur das Klettern verursacht noch Mühe, wird jedoch in fortgesetztem Spiele binnen kurzem ebenfalls erlernt. Nunmehr scheint der Alten die Zeit gekommen zu sein, auch das in den Kinderchen noch schlummernde Raubtier zu wecken. Anstatt des Spielzeuges, zu dem jeder leicht bewegliche Gegenstand dienen muß, anstatt der Steinchen, Kugeln, Wollflecken, Papierfetzen und dergleichen bringt sie eine von ihr gefangene, noch lebende und möglichst wenig verletzte Maus oder ein erbeutetes, mit derselben Vorsicht behandeltes Vögelchen, nötigenfalls eine Heuschrecke in das Kinderzimmer. Allgemeines Erstaunen der kleinen Gesellschaft, doch nur einen Augenblick. Bald regt sich die Spielsucht mächtig, kurz darauf auch die Raublust. Solcher Gegenstand ist denn doch zu verlockend für das bereits wohlgeübte Raubzeug. Er bewegt sich nicht bloß, sondern leistet auch Widerstand. Hier muß derb zugegriffen und festgehalten werden: soviel ergibt sich schon bei den ersten Versuchen; denn die Maus entschlüpfte Murnerchen, welcher sie doch sicher gefaßt zu haben vermeinte, überraschend schnell und konnte nur durch die achtsame Mutter an ihrer Flucht gehindert werden. Der nächste Fangversuch fällt schon besser aus, bringt aber einen empfindsamen Biß ein: Miezchen schüttelt bedenklich das verletzte Pfötchen. Doch schon hat Hinzchen die Unbill gerächt und den Nager so fest gepackt, daß kein Entrinnen mehr möglich: das Raubtier ist fertig geworden.

Gewöhnlich nimmt man an, daß die Katze nicht erziehungsfähig sei, tut ihr damit aber großes Unrecht. Sie bekundet, wenn sie gut und verständig behandelt worden ist, innige Zuneigung zu dem Menschen. Es gibt Katzen, und ich kannte selbst solche, welche schon mehrere Male mit ihren bezüglichen Herrschaften von einer Wohnung in die andere gezogen sind, ohne daß es ihnen eingefallen wäre, nach dem alten Hause zurückzukehren. Andere Katzen kommen, sobald sie ihren Herrn von weitem sehen, augenblicklich zu demselben heran, schmeicheln und liebkosen ihn, spinnen vertraulich und suchen ihm auf alle Weise ihre Zuneigung an den Tag zu legen. Sie unterscheiden dabei sehr wohl zwischen ihnen bekannten und fremden Personen und lassen sich von ersteren, zumal von Kindern, unglaublich viel gefallen, freilich nicht so viel wie alle Hunde, aber doch ebensoviel wie manche. Andere Katzen begleiten ihre Herrschaft in sehr artiger Weise bei Spaziergängen durch Hof und Garten, Feld und Wald: ich selbst kannte zwei Kater, welche sogar den Gästen ihrer Gebieterin in höchst liebenswürdiger Weise das Geleit gaben, zehn bis fünfzehn Minuten weit mitgingen, dann aber mit Schmeicheln und wohlwollendem Schnurren Abschied nahmen und zurückkehrten. Katzen befreunden sich aber auch mit Tieren. Man kennt viele Beispiele von den innigsten Freundschaften zwischen Hunden und Katzen, die dem lieben Sprichworte gänzlich widersprechen. Von einer Katze wird erzählt, daß sie es sehr gern gehabt habe, wenn sie ihr Freund, der Hund, im Maule in der Stube hin und her trug; von anderen weiß man, daß sie bei Beißereien unter Hunden ihren Freunden nach Kräften beistanden, und ebenso auch, daß sie von den Hunden bei Katzenbalgereien geschützt wurden.

Manche Katzen liefern außerordentliche Beweise ihrer Klugheit. Solche von echten Vogelliebhabern werden nicht selten soweit gebracht, daß sie den gefiederten Freunden ihres Herrn nicht das geringste zuleide tun. *Giebel* beobachtete, daß sein schöner Kater, *Peter* genannt, eine Bachstelze, welche genannter Naturforscher im Zimmer hielt, wiederholt mit dem Maule aus dem Hofe zurückbrachte, wenn der Vogel seine Freiheit gesucht hatte, – natürlich ohne ihm irgendwie zu schaden. Ein ganz leichtes Beispiel ist mir aus meinem Heimatdorfe bekannt geworden. Dort brachte die Katze eines Vogelfreundes zur größten Freude ihres Herrn diesem ein seit mehreren Tagen schmerzlich vermißtes Rotkehlchen zurück, welches sie also nicht nur erkannt, sondern auch gleich in der Absicht gefangen hatte, ihrem Gebieter dadurch eine Freude zu bereiten!

Es gibt noch mehrere Belege für den Verstand dieses vortrefflichen Tieres. Unsere Hauskatze hatte in dem schönen Mai des Jahres 1859 vier allerliebste Junge auf dem Heuboden geworfen und dort sorgfältig vor aller Augen verborgen. Trotz der größten Mühe konnte das Wochenbett erst nach zehn bis zwölf Tagen entdeckt werden. Als dies aber einmal geschehen war, gab sich Miez auch weiter gar keine Mühe, ihre Kinder zu verstecken. So mochten ungefähr drei oder vier Wochen hingegangen sein, da erscheint sie plötzlich bei meiner Mutter, schmeichelt und bittet, ruft und läuft nach der Türe, als wolle sie den Weg weisen. Meine Eltern folgen ihr nach, sie springt erfreut über den Hof weg, verschwindet auf dem Heuboden, kommt über der Treppe zum Vorschein, wirft von oben herab ein junges Kätzchen auf ein Heubündel, welches unten liegt, springt ihm nach und trägt es bis zu meiner Mutter hin, zu deren Füßen sie es niederlegt. Das Kätzchen wird freundlich auf- und angenommen und geliebkost. Mittlerweile ist die Katze wieder auf dem Heuboden angelangt, wirft ein zweites ihrer Kinder in gleicher Weise herab, trägt es aber bloß einige Schritte weit und ruft und schreit, als verlange sie, daß man es von dort abhole. Diese Bitte wird gewährt, und jetzt wirft die faule Mutter ihre beiden anderen Kinder noch herab, ohne aber nur im geringsten mit deren Fortschaffung sich zu befassen, und erst als ihr ganz entschieden bedeutet wird, daß man die Kleinen liegen lasse, entschließt sie sich, dieselben fortzuschleppen. Wie sich ergab, hatte die Katze fast gar keine Milch mehr, und klug genug, wie sie war, sann sie deshalb dararuf, diesem Übelstande so gut als möglich abzuhelfen, brachte also ihr ganzes Kindernest jetzt zu ihrem Brotherrn.

Dieselbe Katze bekundete eine Anhänglichkeit an meinen Vater, welche von der des treuesten Hundes nicht hätte übertroffen werden können. Sie wußte, daß sie dieses ausgezeichneten Tierkenners und Tierfreundes Liebling war und bemühte sich, dankbar zu sein. Jeden Vogel, welchen sie gefangen hatte, brachte sie, und zwar kaum oder nicht verletzt, ihrem Herrn, es ihm gleichsam anheimgebend, ob derselbe wiederum in Freiheit gesetzt oder für die Sammlung verwendet werden sollte; niemals aber vergriff sie sich, was andere Katzen nicht selten tun, an den ausgestopften Stücken der Sammlung, durfte deshalb auch unbedenklich im Zimmer gelassen werden, wenn alle Tische und Schränke voller Bälge lagen. Auf den ersten Ruf meines Vaters erschien sie sofort, schmeichelnd oder bettelnd, je nachdem sie erkannt hatte, ob sie bloß zur Gesellschaft dienen oder einen ihr aufgesparten Bissen erhalten sollte. Schrieb oder las mein Vater, so saß sie in der Regel, behaglich spinnend, auf seiner Schulter; verließ er das Haus, gab sie ihm das Geleite. Während der letzten Krankheit ihres Gebieters, dessen reger Geist bis zum letzten Augenblicke tätig war, besuchte sie ihn täglich stundenlang. Ich will es als einen Zufall gelten lassen, daß dieses treffliche Tier von der Leiche und von dem Sarge meines Vaters gutwillig nicht weichen wollte und, weggenommen, immer wieder zurückkehrte; erwähnenswert scheint mir die Tatsache aber doch zu sein.

Aus all dem geht hervor, daß die Katzen die Freundschaft des Menschen im vollsten Grade verdienen, sowie, daß es endlich einmal Zeit wäre, die ungerechten Meinungen und mißliebigen Urteile über sie der Wahrheit gemäß zu verbessern und zu mildern. Zudem, deucht mich, sollte man auch dem Nutzen der Katze mehr Rechnung tragen, als gewöhnlich zu geschehen pflegt. Wer niemals in einem baufälligen Hause gewohnt hat, in welchem Ratten und Mäuse nach Herzenslust ihr Wesen treiben, weiß gar nicht, was eine gute Katze besagen will. Hat man aber jahrelang mit diesem Ungeziefer zusammen gelebt, und gesehen, wie der Mensch ihm gegenüber vollkommen ohnmächtig ist, hat man Schaden über Schaden erlitten und sich tagtäglich wiederholt über die abscheulichen Nager geärgert, dann kommt man nach und nach zu der Ansicht, daß die Katze eines unserer allerwichtigsten Haustiere ist und deshalb nicht bloß größte Schonung und Pflege, sondern auch Dankbarkeit und Liebe verdient. *Schon das Vorhandensein einer Katze genügt,* um die übermütigen Nager zu verstimmen und sogar zum Auszuge zu nötigen. Das ihnen auf Schritt und Tritt nachschleichende Raubtier mit den nachts unheimlich leuchtenden Augen, das furchtbare Geschöpf, welches sie am Halse gepackt hat, ehe sie noch etwas von seiner Ankunft bemerkt haben, flößt ihnen Grauen und Entsetzen ein; sie ziehen daher vor, ein derartig geschütztes Haus zu verlassen, und tun sie es nicht, so wird die Katze auch auf andere Weise mit ihnen fertig.

Mäuse verschiedener Art, namentlich Haus- und Feldmäuse bilden das bevorzugte Jagdwild der Katze. An Ratten wagt sich nicht jede, aber doch die große Mehrzahl; Spitzmäuse fängt und tötet sie, wenigstens solange sie jung und unerfahren ist, frißt sie aber nicht, weil ihr der Moschusgeruch zuwider sein mag, läßt sie, älter geworden, auch unbehelligt laufen; Eidechsen, Schlangen und Frösche, Maikäfer, Heuschrecken und andere Kerbtiere verzehrt sie zur Abwechslung. Bei ihrer Jagd bekundet jede Katze ebensoviel Ausdauer als Geschicklichkeit. Als zünftiges Raubtier läßt sie sich freilich auch Übergriffe zuschulden kommen. Sie nimmt manches Vögelchen weg, solange es noch jung und unbehilflich ist, wagt sich an ziemlich große Hasen und faßt erwachsene oder ermattete Rebhühner, lauert auch wohl den Küchlein der Haushühner auf und legt sich unter Umständen sogar auf den Fischfang. Der Köchin verursacht sie viel Ärger, da sie ihre Zugehörigkeit zum Hause dadurch bestätigt, daß sie den Speiseschrank plündert, wann immer sie kann. Die Summe des Nutzens entscheidet, und sie überwiegt in diesem Falle allen erdenklichen Schaden bei weitem.

Es ist erstaunlich, was eine Katze in der Vertilgung der Ratten und Mäuse zu tun vermag. Zahlen beweisen; deshalb will ich das Ergebnis der *Lenz*schen Untersuchungen und Beobachtungen hier mitteilen: »Um zu wissen, wieviel denn eigentlich eine Katze in ihrem Mäusevertilgungsgeschäfte leisten kann, habe ich das äußerst mäusereiche Jahr 1857 benutzt. Ich sperrte zwei semmelgelbe, dunkler getigerte Halbangorakätzchen, als sie achtundvierzig Tage alt waren, in einen kleinen, zu solchen Versuchen eingerichteten Stall, gab ihnen täglich Milch und Brot, und daneben jeder vier bis zehn Mäuse, welche sie jedesmal rein auffraßen. Als sie sechsundfünfzig Tage alt waren, gab ich jeder nur Milch und dazwischen vierzehn ausgewachsene oder zum Teil doch wenigstens halbwüchsige Mäuse. »Die Kätzchen fraßen alle auf, spien nichts wieder aus, befanden sich vortrefflich und hatten am folgenden Tage ihren gewöhnlichen

Appetit .... Kurz darauf sperrte ich, als die bewußten Mäusefresser entlassen waren, in denselben Stall abends neun Uhr ein dreifarbiges fünfundeinhalb Monate altes Halbangorakätzchen und gab ihm für die Nacht kein Futter. Das Tierchen war, weil es sich eingesperrt und von den Gespielen seiner Jugend getrennt sah, traurig. Am nächsten Morgen setzte ich ihm eine Mischung von halb Milch, halb Wasser für den ganzen Tag vor. Ich hatte einen Vorrat von vierzig Feldmäusen und gab ihm davon in Zwischenräumen eine Anzahl. Als abends die Glocke neun Uhr schlug, also während der 24 Stunden ihrer Gefangenschaft, hatte sie zweiundzwanzig Mäuse gefressen, wovon elf ganz erwachsen, elf halbwüchsig waren. Dabei spie sie nicht, befand sich sehr wohl .... In jenem Jahre waren meine Katzen Tag und Nacht mit Mäusefang und Mäusefraß beschäftigt, und dennoch fraß am 27. September noch jede in Zeit von einer halben Stunde acht Mäuse, die ich ihr extra vorwarf .... Nach solchen Erfahrungen nehme ich bestimmt an, daß in reichen Mäusejahren jede mehr als halbwüchsige Katze im Durchschnitt täglich zwanzig Mäuse, also im Jahre 7300 Mäuse verzehrt. Für mittelmäßige Mäusejahre rechne ich 3650 oder statt der Mäuse ein Äquivalent an Ratten .... Übrigens geht aus den soeben angeführten Beobachtungen sowie aus anderen, die man leicht bei *Eulen und Bussarden,* welche man füttert, machen kann, hervor, daß

Mäuse sehr wenig Nahrung geben; sie könnten sonst nicht in so ungeheurer Menge ohne Schaden verschluckt werden.«

Aber die Katzen nützen auch in anderer Weise. Sie fressen, wie bemerkt, nicht allein schädliche Kerbtiere, sondern töten auch Giftschlangen, nicht bloß Kreuzottern, sondern selbst die so überaus furchtbare Klapperschlange. »Mehr als einmal habe ich gesehen«, sagt *Rengger,* »daß die Katzen in Paraguay auf sandigem und graslosem Boden Klapperschlangen verfolgten und töteten. Mit der ihnen eigenen Gewandtheit geben sie denselben Schläge mit der Pfote und weichen hierauf dem Sprunge ihres Feindes aus. Rollt sich die Schlange zusammen, so greifen sie dieselben lange nicht an, sondern gehen um sie herum, bis sie müde wird, den Kopf nach ihnen zu drehen. Dann aber versetzen sie ihr einen neuen Schlag und springen sogleich auf die Seite. Flieht die Schlange, so greifen sie dieselbe beim Schwanze, gleichsam, um mit letzterem zu spielen. Unter fortgesetzten Pfotenschlägen erlegen sie gewöhnlich ihren Feind, ehe eine Stunde vergeht, berühren aber niemals dessen Fleisch.«

Hier und da, beispielsweise in Belgien und im Schwarzwalde, züchtet man die Katze hauptsächlich ihres Felles wegen. Die Schwarzwälder Bauern halten nach *Weinland* besonders einfarbig schwarze und einfarbig graue (»blaue«) Katzen, töten sie im Winter und verkaufen die Felle an herumziehende Händler zu guten Preisen.

Die Katze hat wenig Spielarten. Bei uns sind folgende Färbungen gewöhnlich: Einfarbig schwarz mit einem weißen Stern mitten auf der Brust; ganz weiß; semmelgelb und fuchsrot; dunkler mit derselben Färbung getigert; einfach blaugrau; hellgrau mit dunklen Streifen und dreifarbig mit großen weißen und gelben oder gelbbraunen und kohlschwarzen oder grauen Flecken. Die blaugrauen sind sehr selten, die hellgrauen oder Cyperkatzen gemein; doch müssen die echten schwarze Fußballen und an den Hinterfüßen schwarze Sohlen haben. Die schönsten oder die Zebrakatzen haben dunkelgraue oder schwarzbraune Tigerzeichnung. Eigentümlich ist, daß die dreifarbigen Katzen, welche an einigen Orten für Hexen angesehen und deshalb erschlagen werden, fast ausnahmslos weiblichen Geschlechtes sind.

Nachweise

Altenberg, Peter: Motto, in: Wie ich es sehe. Berlin (S. Fischer) 1913, S. 220–226.

Arndt, Ernst Moritz: Mieskater Martinichen, in: Johann Georg Theodor Grässe: Sagenbuch des Preußischen Staates, Bd. 2, Glogau (Flemming) 1871, S. 502–503.

Ball, Hugo: Die Katze, in: Die nichtgesammelten Gedichte, Leipzig (Faber & Faber) 1996.

Bechstein, Ludwig: Das Kätzchen und die Stricknadeln, in: Sämtliche Märchen. München (Winkler) 1971, S. 170–171.

Bechstein, Ludwig: Die Katze und die Maus, in: Sämtliche Märchen. München (Winkler) 1971, S. 355–357.

Bechstein, Ludwig: Von einem Hasen und einem Vogel, in: Sämtliche Märchen. München (Winkler) 1971, S. 660–665.

Bierbaum, Otto Julius: Maikaterlied, in: Irrgarten der Liebe. Berlin (Insel) 1901, S. 80–81.

Brehm, Alfred: *Die Katzen*, in: Brehms Tierleben, Bd. 2, II: Säugetiere, Katzenartige Raubtiere, Hamburg (Standard Verlag) 1953, S. 9–16.

Brehm, Alfred: *Unsere Hauskatze*, in: Brehms Tierleben, Bd. 2, II: Säugetiere, Katzenartige Raubtiere, Hamburg (Standard Verlag) 1953, S. 112–131.

Brentano, Clemens: Das Picknick des Katers Mores, in: Werke, Bd 2, München (Hanser) 1963, S. 665–674.

Busch, Wilhelm: Es sitzt ein Vogel auf dem Leim, in: Gesammelte Werke in sechs Bänden, Bd. 6, Hamburg (Xenos) 1982, S. 74.

Busch, Wilhelm: Hund und Katze, in: Gesammelte Werke in sechs Bänden, Bd. 6, Hamburg (Xenos) 1982, S. 152–153.

Busch, Wilhelm: Die fromme Helene. Interimistische Zerstreuung, in: Gesammelte Werke in sechs Bänden, Bd. 3, Hamburg (Xenos) 1982, S. 52–63.

Däubler, Theodor: Katzen, in: Das Sternenkind, Leipzig (Insel) 1916.

Dehmel, Richard: Die gelbe Katze, in: Weib und Welt, Berlin (Schuster & Loeffler) 1896, S. 133–114.

Ehrenstein, Albert: Der Selbstmord eines Katers, in: Werke, Bd. 2, Erzählungen. Hg. von Hanni Mittelmann, München (Boer) 1991, S. 154–162.
© Wallstein Verlag, Göttingen

Fontane, Theodor: Blanche, in: Sämtliche Werke, Bd. XVI, München (Nymphenburger) 1962, S. 97–99.

Goethe, Wolfgang von: Begünstigte Tiere, in: West-oestlicher Divan, Sonderdruck nach der Erstausgabe, München (Deutscher Taschenbuch Verlag) 2006, S. 214.

Goethe, Wolfgang von: *Seltsame Katzenandacht*, in: Werke, Hamburger Ausgabe, Bd. 11., München (Beck) 91981, S. 151–152.

Grimm, Brüder: Der arme Müllersbursch und das Kätzchen, in: Kinder- und Hausmärchen, Teil 2, Frankfurt/M. (Insel) 1974, S. 211–215.

Grimm, Brüder: Die drei Glückskinder, in: Kinder- und Hausmärchen, München (Winkler) 1977, S. 384–387.

Grimm, Brüder: Die Katze aus dem Weidenbaum, in: Deutsche Sagen, München (Winkler) 1965, S. 254–255.

Grimm, Brüder: Katze und Maus in Gesellschaft, in: Kinder- und Hausmärchen, Teil 1, Frankfurt/M. (Insel) 1974, S. 40–43.

Hagedorn, Friedrich von: Der Adler, die Sau und die Katze, in: Sämtliche poetische Werke, Leipzig (Reclam) o. J, S. 124–126.

Heine, Heinrich: Erinnerung, in: Werke, Bd. II, München (Beck) 1977, S. 809–810.

Heine, Heinrich: Jung-Katerverein für Poesie-Musik, in: Sämtliche Schriften, Bd. 6/I, München (Hanser) 1975, S. 225–228.

Heine, Heinrich: Mimi, in: Sämtliche Schriften, Bd. 6/I, München (Hanser) 1975, S. 220–222.

Heine, Heinrich: Rote Pantoffeln, in: Sämtliche Schriften, Bd. 6/I, München (Hanser) 1975, S. 191–193.

Hoffmann von Fallersleben, August Heinrich: Mauskätzchen, in: Unpolitische Lieder, Faksilile der Ausgabe von 1840, Fallersleben (o. V.) 1987, S. 30–31.

Hoffmann von Fallersleben, August Heinrich: Spatz und Katze, in: Kinderlieder, Hildesheim (Olms) 1976, S. 290.

Hoffmann, E.T.A.: Lebens-Ansichten des Katers Murr, in: Sämtliche Werke in sechs Bänden, Bd. 5., Frankfurt/M. (Deutscher Klassiker Verlag) 1992, S. 18–23.

Hoffmann, Heinrich: Die gar traurige Geschichte mit dem Feuerzeug, in: Der Struwwelpeter oder lustige Geschichten und drollige Bilder für Kinder von 3 bis 6 Jahren, Frankfurter Orig.-Ausg. Stuttgart (Loewe) 1957, S. 6–7.

Kafka, Franz: Kleine Fabel, in: Die Erzählungen, Frankfurt/M. (S. Fischer) 1961, S. 326.

Keller, Gottfried: Spiegel, das Kätzchen. Ein Märchen, in: Die Leute von Seldwyla, München (Deutscher Taschenbuch Verlag) 1978, S. 232–270.

Kerr, Alfred: Der Kater Miezislaus, in: Der Taucher und das Weh der See. Bekanntschaften mit Menschen und Tieren. Frankfurt/M. (Fischer Taschenbuch Verlag) 2001, S. 101–110.

Kirsch, Sarah: Katzenleben, in: Sämtliche Gedichte, München (DVA) 2005, S. 299.

Klabund: Weihnacht, in: Die Harfenjule. Berlin (Die Schmiede) 1927, S. 47–48.

Kunert, Günter: Vom Fressen, in: Ich du er sie es, Ravensburg (Maier) 1988, S.14.

La Fontaine, Jean de: Die in ein Weib verwandelte Katze, in: Sämtliche Fabeln, Übersetzungen von Ernst Dohm und Gustav Fabricius, München (Winkler) 1978, S. 147 und 149.

La Fontaine, Jean de: Die Katze und die beiden Sperlinge, in: Sämtliche Fabeln, Übersetzungen von Ernst Dohm und Gustav Fabricius, München (Winkler) 1978, S. 881 und 883.

Liliencron, Detlev von: Findling, in: Gute Nacht. Berlin (Schuster & Loeffler) 1909, S. 109.

Löns, Hermann: Der Letzte seines Stammes, in: Mümmelmann und andere Tiergeschichten, Hannover (Sponholtz) 1991.

Morgenstern, Christian: Wolkenspiele I, in: Werke in vier Bänden, Bd. 2, München (Piper) 1979, S. 11.

Naffis, Andrea: Eine fortschrittliche Katze. Unveröffentlichte Fabel, aus dem Englischen übersetzt von Hannah Arnold, 2009.

Raabe, Wilhelm: *Der Tod der kleinen Sophie und der Katze*, aus »Der Hungerpastor«, in: Sämtliche Werke, Erste Serie, Bd. 1, Berlin (Klemm) o. J., S. 226–233.

Rilke, Rainer Maria: Schwarze Katze, in: Sämtliche Werke, Bd. 2. Frankfurt/M. (Insel) 1975, S. 595.

Ringelnatz, Joachim: Katze vor Anker, in: Gesamtwerk in sieben Bänden, Bd. 2, Zürich (Diogenes) 1994, S. 226–227.

Ringelnatz, Joachim: Schöne Fraun mit schönen Katzen, in: Gesamtwerk in sieben Bänden, Bd. 1, Zürich (Diogenes) 1994, S. 403–404.

Ringelnatz, Joachim: Vor der Schallplatte eine Katze, in: Gesamtwerk in sieben Bänden, Bd. 2, Zürich (Diogenes) 1994, S. 65–66.

Rinser, Luise: Die rote Katze, in: Deutschland erzählt, Frankfurt/M. (S. Fischer) 1989, S. 303–308.
© 1956 S. Fischer Verlag, Frankfurt am Main

Rühmkorf, Peter: Wer noch niemals eine Katze war, in: Auf Wiedersehen in Kenilworth, Frankfurt/M. (Schöffling) 2008, S. 30–32.
© Schöffling & Co. Verlagsbuchhandlung GmbH, Frankfurt am Main 1999, 2008

Sacher-Masoch, Leopold von: Venus im Pelz, in: Hieronymus Lorm: Ein adeliges Fräulein, Berlin (Oldenbourg) 1910, S. 9–138.

Storm, Theodor: Bulemanns Haus, in: Sämtliche Werke in vier Bänden, Bd. 4, Frankfurt/M. (Deutscher Klassiker Verlag) 1998, S. 109–131.

Storm, Theodor: Von Katzen, in: Sämtliche Werke in vier Bänden, Bd. 1, Frankfurt/M. (Deutscher Klassiker Verlag) 1998, S. 42–43.

Tucholsky, Kurt: Die Katz, in: Gesammelte Werke in zehn Bänden. Bd. 3, Reinbek (Rowohlt) 1975, S. 411–413.

Wedekind, Frank: Spiritus familiaris, in: Werke in drei Bänden, Bd. 2, Berlin (Aufbau) 1969, S. 529–530.

Weerth, Georg: *Die schöne Katze und der treffliche Nero*, aus »Fragment eines Romans«, in: Vergessene Texte, Köln (Leske) 1976, S. 271–274.

Kursiv gesetzte Titel stammen von der Herausgeberin.

Hund, Katze, Maus!
Herausgegeben von
Lea Katharina Ostmann

Band 90090

Der Verstand unterscheidet den Menschen vom Tier, die Fähigkeit zur Sprache. Nicht so in dieser Sammlung von Fabeln, Erzählungen und Gedichten, in denen auch den Tieren alles erlaubt ist. Der Fuchs, der listige Stratege, sorgt mit Schmeicheleien am rechten Platz für sein Mittagessen. Benachbarte Frösche kommen unter die Räder, weil sie ihren Lebensstil nicht ändern wollen. Es kreucht und fleucht – und die Moral von der Geschicht? Tiere sind auch nur Menschen.

Mit Texten von Jean de la Fontaine, Friedrich Schiller, Wilhelm Busch und anderen.

Fischer Taschenbuch Verlag